Fahrerflucht –
Vorsatz oder nicht?

Der subjektive Tatbestand
und die Wahrnehmbarkeit
von Unfällen in der
medizinisch-psychologischen
Bewertung

Fahrerflucht – Vorsatz oder nicht?

Der subjektive Tatbestand und die Wahrnehmbarkeit von Unfällen in der medizinisch-psychologischen Bewertung

Dipl.-Ing. Jörg Ahlgrimm
Dipl.-Psych. Ulrich Höckendorf
RA Dieter Roßkopf

KIRSCHBAUM VERLAG BONN

ISBN 978-3-7812-1864-2

Siegfriedstraße 28, 53179 Bonn
Telefon 02 28/9 54 53-0 · Internet www.kirschbaum.de
Satz: DTP – Detlef Kraemer; Mohr Mediendesign, Bonn
Druck: Medienhaus Plump, Rheinbreitbach
Dezember 2012 · Best.-Nr. 1864

Vorwort

Das unerlaubte Entfernen vom Unfallort (§ 142 StGB) ist ein Massenphänomen geworden, das in seiner juristischen Aufarbeitung allzu oft nach einem schematisierten Vorgehen mit nur geringer Aufklärungstiefe abgehandelt wird.

Immer wieder wird es im Verfahren als ausreichend betrachtet, vom objektiven auf den subjektiven Tatbestand zu schließen und lediglich die Frage nach der (objektiv-theoretischen) Wahrnehmbarkeit zu stellen, die dann durch einen technischen Sachverständigen beantwortet wird.

Zu oft bleibt unbeachtet, dass es sich hier um ein Vorsatzdelikt handelt, das eine tatsächliche Wahrnehmung durch den Täter voraussetzt. Eine Analyse, ob der Beschuldigte oder Angeklagte im konkreten Fall auch tatsächlich wahrgenommen hat, was für einen gesunden und aufmerksamen Unfallbeteiligten auf Basis der ermittelten „theoretischen" Wahrnehmbarkeit wahrzunehmen gewesen wäre, erfolgt nicht ausreichend.

Zwar wird in der Literatur des technischen Sachverständigen auf die Möglichkeit einer interdisziplinären Arbeitsweise verwiesen (vgl. Fürbeth, V./Nakas, V./Steinacker, T. 2007). In der Praxis findet man allerdings fast nur Ergebnisaussagen technischer Sachverständiger, die auf die unterschiedlichen Formen der Wahrnehmbarkeit – visuell (optisch), akustisch, bei kollisionsbedingten Beschleunigungen etc. – in Form von physikalischen Daten abstellen. In manchen Fällen gehen solche Aussagen sogar über das eigene Fachgebiet hinaus, statt die Hinzuziehung eines Verkehrspsychologen und/oder eines Rechts- oder Verkehrsmediziners zu empfehlen.

Diese Verkürzung des Ermittlungsverfahrens zu Lasten des Angeschuldigten ist jedoch unter rechtsstaatlichen Gesichtspunkten fragwürdig. Ermittlungsbehörden, Gerichte und Verteidiger müssen daher stets kritisch hinterfragen, ob allgemeine Grundsätze und Erfahrungstatsachen zur Wahrnehmbarkeit leichter Fahrzeugkollisionen – wie sie sich im für den objektiven Tatbestand unerlässlichen Wissen der technischen Sachverständigen widerspiegeln – tatsächlich auf die konkrete Fallsituation übertragen werden können. Insbesondere sind individuelle Gegebenheiten zum Anlass zu nehmen, berechtigte Zweifel an gängigen Pauschalbeurteilungen zu artikulieren.

Die Unterscheidung zwischen dem objektiv-theoretischen „wahrnehmbar" (bemerkbar, erkennbar, ersichtlich, fühlbar, merklich, sichtbar, sichtlich, spürbar, zu sehen) und der tatsächlich-subjektiven „Wahrnehmung" (Aufnahme, Beobachtung, aber auch [Sinnes]Eindruck, Empfindung, Erfassen) ist grundlegend für eine faire und saubere juristische Beurteilung des Fahrerflucht-Vorwurfs.

Das vorliegende Buch soll insbesondere Juristen und Sachverständigen einen Einstieg in die Problematik konkreter individueller Wahrnehmungshindernisse bieten, die – ungeachtet eventueller fahreignungsrechtlicher Konsequenzen – Verurteilungen nach § 142 StGB als nicht gerechtfertigt erscheinen lassen. Dabei geht es nicht darum, „Übeltätern“ einfache Ausreden zu verschaffen, denn das hieße die Urteilskraft psychologischer Sachverständiger zu unterschätzen, sondern darum, durch eine interdisziplinäre Untersuchung, an der technische, medizinische und/oder psychologische Sachverständige mitwirken, wirklich mehr Sachaufklärung und dadurch letztlich mehr Rechtssicherheit im Einzelfall zu erreichen.

Inhaltsverzeichnis

Kapitel 1
Der rechtliche Rahmen

Kapitel 2

Technische Aspekte zur Wahrnehmbarkeit von Kleinkollisionen

Kapitel 3
Wahrnehmungshindernisse beim Fahrer

Kapitel 1
Der rechtliche Rahmen

Wer sich mit den technischen, medizinischen und psychologischen Fragen befassen will, die im Zusammenhang mit dem sozialen Phänomen der „Unfallflucht“ auftauchen, kommt nicht umhin, sich zunächst einmal mit dem rechtlichen Rahmen, der von Gesetzgebung und Rechtsprechung vorgegeben wird, auseinanderzusetzen. Das ist umso notwendiger, als man erkennen muss, dass bei den Normadressaten, den Verkehrsteilnehmern, vielfach unklare und auch falsche Vorstellungen über die tatsächliche Rechtslage bestehen. Unsicherheiten beginnen oftmals schon bei den Grundlagen und sind nicht nur bei Rechtsunkundigen zu beobachten: Liegt der Sinn der einschlägigen Vorschriften nur darin, die Durchsetzung zivilrechtlicher Schadenersatzansprüche von Geschädigten zu schützen, oder sollen die Vorschriften auch den Zweck erfüllen, Verkehrssünder ihrer „gerechten“ Strafe zuzuführen, insbesondere wenn es um die Verfolgung von Trunkenheitsfahrten oder Fahrten unter Drogeneinfluss geht? Welche Pflichten sollen den in einen Unfall verwickelten Personen abverlangt werden? Soll es eine Rolle spielen, ob der Betreffende an dem Unfall schuld ist oder nicht? Darf es unter bestimmten Umständen doch erlaubt sein, die Unfallstelle zu verlassen, und wenn ja, für wen, wann und warum soll dies gelten? All dies und vieles mehr sind Fragen, die keineswegs auf Basis eines breiten gesellschaftlichen Konsenses einheitlich beantwortet werden. Das Gegenteil ist der Fall: Gerade bei den Vorschriften, die sich mit dem unerlaubten Entfernen vom Unfallort befassen, herrscht große Unkenntnis. Das, was als Rechtslage empfunden wird, hat mit dem tatsächlich geltenden Recht oft wenig zu tun. Allein dies sollte Anlass genug sein, sich im Zusammenhang mit dem Thema „Unfallflucht“ immer erst einmal den rechtlichen Rahmen, in dem man sich bewegt, bewusst zu machen.

1 § 142 StGB – die vorsätzliche Unfallflucht

Im Gegensatz zu der selbst unter Juristen weitgehend unbekannten Fahrlässigkeitsvorschrift des § 34 StVO stellt das vorsätzliche unerlaubte Entfernen vom Unfallort, das in § 142 StGB kodifiziert ist, einen der Grundtatbestände der verkehrsrechtlichen Praxis bei Gerichten, Anwälten und auch Versicherern dar. Es handelt sich um ein Vorsatzdelikt, bei dem nicht nur der Täter selbst strafbar sein kann, sondern auch der Teilnehmer, also ein Gehilfe oder Mittäter. Mittäter kann aber nur sein, wer selbst wartepflichtig und duldungspflichtig ist (BGHSt, 15, 1–5). Im Übrigen richtet sich die Gehilfenschaft, auch Beihilfe und Anstiftung, nach den allgemeinen Regeln der § 25 ff. StGB.

1.1 Bedeutung und Entwicklung der Norm

Das unerlaubte Entfernen vom Unfallort – gemeinhin als „Unfallflucht" bekannt – kann ohne Übertreibung als Massendelikt bezeichnet werden. Für das Jahr 2010 weist das Kraftfahrtbundesamt 36000 Verstöße gegen § 142 StGB aus.[1] Berücksichtigt man die zwischen 26,28 % bis 51,70 % liegenden Aufklärungsquoten bei den Fluchtfällen[2], erscheint es realistisch, bei einer Hochrechnung davon auszugehen, dass rund jeder sechste Verkehrsunfall mit einem Unfallfluchtgeschehen verbunden ist[3]. Hinzu kommt eine erhebliche Dunkelziffer nicht angezeigter Verstöße. Diese rührt unter anderem aus der Tatsache, dass viele Opfer auf eine Anzeige verzichten, weil ihnen die Chance der Täterermittlung zu gering erscheint oder weil sie selbst auf einen an ihrem Fahrzeug vorhandenen Schaden erst von dritter Seite, beispielsweise anlässlich eines Werkstattbesuchs, aufmerksam gemacht werden und danach in berechtigtem Zweifel darüber sind, ob dieser Schaden nun bedeutet, dass sie selbst Opfer oder auch Täter einer „Unfallflucht" wurden. Das unerlaubte Entfernen vom Unfallort nimmt jedenfalls schon wegen der hohen Zahl der Fälle eine bedeutende Rolle in der verkehrsrecht-

1 Kraftfahrtbundesamt; Geschäftsstatistik des VZR, Stand Juli 2011.
2 Karl, 41. VGT 2003, 202.
3 Karl, a.a.O., 208.

lichen Praxis von Anwälten, Richtern und Staatsanwälten ein. Diese hohe Relevanz der Verkehrsunfallflucht für die Rechtspraxis spiegelt sich auch in den nachhaltigen Rechtsfolgen im Falle einer Verurteilung wider. Schließlich drohen den in Verdacht Geratenen nicht nur erhebliche Geldstrafen sowie Fahrverbot oder Führerscheinentzug, sondern in versicherungsrechtlicher Hinsicht auch die Leistungsfreiheit des Kraftfahrzeughaftpflicht- und Kaskoversicherers sowie des Rechtsschutzversicherers. Ferner besteht die Gefahr von Maßnahmen der Verwaltungsbehörde, insbesondere der Anordnung, sich der gefürchteten medizinisch-psychologischen Eignungsprüfung zu unterziehen. Schließlich ist bei einer Verurteilung eine Belastung mit 7 Punkten im Verkehrszentralregister vorgesehen; diese kann je nach „Kontostand" zu verwaltungsrechtlichen Folgen bis zum Verlust der Fahrerlaubnis wegen Überschreitens der 18-Punkte-Grenze führen.

Es gibt also mehr als genug Gründe, der Verkehrsunfallflucht eine herausragende Bedeutung in der verkehrsrechtlichen Praxis zu attestieren.

Vorschriften über die Strafbarkeit des unerlaubten Entfernens vom Unfallort gibt es in Deutschland nun schon seit mehr als 100 Jahren. Bereits das kaiserlich-königliche Gesetz über den Verkehr von Kraftfahrzeugen (KFG) vom 3. Mai 1909 enthielt mit seinem § 22 eine entsprechende Strafnorm. Schon damals war anerkannt, dass Sinn und Zweck der Vorschrift ausschließlich die Sicherung der Durchsetzung zivilrechtlicher Ansprüche des Geschädigten ist. So sah bereits das damalige Gesetz Straffreiheit vor, wenn der Unfallverursacher spätestens am Tag nach dem Unfall die Polizei informierte und dadurch die Feststellung seiner Person und seines Fahrzeugs bewirkte. Dieser § 22 KFG wurde dann durch Verordnung vom 2. April 1940 in das StGB als § 139a eingefügt; die Möglichkeit, durch nachträgliche Meldung Straffreiheit zu erreichen, entfiel. Der Strafrahmen wurde beträchtlich erweitert und die Strafandrohung auf alle Verkehrsteilnehmer ausgedehnt. Nachdem die Norm durch das 3. Strafrechtsänderungsgesetz vom 4. August 1953 ihren heutigen Standort im StGB erhalten hatte, bestätigte das Bundesverfassungsgericht mit Entscheidung vom 29. Mai 1963 (2 BvR 161/63) die Vereinbarkeit der Vorschrift mit dem Grundgesetz. Die 1940 „verloren gegangene"

Regelung zur tätigen Reue fehlte indessen weiterhin. Trotz massiver Kritik und mehrfacher Aufforderung durch den Deutschen Verkehrsgerichtstag fand sich der Gesetzgeber bisher lediglich bereit, seit dem 1. April 1998 in § 142 Abs. 4 StGB wenigstens für den ruhenden Verkehr und Fälle nicht bedeutenden Sachschadens eine Strafmilderung oder ein Absehen von Strafe im Fall tätiger Reue zu ermöglichen. Diese Minimalreform ließ die berechtigte Kritik nicht verstummen. Bereits 2003 formulierte der Deutsche Verkehrsgerichtstag erneut die Forderung, Straffreiheit für alle Sachschadensfälle bei tätiger Reue innerhalb einer 24-Stunden-Frist im Gesetz vorzusehen. Dem ist der Gesetzgeber bis heute nicht nachgekommen, sodass eine Entlastung der Praxis durch Reduzierung der Fallzahlen nicht zu erwarten ist. Umso wichtiger ist es, daran zu arbeiten, der Ausgestaltung der Norm als Vorsatzdelikt auch in der Rechtspraxis die notwendige Beachtung zu verschaffen.

1.2 Der subjektive Tatbestand – Vorsatz

Täter gemäß § 142 StGB kann nur sein, wer vorsätzlich handelt. Ist lediglich Fahrlässigkeit gegeben, kann allenfalls eine Ordnungswidrigkeit gemäß § 34 StVO vorliegen. Die Abgrenzung zwischen Vorsatz und Fahrlässigkeit des Täters ist damit eines der entscheidenden Elemente bei der Beurteilung eines jeden Sachverhalts.

1.2.1 Freiwilliges „Sich-Entfernen“

Entsprechend seiner Ausgestaltung als Vorsatztat kann § 142 StGB von vornherein nur solche Fälle erfassen, in denen sich der Täter **freiwillig** vom Unfallort entfernt hat. Eine Bestrafung scheidet daher aus, wenn sich der Unfallbeteiligte nicht willentlich entfernt hat oder unfreiwillig entfernt wurde. Dies kann beispielsweise der Fall sein, wenn er von der Polizei zum Zweck der Blutentnahme von der Unfallstelle entfernt wird (vgl. BayObLG, DAR 1993, 31–32). Gleiches gilt für einen Bewusstlosen, der ins Krankenhaus verbracht wird (vgl. OLG Köln, VRS 57, 406–407). Versuchen, derartige Fälle des unfreiwilligen Entferntwerdens solchen gleichzustellen, in denen sich der Unfallbeteiligte freiwillig entfernt hat, und so eine Verurteilung nach

§ 142 Abs. 2 Nr. 2 StGB zu rechtfertigen, steht das Analogieverbot des Artikels 103 Abs. 2 GG entgegen.[4] Hier gilt nichts anderes als in den Fällen, in denen ein Unfallbeteiligter erst nachträglich an einem anderen Ort von seiner Unfallbeteiligung erfährt (siehe BVerfG, DAR 2007, 258–260). Fehlt es am freiwilligen Sich-Entfernen, scheidet § 142 StGB aus.

„Sich vom Unfallort entfernen" kann darüber hinaus nur derjenige, der im Unfallzeitpunkt am Unfallort anwesend ist. Wer diese Voraussetzung nicht erfüllt, kann auch nicht „Unfallbeteiligter" im Sinne des § 142 StGB sein (Thüringer OLG, DAR 2004, 599–600).

1.2.2 Vorsatz

Vorsatz bedeutet nach überkommener Definition „Wissen und Wollen der Tatbestandsverwirklichung". Dieses „Wissen und Wollen" muss sich auf sämtliche Merkmale des äußeren Tatbestandes erstrecken. Auf den Tatbestand des unerlaubten Entfernens vom Unfallort bezogen, muss deshalb der Täter erkannt oder wenigstens mit der Möglichkeit gerechnet haben, dass er einen Gegenstand angefahren, überfahren, jemanden verletzt oder getötet hat, bzw. dass ein nicht völlig bedeutungsloser fremder Sachschaden entstanden ist (vgl. Thüringer OLG, VRS 110, 15–17). Bedingter Vorsatz kann ausreichen, beispielsweise dann, wenn sich der Täter einen nicht ganz belanglosen Fremdschaden als mögliche Unfallfolge vorgestellt hat (OLG Hamm, DAR 1997, 78). Zur Erfüllung des Merkmals der vorsätzlichen Handlung kann es aber nicht genügen, dass der Beteiligte in einer Situation war, in der er hätte erkennen können und erkennen müssen, dass ein nicht ganz unerheblicher Schaden entstanden ist, er sich jedoch diesbezüglich nicht vergewissert hat. Derartige Feststellungen tragen allenfalls den Vorwurf der Fahrlässigkeit (OLG Köln, DAR 2002, 88). In solchen Fällen ist die Annahme eines bedingten Vorsatzes indessen nicht zwingend ausgeschlossen. Äußere Umstände wie ein heftiger Anprall, ein größerer Schaden am eigenen Kfz u. Ä. können beim Täter trotz eines solchen Nicht-Erkennens die Vorstellung begründen, es sei

4 Vgl. Klinkenberg/Lippold/Blumenthal, NJW 1982, 2359–2360.

möglicherweise ein nicht ganz unerheblicher Schaden entstanden. Solche Umstände bedürfen dann aber eingehender Darlegung und Würdigung im tatrichterlichen Urteil, die die Schlussfolgerung auf bedingten Vorsatz des Täters rechtsfehlerfrei zulassen müssen (vgl. OLG Köln, a.a.O.). Auf jeden Fall sind an die Vorsatzfeststellungen höchste Anforderungen zu stellen. Dem wird die gerichtliche Praxis nicht immer gerecht. So darf beispielsweise nicht voreilig aus der durch einen technischen Sachverständigen festgestellten „Bemerkbarkeit“ des Unfalls der Schluss gezogen werden, der Beteiligte habe den Unfall auch tatsächlich wahrgenommen (s. hierzu auch Abschnitt 4). Deshalb ist auch Irrtumsfragen höchste Aufmerksamkeit zu widmen.

1.2.3 Irrtum

Gerade weil es sich bei § 142 StGB um ein Vorsatzdelikt handelt, spielen Irrtumsfragen eine ganz entscheidende Rolle. Dem wird in der Praxis leider oft nicht im notwendigen Maße Rechnung getragen. Dies ist umso erstaunlicher, als die Einlassungen des in den Verdacht des unerlaubten Entfernens vom Unfallort Geratenen das Vorhandensein eines Irrtums häufig geradezu aufdrängen.

Zu unterscheiden ist zwischen dem Tatbestandsirrtum gemäß § 16 Abs. 1 StGB einerseits und dem Verbotsirrtum gemäß § 17 StGB andererseits.

Beim **Tatbestandsirrtum** kennt der Betroffene einen Umstand nicht, der zum gesetzlichen Tatbestand gehört. Deshalb handelt er nicht vorsätzlich.

Entfernt sich ein Unfallbeteiligter in einer solchen Irrtumslage somit unvorsätzlich vom Unfallort, bleibt der Vorsatz ausgeschlossen. Erkennt er seinen Irrtum, wäre dies im Rahmen des § 142 Abs. 1 StGB nur dann beachtlich, wenn der Irrtum noch am Unfallort beseitigt worden wäre (BayObLG, DAR 1990, 471–472). Klassische und häufig vorkommende Tatbestandsirrtümer sind solche über Eintritt eines Unfalls, die Beteiligteneigenschaft, das Vorhandensein feststellungsbereiter Personen oder deren Feststellungsinteresse bzw. den Umfang des Feststellungsinteresses. Ferner Irrtümer über den Eintritt oder die tatsächliche Höhe eines entstandenen Fremdschadens.

Einem **Verbotsirrtum** unterliegt derjenige, dem bei Begehung der Tat die Einsicht, Unrecht zu tun, fehlt. Beispiele hierfür sind die Annahme, bereits alle Angaben getätigt zu haben, zu denen man verpflichtet ist, nicht wartepflichtig zu sein, weil einen kein Verschulden trifft bzw. den Schaden andere zu ersetzen haben; ferner der Irrtum, einen entstandenen Schaden bereits so weit beseitigt zu haben, dass dieser nicht mehr nennenswert ist.

Anders als beim Tatbestandsirrtum kommt es beim Verbotsirrtum gemäß § 17 StGB ganz wesentlich darauf an, ob der Irrtum des Beteiligten als vermeidbar anzusehen ist. Dies ist nach allgemeiner Ansicht dann der Fall, wenn der Betreffende bei gehöriger Wissensanspannung, deren Maß sich nach den Umständen des Falles und nach dem Lebens- und Berufskreis des Einzelnen zu richten hat, das Unrechtmäßige seines Handelns hätte erkennen können.

Irrtumsfragen sollte umso größere Aufmerksamkeit gewidmet werden, als es sich bei § 142 StGB um eine der kompliziertesten Normen des gesamten Strafrechts handelt. Der naheliegende Gedanke daran, dass das konkrete Handeln eines Unfallbeteiligten durch dessen schlichte Überforderung zu erklären ist, sollte deshalb nicht nur die physische und psychische Überforderung berücksichtigen, sondern gerade auch die intellektuelle Überforderung durch eine schwierige und nicht auf den ersten Blick eingängige rechtliche Normierung. Schließlich zeigt schon die geradezu unübersehbare Kasuistik zu § 142 StGB, dass selbst für den voll ausgebildeten und in der Praxis stehenden Juristen die Rechtslage immer wieder Fallstricke bereit hält. Dies verpflichtet dazu, bei der Beurteilung der alltäglichen Lebenssachverhalte ganz besonders sorgfältig vorzugehen und sich der naheliegenden Möglichkeit allfälliger Irrtumslagen nachhaltig bewusst zu sein. Es darf nicht die Aufgabe der in Tatverdacht geratenen Verkehrsteilnehmer sein, verfahrensbeteiligte Juristen auf ihre Irrtumslage hinzuweisen. Vielmehr ist es deren Aufgabe, dem tatsächlich vorhandenen Irrtum auf die Spur zu kommen.

1.3 Die objektiven Tatbestandsmerkmale

§ 142 StGB enthält eine Vielzahl objektiver Tatbestandsmerkmale. Strafbar nach dieser Norm ist nur derjenige, der vorsätzlich handelt, das heißt, dessen Wissen und Wollen die Verwirklichung jedes einzelnen objektiven Tatbestandsmerkmals umfasst. Dabei sind die objektiven Tatbestandsmerkmale des § 142 StGB nicht nur zahlreich; ihre Prüfung setzt vielmehr in erheblichem Maße juristisches Wissen voraus. Umso nachhaltiger muss deshalb bei jedem einzelnen der Tatbestandsmerkmale nicht nur dessen Erfüllung, sondern insbesondere die Erstreckung des Tätervorsatzes auf die Tatbestandserfüllung und die naheliegende Möglichkeit von Irrtümern geprüft werden. Nur derjenige, dem es gelingt, bei der Prüfung der objektiven Tatbestandsmerkmale nicht auf der juristisch objektiven Ebene zu verharren, sondern wieder und wieder der Frage nachzugehen, ob das objektive Merkmal vom Vorsatz des Beschuldigten erfasst ist und Irrtümer ausgeschlossen werden können, kann darauf hoffen, eine wirklich sachgerechte Beurteilung eines konkreten Falles zu erzielen. Gerade der erfahrene Verkehrsjurist muss sich daher immer wieder klar machen, wie schwierig, missverständlich und für den Laien bisweilen geradezu unverständlich die komplizierte Vorschrift des § 142 StGB schon bei ihren objektiven Tatbestandsmerkmalen ausgestaltet ist.

1.3.1 Unfall im Straßenverkehr

Die Anwendung von § 142 StGB beschränkt sich auf „Verkehrsunfälle“. **Verkehrsunfall** ist ein plötzliches, mit dem Straßenverkehr und seinen Gefahren ursächlich zusammenhängendes Ereignis, durch das ein Mensch zu Schaden kommt oder ein nicht ganz belangloser Sachschaden verursacht wird und das zumindest von einem der Beteiligten ungewollt ist und schließlich zu einem jedenfalls nicht gänzlich belanglosen fremden Sach- oder Körperschaden geführt hat (vgl. BGH, NJW 1972, 1960 und BGH DAR 2002, 132–133). Kein „Unfall“ ist demnach ein von allen Beteiligten gewolltes Schadensereignis. In solchen Fällen kann auch kein Aufklärungsinteresse bestehen.

Ort des Geschehens muss der **öffentliche Verkehrsraum** sein. Maßgeblich für die Beurteilung, ob ein Verkehrsraum „öffentlich" ist, ist ausschließlich der verkehrsrechtliche, nicht der wegerechtliche Aspekt. Erst recht kommt es nicht darauf an, in wessen Eigentum die betreffende Verkehrsfläche steht. Auch ein Privatgelände, das faktisch der Allgemeinheit zugänglich ist, stellt öffentlichen Verkehrsraum im Sinne des Straßenverkehrsrechts des StGB dar. Dies gilt selbst dann, wenn der Eigentümer die Zufahrt vom Besitz einer Parkerlaubnis oder gar der Zahlung von Entgelt anhängig macht, solange er keine Zugangs- oder Nutzungskontrolle durchführt (hierzu näher OLG Hamm, ZfS 2008, 351–353). Der vermeintliche „Privatparkplatz" kann also tatsächlich oft die Voraussetzungen eines „öffentlichen Verkehrsraums" erfüllen, obwohl dies bei einer „natürlichen Betrachtungsweise" von einem Beteiligten sehr leicht anders interpretiert werden wird. Umstritten ist, ob die Beschädigung eines Fahrzeugs auf dem Parkplatz eines Supermarktes durch einen wegrollenden Einkaufswagen den Unfallbegriff in §142 StGB erfüllt (zum Stand der Rechtsprechung siehe LG Düsseldorf, NZV 2012, 194–196).

Es muss ein **Fremdschaden** entstanden sein. Allein die nahe Gefahr des Schadenseintrittes ist nicht tatbestandsmäßig. In Frage kommen sowohl Personen- als auch Sachschäden. Der eingetretene Schaden darf jedoch nicht „völlig belanglos" sein. Bei der Beurteilung des Begriffs der „Belanglosigkeit" hat sich die Rechtsprechung mit der Berücksichtigung der allgemeinen wirtschaftlichen Entwicklung noch weit mehr zurückgehalten als bei der ebenfalls von der wirtschaftlichen Entwicklung abhängigen Frage, ob ein „bedeutender Schaden" im Sinne von § 69 Abs. 2 Ziff. 3 StGB eingetreten ist. Maßgeblich für die Beurteilung soll die Frage sein, ob der Schaden in einem Bereich liegt, bei dem ein Geschädigter üblicherweise keine Ersatzansprüche stellen würde, er ihn vernünftigerweise nicht beseitigen würde und auch eine nennenswerte Wertminderung des geschädigten Objekts nicht eintrat (so OLG Nürnberg, DAR 2007, 530). Beispiele können kaum sichtbare Kratzer sein. Ist ein älteres, vorgeschädigtes Fahrzeug in schlechtem Erhaltungszustand betroffen, können ausnahmsweise auch einmal stärkere Kratzer als unter der Bagatellgrenze liegend angesehen werden. Bei Körperschäden können Bagatellen beispielsweise in der reinen Beschmutzung des Körpers durch Spritzwasser oder in minimalen Hautabschürfungen bestehen. Maßgeblich ist der Punkt, an dem der Tatbestand der fahrlässigen Körperverletzung im Sinne der §§ 223, 229 StGB eingreifen würde.[5] Fixe Eurobeträge als Grenzwert anzunehmen, wäre daher bedenklich. Gerade in den Fällen, in denen ältere vorgeschädigte Objekte vom neuen Schaden betroffen sind, bedarf die Frage der Bagatellbeeinträchtigung eingehender Auseinandersetzung. Dabei wird das Verhalten des Geschädigten (der Schadenersatzansprüche erhebt oder nicht erhebt) zwar nicht entscheidend sein, kann aber durchaus als Indiz gewertet werden.[6]

Der Schaden muss „fremd" sein. Betrifft er nur das Eigentum des Beteiligten, beispielsweise das Garagentor seines Eigenheims, ist § 142 StGB von vornherein nicht anwendbar. Auch das eigene Fahrzeug scheidet grundsätzlich als Schadensobjekt aus. Dies gilt selbst dann, wenn der Beteiligte nur wirtschaftlicher „Eigentümer" ist, beispielsweise weil er das Fahrzeug zur Finanzierung sicherungsübereignet hat oder Vorbehaltskäufer ist (vgl. OLG Nürnberg, VersR 1977, 659–660). Ob ein Schaden, der an einem Leasingfahrzeug entsteht, ein „fremder" Schaden ist, war umstritten, wird von der neueren Rechtsprechung aber verneint, wenn der Beteiligte für Schäden an diesem Fahrzeug gegenüber dem Leasinggeber einzustehen hat (OLG Hamm, ZfS 1998, 221). Auch der beim Versicherer des Beteiligten eintretende „Schaden" erfüllt das Tatbestandsmerkmal des „Fremdschadens" nicht. Der Versicherer ist nicht unmittelbar Geschädigter (OLG Saarbrücken, VersR 1998, 883).

1.3.2 Beteiligte

Unfallbeteiligter kann jeder Verkehrsteilnehmer sein, egal ob Kraftfahrer, Fußgänger, Radfahrer oder sonstiger Verkehrsteilnehmer. Maßgeblich ist, dass der Betreffende anwesend ist und sein Verhalten den Umständen nach zur Verursachung des Unfalls zumindest beigetragen haben kann. Darauf, ob er den Unfall tatsächlich mit verursacht oder gar verschuldet hat, kommt es nicht an. Es genügt,

5 Vgl. Himmelreich/Bücken/Krumm, Verkehrsunfallflucht, 5. Auflage, Rdnr. 151.
6 So auch Himmelreich/Bücken/Krumm, a.a.O., Rdnr. 152.

dass der Betreffende dem äußeren Anschein nach den Unfall mit verursacht haben könnte, wobei sich dies nach der aufgrund konkreter Umstände bestehenden Verdachtslage beurteilt (BayObLG, DAR 2000, 79). Bei lediglich mittelbarer Mitverursachung eines Unfalls ist es aber notwendig, dass der Betreffende über die normale Verkehrsteilnahme hinaus auf das Verkehrsgeschehen irgendwie eingewirkt hat. Hierfür müssen objektive Anhaltspunkte vorliegen. Maßgebend ist die Beurteilung im Zeitpunkt des Verkehrsgeschehens (OLG Stuttgart, DAR 2003, 475). Unerheblich bleibt, wie der Beteiligte seinen eventuellen Unfallbeitrag selbst einschätzt. Insbesondere kommt es nicht darauf an, ob er sich für „schuldig" hält. Ganz im Gegenteil reicht für die Beteiligteneigenschaft ein von einer an der Unfallstelle anwesenden Person geäußerter Verdacht, sofern dieser nicht von vornherein offensichtlich unbegründet ist (OLG Düsseldorf, NZV 1993, 157–158). Als Täter nach § 142 StGB kommt deshalb jeder in Betracht, der, sei es auch zu Unrecht, in den – nicht ganz unbegründeten – Verdacht gerät, den Unfall verursacht oder mitverursacht zu haben (OLG Düsseldorf, a.a.O.). Anwesende Bei- und Mitfahrer, Ehegatten, insbesondere der Fahrzeughalter – sie alle kommen als Beteiligte in Betracht. Nach OLG Frankfurt, NZV 1997, 125–126, soll es allerdings nicht genügen, dass lediglich nicht feststeht, wer von zwei Insassen eines Tatfahrzeugs zum Tatzeitpunkt Fahrzeugführer war. Insgesamt bleibt der Begriff nach der Rechtsprechung aber so weit gefasst, dass Verkehrsteilnehmer immer wieder überrascht darüber sind, dass sie in rechtlicher Hinsicht als „Beteiligte" des Unfallgeschehens angesehen werden.

1.3.3 Feststellungsberechtigte

Die Frage, wer Feststellungsberechtigter ist, ergibt sich aus dem Sinn und Zweck der Vorschrift sowie aus deren Wortlaut. Nach § 142 Abs. 1 Ziff. 1 StGB hat der Beteiligte seine Pflichten zugunsten der anderen Unfallbeteiligten und der Geschädigten zu erfüllen. Dies korrespondiert mit dem Schutzzweck der Norm, der einzig und allein in der Sicherung der zivilrechtlichen Verantwortlichkeit besteht. Auch hier kommt es nicht darauf an, wer den Unfall verschuldet hat. Feststellungsberechtigt ist nach dem insoweit eindeutigen Wortlaut jeder

Unfallbeteiligte. Deutlich zu weit ging in diesem Zusammenhang die Entscheidung des OLG Zweibrücken, DAR 1982, 332, nach der auch jede andere an der Unfallstelle erscheinende Person in den Kreis der feststellungsberechtigten Personen aufgenommen sein sollte. Angesichts des eindeutigen Schutzzwecks der Norm kann nicht jeder beliebige Dritte als Feststellungsberechtigter angesehen werden.[7] Dennoch werden Dritte überwiegend zumindest dann als Feststellungsberechtigte angesehen, wenn sie feststellungswillig und feststellungsfähig sind.[8]

1.3.4 Umfang der Feststellungen

Welchen Umfang die Feststellungen, die der Beteiligte ermöglichen muss, einnehmen, ergibt sich relativ klar aus dem Wortlaut des Gesetzes. Gemäß § 142 Abs. 1 Ziff. 1 StGB muss der Beteiligte zugunsten der anderen Unfallbeteiligten und der Geschädigten die Feststellung seiner Person, seines Fahrzeugs und der Art seiner Beteiligung durch seine Anwesenheit und durch die Angabe, dass er an dem Unfall beteiligt ist, ermöglichen. Er ist demgemäß in keiner Weise zu einer „Unfallaufklärung“ verpflichtet. Die sich aus dem Gesetz ergebende „Vorstellungspflicht“ verpflichtet nicht dazu, Angaben zum Unfallgeschehen zu machen. Der Beteiligte muss sich noch nicht einmal selbst als Unfall verursachenden Führer des unfallbeteiligten Fahrzeugs bezichtigen (BayObLG, DAR 1993, 31–32). Darüber hinaus ist der Beteiligte zu keinerlei Angaben verpflichtet. Im Gegensatz zu § 34 StVO (s. dort) verlangt § 142 StGB insbesondere nicht die Angabe von Versicherungsdaten oder das Vorweisen von Führerschein und Fahrzeugschein. Der Pflichtenkreis von § 34 StVO geht deutlich weiter. Inwieweit der Beteiligte verpflichtet ist, das Eintreffen der Polizei zur Abklärung seines körperlichen Zustandes, insbesondere einer eventuellen Alkoholisierung oder des Vorhandenseins einer Fahrerlaubnis abzuwarten, hängt nach herrschender Meinung davon ab, ob die zivilrechtliche Haftung eindeutig geklärt ist oder ob es zu deren Beurteilung auf diese Fragen ankommt (siehe BayObLG, NZV 92, 245 und OLG Saarbrücken, ZfS 2001, 518–519).

7 So auch Bär, DAR 1983, 215–217.

8 Vgl. Himmelreich/Bücken/Krumm, Rdnr. 181 ff.

1.3.5 Verzicht auf Feststellungen

Entsprechend dem Normzweck der Sicherung der zivilrechtlichen Ansprüche der Berechtigten sind diese in der Lage, gänzlich oder teilweise auf Feststellungen zu verzichten. Ein solcher Verzicht kann ausdrücklich erklärt werden. Er kann sich aber auch aus dem Verhalten des Berechtigten schlüssig ergeben, insbesondere dadurch, dass dieser seinerseits die Unfallstelle verlässt (so OLG Oldenburg, ZfS 1995, 112–113). Gerade der – mutmaßliche – Verzicht auf weitere Feststellungen stellt eine besonders häufige Irrtumsgrundlage dar.

1.3.6 Wartepflicht

Als Ergänzung der Vorstellungspflicht des § 142 Abs. 1 Nr. 1 StGB bürdet die Vorschrift des § 142 Abs. 1 Nr. 2 StGB dem Unfallbeteiligten in jedem Falle zusätzlich eine Wartepflicht auf. Diese gilt nicht nur dann, wenn feststellungsbereite Personen dem Beteiligten keine Erklärung abverlangen, sondern insbesondere dann, wenn weder feststellungsbereite Unfallbeteiligte noch Dritte vor Ort sind.

Für den wartepflichtigen Unfallbeteiligten stellt sich damit die schwierige Frage, wie lange er dieser Wartepflicht unterliegt. Das Gesetz hilft dem Rechtsunkundigen hier nicht unbedingt weiter; es muss „eine nach den Umständen angemessene Zeit" gewartet werden. Auch die Rechtsprechung kann dem Rechtsuchenden keine wirkliche Klarheit bieten. Sie geht davon aus, dass sich die Dauer der Wartepflicht nach den Umständen des Einzelfalles, den Maßstäben der Zumutbarkeit und insbesondere danach richten soll, ob mit dem Eintreffen feststellungsbereiter Personen noch zu rechnen ist. Dabei sind einerseits die Schwere des Unfalls, die Verkehrsdichte und die sonstigen Chancen wirksamer Aufklärung zu berücksichtigen und andererseits das Interesse des Täters am Verlassen des Tatorts (OLG Stuttgart, DAR 1977, 22–23). Dass diese Abwägung in der Praxis jeden Unfallbeteiligten vor nahezu unlösbare Probleme stellt, ist nicht verwunderlich. Ein Irrtum liegt hier besonders nahe. Da es sich immer um Einzelfallentscheidungen handelt, ist die Rechtsprechung nahezu unübersehbar. Sie erstreckt sich im Wesentlichen auf Zeiträume für eine angemessene Wartezeit von wenigen Minuten bis zu mehr als einer Stunde.

1.3.7 Unfallort

Selbst der Begriff des „Unfallorts“ ist rechtlich keineswegs eindeutig definiert. Das OLG Stuttgart macht zutreffend darauf aufmerksam, dass der Begriff nicht einfach anhand einer metermäßigen Distanz zu bestimmen ist. Entscheidend hänge die Definition des Unfallorts davon ab, ob sich der Täter in einer Weise von der Unfallstelle abgesetzt hat, dass ein Zusammenhang mit dem Unfall nicht mehr ohne Weiteres erkennbar ist (OLG Stuttgart, DAR 1980, 248–249). Einigkeit herrscht jedenfalls darüber, dass Orte, die außerhalb einer Sichtverbindung zur eigentlichen Unfallstelle liegen, nicht mehr zum Unfallort gehören können. Vor diesem Hintergrund kann beispielsweise ein geeigneter Halteplatz, der von der Unfallstelle immerhin 100 m entfernt ist, noch zum Unfallort gerechnet werden (OLG Köln, ZfS 1981, 323). Hingegen hat der, der sich in seine unmittelbar an der Unfallstelle gelegene Wohnung begibt oder in ein nahe gelegenes Lokal, trotz räumlich geringer Entfernung die Unfallstelle verlassen. Gleiches gilt, wenn er sich hinter einer nahe gelegenen Straßenecke aufhält. All dies sind keine Bereiche mehr, in denen ein anderer Beteiligter den Wartepflichtigen vermuten und suchen würde.

1.3.8 Sich-Entfernen

Die Tathandlung der Unfallflucht ist das unerlaubte „Sich-Entfernen“. Dabei muss es sich um ein aktives, willensgetragenes Tun handeln. Derjenige, der von der Unfallstelle – ohne seinen Willen – entfernt wird, kann nicht tatbestandlich handeln. Das gilt beispielsweise für einen Beteiligten, der von der Polizei zur Blutprobe mitgenommen wurde (BayObLG, DAR 1993, 31–32); ebenso für Verletzte, die ins Krankenhaus transportiert wurden (OLG Köln, VRS 57, 406–407). Ebenso wenig entfernt sich willentlich von der Unfallstelle, wer dort vorläufig festgenommen und zur Polizeiwache verbracht wird (OLG Hamm, NJW 1979, 438).

Wichtig zu wissen ist, dass nach zutreffender Ansicht (vgl. OLG Hamm, a.a.O.) diejenigen, die sich nicht willentlich von der Unfallstelle entfernen, auch den Tatbestand des § 142 Abs. 2 Nr. 2 StGB nicht erfüllen können (a.A. BayObLG, a.a.O.).

1.3.9 Nachträgliche Feststellungen

Strafbar macht sich auch derjenige, der sich nach Ablauf einer angemessenen Wartefrist oder berechtigt oder entschuldigt vom Unfallort entfernt, wenn er nicht unverzüglich nachträgliche Feststellungen zu seiner Person, seinem Fahrzeug und der Art seiner Unfallbeteiligung ermöglicht (§ 142 Abs. 2 StGB). Gemäß Abs. 3 der Vorschrift genügt er dieser Verpflichtung zur Ermöglichung nachträglicher Feststellungen, wenn er entweder dem Feststellungsberechtigten oder einer nahe gelegenen Polizeidienststelle seine Unfallbeteiligung, seine Anschrift, seinen Aufenthalt sowie das Kennzeichen und den Standort seines Fahrzeugs bekannt gibt und das Fahrzeug zu unverzüglichen Feststellungen für eine ihm zumutbare Zeit zur Verfügung hält. In der Pflicht zur Ermöglichung nachträglicher Feststellungen steht indessen nicht, wer sich nicht willentlich von der Unfallstelle entfernt hat (vgl. OLG Köln, VRS 57, 406–407). Entgegen einer früher weit verbreiteten Rechtsprechung trifft diese Pflicht nach § 142 Abs. 2 StGB auch diejenigen nicht, die sich ohne Kenntnis des Unfalls von der Unfallstelle entfernen und erst danach davon Kenntnis erlangen, dass sich zurückliegend ein Unfall ereignet hat. Das Bundesverfassungsgericht hat in seiner beachtenswerten Entscheidung vom 19.3.2007 deutlich gemacht, dass eine Gleichstellung des unvorsätzlichen Entfernens vom Unfallort mit berechtigtem oder entschuldigtem Entfernen durch den Wortsinn der Norm nicht mehr gedeckt wäre (vgl. BVerfG, DAR 2007, 258–260); die Verurteilung eines Pkw-Fahrers, der erst 500 m nach der Unfallstelle auf den Schadensfall aufmerksam gemacht wurde, nach der Tatbestandsalternative des § 142 II Nr. 2 StGB, hat das BVerfG als Verstoß gegen Art. 103 II und Art. 2 I 99 gewertet.

Der Begriff „unverzüglich" verlangt, dass der Beteiligte ohne schuldhaftes Zögern seinen Pflichten nachkommt, wobei dies nicht bedeutet, dass er „sofort" tätig werden muss (OLG Hamm, NJW 1977, 207–209). Was „unverzüglich" im Sinne der Vorschrift ist, wird man immer auch am Zweck der Norm, nämlich der Sicherung der zivilrechtlichen Ansprüche des Geschädigten, messen müssen. Unter diesen Umständen kann auch einmal eine Meldung am nächsten Morgen ausreichen (vgl. OLG Stuttgart, VRS 60, 196–197). Da der

Beteiligte ein Wahlrecht zwischen der Meldung an den Berechtigten und an die Polizei hat, kann „unverzüglich“ auch nicht dahin ausgelegt werden, dass immer nur der Weg zum schneller erreichbaren Meldungsadressaten als „unverzüglich“ anzusehen ist (OLG Frankfurt, VRS 65, 30–31).

Entscheidet sich der Beteiligte für eine Meldung an die Polizei, besteht seine Pflicht darin, eine „nahe gelegene“ Dienststelle aufzusuchen. Das muss nicht zwangsläufig die nächstliegende sein (vgl. OLG Hamm, a.a.O.).

Entscheidend muss dabei auch die subjektive Erkenntnismöglichkeit des Beteiligten bleiben, insbesondere beispielsweise seine mangelnde Ortskenntnis.

Einen Sonderfall der Ermöglichung „nachträglicher“ Feststellungen bietet der durch das 6. Strafrechtsreformgesetz eingeführte Abs. 4, der, wie vorstehend erläutert, indessen weit hinter dem ursprünglichen Umfang der Möglichkeiten zu tätiger Reue zurückbleibt. Eröffnet wird die Möglichkeit nur dann, wenn sich der Unfall außerhalb des fließenden Verkehrs ereignete und lediglich einen nicht bedeutenden Sachschaden im Sinne des § 69 Abs. 2 Nr. 3 StGB verursachte. Darüber, wann sich ein Unfall „außerhalb des fließenden Verkehrs“ ereignet, gibt es nach wie vor erheblichen Meinungsstreit.[9] Dazu, auf welche Art die Feststellungen nachträglich ermöglicht werden müssen, verweist Abs. 4 auf Abs. 3 der Norm.

1.4 Rechtsfolgen

Die grundsätzlich in § 142 StGB vorgesehenen Rechtsfolgen sind **Freiheitsstrafe** bis zu drei Jahren oder **Geldstrafe**.

Von meist besonderer Bedeutung für die Beschuldigten ist die Tatsache, dass die Tat gemäß § 69 Abs. 2 Ziff. 3 StGB einen Regelfall für die **Entziehung der Fahrerlaubnis** darstellt, wenn zumindest ein bedeutender Fremdschaden entstanden ist. Außerdem kann auch die **Einziehung des Fahrzeugs** des Täters gemäß § 74 StGB in Frage kommen, sofern dieses das Mittel zum unerlaubten Entfernen war (BGHSt, 10, 337–338).

9 Vgl. hierzu ausführlich Himmelreich/Bücken/Krumm, Rdnr. 227c.

1.4.1 Strafzumessung

Hinsichtlich der Strafzumessung existiert in vielen Gerichtsbezirken nach wie vor eine – verdeckt oder offen gehandhabte – „Antragspraxis", in der die übliche Ahndung durchschnittlicher Fälle erläutert wird. Diese „Kataloge" sehen in der Regel unterschiedliche Sanktionsstufen je nach Höhe des Fremdschadens sowie für Erst- und Mehrfachtäter vor. Da gerade bei verkehrsrechtlichen Massendelikten die Sicherung einer einheitlichen Rechtsprechung als besonders bedeutungsvoll angesehen wird, ist es dringend geboten, sich über diese Antragspraxis in den jeweiligen Gerichtsbezirken rechtzeitig zu informieren.

Besondere Bedeutung als Strafmilderungsgrund hat im Bereich des unerlaubten Entfernens vom Unfallort der vermeidbare Verbotsirrtum im Sinne des § 17 Satz 2 StGB. Liegt ein solcher vor, kann die Strafe gemildert werden.

Auch alle anderen Strafmilderungsgründe kommen in Frage, beispielsweise ein hoher Eigenschaden des Täters, sein Verhalten nach der Tat etc.

Schließlich kann gemäß § 142 Abs. 4 StGB das Gericht in Rücktrittsfällen von Strafe ganz absehen oder die Strafe mildern, sofern die dort genannten Voraussetzungen des Rücktritts erfüllt sind.

1.4.2 Fahrerlaubnis/Fahrverbot

Die den jeweiligen Täter in der Regel am meisten belastenden Folgen des unerlaubten Entfernens vom Unfallort sind die regelmäßig mit einer Bestrafung einhergehenden Fahrerlaubnismaßnahmen. Der damit verbundene Eingriff in die persönliche Mobilität ist in vielen Fällen nicht nur unangenehm, sondern geradezu existenzbedrohend. Dennoch wird in der forensischen Praxis den hohen gesetzlichen Voraussetzungen für die Verhängung von Führerscheinmaßnahmen nur wenig Rechnung getragen. Dies erscheint umso bemerkenswerter, als das Gesetz mit seinem in § 69 Abs. 2 Ziff. 3 StGB überdeutlichen Wortlaut eine explizite Aufforderung zur Prüfung der subjektiven Tatseite an den Rechtsanwender richtet.

Einen Regelfall für die Annahme der Ungeeignetheit zum Führen von Kraftfahrzeugen sieht das Gesetz beim unerlaubten Entfernen vom Unfallort nur, wenn „der Täter weiß oder wissen kann, dass bei dem Unfall ein Mensch getötet oder nicht unerheblich verletzt worden oder an fremden Sachen bedeutender Schaden entstanden ist". Es ist deshalb ein schwerer Rechtsanwendungsfehler, wenn in der Praxis lediglich festgestellt wird, ob der Schaden „bedeutend" im Rechtssinne ist und dann überhaupt nicht mehr ernsthaft die Frage gestellt wird, ob der Täter dies wusste oder zumindest wissen konnte.

Bereits das Wissen um bei anderen Unfallbeteiligten eingetretene Verletzungen kann in vielen Fällen durchaus zweifelhaft sein. Leichtere körperliche Beeinträchtigungen wie Schnittwunden u. ä. müssen anderen als dem Verletzten selbst an Ort und Stelle keineswegs ins Auge fallen. Außerdem ist zu bedenken, dass viele körperliche Beeinträchtigungen selbst einem Verletzten primär in der Aufregung nach einem Unfallereignis überhaupt nicht bewusst werden. Prellungen werden oft erst entdeckt, wenn sich „blaue Flecken" ausbilden. Ein weiterer Prototyp für am Unfallort nicht erkennbare und erkannte Körperschäden sind die berüchtigten HWS-Beschwerden, die meist erst Tage später geltend gemacht werden und zu Recht auch im Zivilrecht oft einen Streitgegenstand bilden.

Selbst beim Eintritt von Körperschäden darf deshalb das Wissen oder Wissen-Können des Täters um den unfallbedingten Eintritt von Verletzungen nicht leichtfertig oder gar routinemäßig unterstellt werden.

Noch viel beklagenswerter als bei Körperschäden stellt sich die Rechtspraxis bei der Beurteilung des Wissens um Sachschäden dar.

Bereits bei der Frage, ab wann ein Sachschaden als „bedeutend" anzusehen ist, zeigt sich die Rechtsprechung in bedenklicher Weise beharrend und wenig entwicklungsfähig.

Einigkeit herrscht immerhin darüber, dass von einem wirtschaftlichen Schadensbegriff auszugehen ist und dass in die Ermittlung nur solche Schadenspositionen einbezogen werden dürfen, die zivilrechtlich auch erstattungsfähig sind. Dies musste beispielsweise das OLG Hamm in einem Fall betonen, in dem erstinstanzlich ein Amtsgericht einen bedeutenden Schaden anhand der geschätzten Reparaturkosten eines Kraftfahrzeugs feststellen wollte, obwohl ein wirtschaftlicher Totalschaden eingetreten und der Wiederbeschaffungsaufwand deutlich unterhalb der Schwelle eines bedeutenden Schadens anzusiedeln war (OLG Hamm, NZV 2011, 356–358). In die Berechnung einbezogen werden darf auch ausschließlich der reine Sachschaden, nicht hingegen Nebenansprüche und Sachfolgeschäden, wie Gutachterkosten, Mietwagenaufwendungen, Nutzungsausfall und Anwaltsgebühren. Nicht einmal die „Verbringungskosten“ für den Transport des unfallbeschädigten Fahrzeugs von der Karosseriewerkstatt zum Lackierer und zurück dürfen in die Berechnung einbezogen werden (LG Hamburg, DAR 2005, 168).

Betragsmäßig dümpelt die Rechtsprechung seit Jahren bei Schadensbeträgen von 1 300 € – bis maximal 1 500 € – dahin (beispielhaft LG Hamburg, DAR 2008, 219 und LG Heidelberg, Beschluss vom 13.2.2006, 2 Qs 9/06). Angesichts der unübersehbaren inflationären Tendenzen, die sich gerade im Kfz-Bereich abzeichnen, kann dieses Beharrungsvermögen der Rechtsprechung nicht überzeugen. Die Rechtsprechung muss vielmehr die erheblichen Preissteigerungen im Kfz-Gewerbe ständig in ihre Urteilspraxis „einpreisen“. Auf dem grundsätzlich richtigen Weg dürfte hier eine Entscheidung des Landgerichts Frankfurt liegen (LG Frankfurt, NStZ-RR 2009, 215); das Landgericht hatte für einen Zeitraum von 2002 bis 2008 die Entwicklung der Reparaturkosten für einen an Arbeitszeit und Material jeweils gleichen Aufwand ohne Mehrwertsteuer ermittelt und kam zu dem Ergebnis, dass in diesem Zeitraum bezogen auf das Rhein-Main-Gebiet ein Preisanstieg von 49,2 % zugrunde zu legen war. Die Rechtsprechung muss daher schon bei der Frage nach den finanziellen Grenzwerten in Zukunft weit dynamischer agieren, als sie dies in der Vergangenheit getan hat.

Insbesondere muss aber die Frage des Wissens oder Wissen-Könnens des Täters um die Höhe des Schadens viel sorgfältiger als bisher gestellt werden. Es erscheint geradezu unerträglich, einem Durchschnittsbürger, der von Kosten und insbesondere Kostensteigerungen im Kfz-Gewerbe in der Regel nichts weiß, zu unterstellen, er sei in der Lage, an einem Unfallort eine hinlänglich genaue

Schadensschätzung aus eigener Kraft vorzunehmen. Wie oft sich selbst erfahrene Polizeibeamte in diesem Punkt verschätzen können, zeigen zahlreiche Vergleiche zwischen später tatsächlich geltend gemachten Reparaturkosten und den in den polizeilichen Anzeigen zunächst einmal angenommenen Schadensbeträgen. In solchen Fällen dann auf die höheren tatsächlichen Reparaturkosten abzustellen und nicht beispielsweise auf eine deutlich niedrigere Schätzung des unfallaufnehmenden Polizeibeamten, ist in jedem Fall bedenklich.

Angesichts der eindeutigen gesetzlichen Vorgaben wird deshalb in vielen Fällen mangels eines im Gesetzessinne „bedeutenden" Schadens oder mangels Wissens oder Wissen-Könnens des Täters um den Eintritt eines solchen Schadens ein Regelfall für die Entziehung der Fahrerlaubnis nicht angenommen werden können.

Ebenso bedenklich wie die forensische Praxis bei der Annahme eines Regelfalles für die Fahrerlaubnisentziehung erscheint es, wenn die Antrags- und Urteilspraxis in vielen Gerichtsbezirken beim Erreichen bestimmter Schadenshöhen geradezu „automatisch" die regelmäßige Verhängung von Fahrverboten vorsieht. Eine solche Praxis ist per se rechtswidrig. § 142 StGB wird in § 44 Abs. 2 Satz 2 StGB gerade nicht erwähnt. Das Fahrverbot hat deshalb Strafcharakter; für seine Anordnung gelten die allgemeinen Strafzumessungsregeln. Es darf als Nebenstrafe zudem nur verhängt werden, wenn der mit ihm angestrebte spezialpräventive Zweck mit der Hauptstrafe allein nicht erreicht werden kann (OLG Köln, DAR 1996,154–156).

2 § 34 StVO – die fahrlässige „Unfallflucht"

Selbst bei vermeintlichen Fachleuten kann man immer wieder Erstaunen hervorrufen, wenn man darauf hinweist, dass es auch eine fahrlässige Begehungsform der Unfallflucht gibt. Diese ist in § 34 StVO normiert. Die Vorschrift führt aber ein Schattendasein und ist nicht nur weitgehend unbekannt, sondern wird auch äußerst selten angewandt.

Ziel der Vorschrift ist in erster Linie, dem Verkehrsteilnehmer einen detaillierten Verhaltenskatalog an die Hand zu geben, der ihm

– anders als § 142 StGB – genaue Anweisungen darüber gibt, wie er sich nach einem Unfallereignis zu verhalten hat. Postuliert wird die Pflicht, unverzüglich anzuhalten (§ 34 Abs. 1 Nr. 1 StVO), den Verkehr und – bei geringfügigen Schäden – den Verkehrsfluss zu sichern (§ 34 Abs. 1 Nr. 2 StVO), die Pflicht, sich über Unfallfolgen zu vergewissern (§ 34 Abs. 1 Nr. StVO) und Verletzten zu helfen (§ 34 Abs. 1 Nr. 4 StVO). Danach folgt die Vorstellungspflicht (§ 34 Abs. 1 Nr. 5a StVO) und weitergehend als die Pflichten gem. § 142 StGB die Vorstellungspflicht in Verbindung mit einer Ausweispflicht und der Pflicht, Angaben zum Versicherungsschutz zu machen (§ 34 Abs. 1 Nr. 5b StVO). Die Wartepflicht definiert § 34 Abs. 1 Nr. 6 StVO. Sie wird ergänzt durch die Pflicht zur nachträglichen Ermöglichung von Feststellungen (§ 34 Abs. 1 Nr. 7 StVO).

Die Vorschrift enthält des Weiteren eine Definition des „Beteiligten“ (§ 34 Abs. 2 StVO).

Sie endet mit dem Verbot der Beseitigung von Unfallspuren (§ 34 Abs. 3 StVO). Ungeachtet der in dieser Norm geschaffenen Möglichkeit, für fahrlässiges Fehlverhalten nach einem Verkehrsunfall einstehen zu müssen, muss aber beachtet werden, dass nach herrschender Meinung (vgl. BGH, DAR 1982, 295–296) die Anwendung der Vorschrift nur in Frage kommt, wenn feststeht, dass der Beteiligte weiß oder zumindest in Kauf nimmt, dass ein Unfall geschehen ist, bei dem nicht nur völlig belangloser Fremdschaden entstanden ist. Wer fahrlässig einen Verkehrsunfall nicht wahrnimmt und deshalb nicht unverzüglich anhält, begeht keine Ordnungswidrigkeit im Sinne von § 34 StVO (BGH, a.a.O). Insoweit gilt hier nichts anderes als bei § 142 StGB.

Die Vorschrift kann praktische Anwendung insbesondere in solchen Fällen finden, in denen sich im Laufe eines Verfahrens wegen des Vorwurfs der Unfallflucht gemäß § 142 StGB herausstellt, dass eine Verurteilung mangels Vorsatzes nicht möglich sein wird. Ist die Ordnungswidrigkeit nach § 34 StVO dann noch nicht verjährt, kann darauf eine Verurteilung gegründet werden mit der Folge, dass der Betroffene mit den oft erheblichen Verfahrenskosten belastet wird.

3 Die Probleme bei der Ermittlung äußerer Einflüsse auf die Wahrnehmbarkeit

Soll die juristische Bewertung dem Postulat, das das Vorsatzerfordernis gemäß § 142 StGB stellt, gerecht werden, ist eine sorgfältige Ermittlung aller äußeren Einflüsse, die sich auf die subjektive Wahrnehmbarkeit des Unfallgeschehens für den Beteiligten ergeben haben können, unerlässlich. Diese Arbeit verlangt vom Juristen die Bereitschaft, sich zunächst einmal bis in das letzte Detail Tatsachenfragen zu widmen. Besonders wichtig ist es, darauf zu achten, dass die vielfältigen Fragen, die eine sachverständige Beurteilung verlangen, den jeweils für das spezielle Fachgebiet geeigneten Sachverständigen unterbreitet werden. Ungeachtet der vielfältigen rechtlichen Problemstellungen, mit denen sich die Rechtsprechung im Rahmen des § 142 StGB auseinanderzusetzen hat, ist und bleibt die Feststellung des tatsächlich Geschehenen Grundlage jeder Arbeit am konkreten Fall.

3.1 Der wirkliche Schadensumfang

Die Ermittlung des konkreten unfallbedingten Schadens hat nicht nur Bedeutung für die gemäß § 69 Abs. 2 Ziff. 3 vorzunehmende Beurteilung des „bedeutenden" Fremdschadens. Diese Feststellung ist auch erforderlich, um eine verlässliche Aussage zur Wahrnehmbarkeit des eigentlichen Unfallgeschehens zu treffen. So ist beispielsweise der Umfang der Verformung von Bauteilen eines Kraftfahrzeugs ganz wesentlich für die Beurteilung der taktil-kinästhetischen Bemerkbarkeit. Auch die Frage der akustischen oder optischen Bemerkbarkeit kann abhängig vom Schadensumfang unterschiedlich beantwortet werden.

Eine sachgerechte juristische Aufarbeitung setzt daher zwangsläufig voraus, dass ein vom Geschädigten angegebener Schaden nicht ungeprüft der weiteren Sachbearbeitung zugrunde gelegt wird. Auch dann, wenn Schäden durch Kostenvoranschläge, Gutachten oder gar Rechnungen vermeintlich „belegt" sind, muss dies noch lange nicht bedeuten, dass tatsächlich alles, was ersetzt verlangt und zivilrechtlich vielleicht sogar ersetzt wurde, auf den streitgegenständlichen Schadensfall zurückzuführen ist.

Es muss daher untersucht werden, ob sämtliche Schäden kompatibel und plausibel zum zugrunde legenden Unfallgeschehen sind. Zur Untersuchung dieser Frage muss ein Kfz-technischer Sachverständiger mit ausreichender Erfahrung in diesem Fachgebiet die Schäden an sämtlichen unfallbeteiligten Fahrzeugen und ggf. auch an Gebäuden, Verkehrseinrichtungen und sonstigen geschehensbeteiligten Sachen untersuchen und zueinander in Beziehung bringen.

Nicht selten stellt sich dabei heraus, dass ein Teil der angeblichen Schäden nicht kompatibel zum Schadensbild an anderen Fahrzeugen oder unplausibel im Verhältnis zur Schilderung des Geschehens ist. Oft werden Vor- und Altschäden erheblichen Ausmaßes als unfallbedingt angenommen und in die Schadensberechnung einbezogen. Dies ist ebenso zu korrigieren wie zusätzliche Schäden, die einem beteiligten Fahrzeug erst nach dem Unfallgeschehen zugefügt wurden oder erst später entstanden sind.

Ein weiterer Punkt, der durch Kfz-Sachverständige sorgfältig untersucht werden muss, sind übersetzte Rechnungen. Diese sind keineswegs selten. Dabei werden nicht nur Schäden kalkuliert und abgerechnet, die überhaupt nicht oder nicht unfallbedingt vorliegen. Oft werden auch zu aufwendige Reparaturwege gewählt. Fahrzeugteile, die gerichtet werden könnten, werden ersetzt. Kleinschäden, die durch Ausbeulen und Spachteln sach- und fachgerecht beseitigt werden könnten, werden zum Anlass genommen, um großflächig Teile aus dem Fahrzeug herauszutrennen und durch Neuteile zu ersetzen. Statt Abschnittslackierungen vorzunehmen, werden komplette Fahrzeuge lackiert. Die Möglichkeiten, überhöht abzurechnen, sind grenzenlos und äußerst vielfältig und werden häufig genutzt. Im Vertrauen darauf, dass „die Versicherung schon zahlen wird", wird großzügig kalkuliert und abgerechnet.

Leider kann man für die Beurteilung der strafrechtlich relevanten Schadenshöhe und des Schadensumfangs auch nicht darauf vertrauen, dass im Rahmen einer Schadensregulierung solche übersetzten Rechnungen eine Korrektur erfahren. Die Abrechnung von

Kraftfahrzeughaftpflicht-Schäden bei Versicherern stellt ein Massengeschäft dar, das nur stichprobenartige Überprüfungen zulässt. Hinzu kommt, dass durch das aus Kostengründen immer weiter um sich greifende „aktive Schadensmanagement" der Haftpflichtversicherer bei kleineren und mittleren Schäden immer öfter auf die Einholung von Schadensgutachten verzichtet wird. Stattdessen findet die Regulierung auf Kostenvoranschlagsbasis oder durch Reparatur in sogenannten Vertrauenswerkstätten statt. Damit fehlen unverzichtbare Anknüpfungstatsachen, die bei Erstattung eines Schadensgutachtens vorhanden gewesen wären. Eine Einzelfallprüfung unter dem Blickwinkel der strafrechtlich maßgebenden Schadenshöhe ist und bleibt deshalb unerlässlich.

Die Überprüfung des wirklichen Schadensumfangs durch einen geeigneten technischen Sachverständigen sollte möglichst frühzeitig erfolgen. Wenn irgend möglich, sollte ein Sachverständiger Kontakt mit dem zum Ersatz verpflichteten Haftpflichtversicherer aufnehmen, das beschädigte Fahrzeug aber auch persönlich in Augenschein nehmen. Ein Aufsuchen der Werkstatt und eine kontrollierende Reparaturbegleitung empfiehlt sich ausnahmslos in den Fällen, in denen Schäden geltend gemacht werden, die angeblich an verborgenden Fahrzeugstellen entstanden sein sollen. Typische Beispiele hierfür sind angebliche Schäden an Teilen unterhalb der Stoßfängerverkleidungen, an Türscharnieren oder auch angebliche Fahrwerksschäden. Die Begutachtung durch einen Sachverständigen muss mit äußerster Sorgfalt durchgeführt werden. Die Untersuchung aller beteiligten Fahrzeuge und die Dokumentation dort vorhandener Schäden muss genauso zum Arbeitsumfang des Sachverständigen gehören wie die Einbeziehung der exakten Unfallstelle und ggf. auch eine Gegenüberstellung beteiligter Fahrzeuge.

Ein Praxistipp für den Fall, dass der Geschädigte seine Mitwirkung bei einer solchen Untersuchung der tatsächlichen Schadenshöhe verweigern sollte: Genauso wie der Geschädigte hat auch der Schädiger die Möglichkeit, ein selbstständiges Beweisverfahren (§ 485 ff. ZPO) zur Feststellung der Schadenshöhe einzuleiten. Über einen solchen zivilrechtlichen „Umweg" können selbst dann Feststellungen zum wirklichen Schadensumfang getroffen werden, wenn der Geschädigte seine Mitwirkung anfänglich verweigert.

3.2 Äußere Einflüsse an der Unfallstelle

Zu ermitteln ist auch, ob und ggf. welche äußeren Einflüsse auf die Wahrnehmbarkeit des Geschehens an der Unfallstelle vorhanden waren.

Licht- und Sichtverhältnisse zum Unfallzeitpunkt bedürfen der Klärung. Hierzu kann es sachdienlich sein, die örtlichen Verhältnisse zu ermitteln und Fragen wie Sonnenauf- und -untergang, Bewölkungslage sowie ggf. den Umfang und die Wirksamkeit künstlicher Beleuchtung zu klären. Nicht alles, was bei optimalen Verhältnissen erkennbar ist, muss man bei diffusem Licht wahrnehmen. Witterungseinflüsse, Regen, Schnee und Eis, Sturm, haben ebenfalls nachhaltige Bedeutung für die Feststellung der Bemerkbarkeit. Geklärt werden sollte darüber hinaus das allgemeine Geräuschniveau am Unfallort. Auch die Beschaffenheit der Fahrbahn kann entscheidenden Einfluss auf die Fragestellung der Bemerkbarkeit haben. Diese wird beispielsweise bei einer unebenen gepflasterten Fahrbahnoberfläche ganz anders zu beurteilen sein als bei einer Asphaltdecke. Jede Form von Straßenunebenheiten, das Vorhandensein von Bordsteinen und anderen Erhebungen im Fahrbahnbereich können entscheidende Anhaltspunkte für die Bemerkbarkeitsbeurteilung liefern. Ohne Besichtigung der Unfallstelle sollte deshalb keine Beurteilung der Bemerkbarkeit von Schäden stattfinden. Für das weitere Verfahren sollten vor Ort getroffene Feststellungen beweisbar dokumentiert werden.

3.3 Besonderheiten der beteiligten Fahrzeuge

Individuelle Merkmale am Kraftfahrzeug des in Verdacht geratenen Beteiligten dürfen ebenfalls nicht unbeachtet bleiben. Gab es Mängel am Fahrzeug, die Geräusche oder Erschütterungen verursachten, und wie stellt sich das Geräuschniveau im Fahrzeuginneren dar? Hier kann es genauso bedeutungsvoll sein, wenn der Verdächtige in einem lauten Nutzfahrzeuginnenraum saß, wie es andererseits von Bedeutung sein kann, dass er in einem geräuschgedämmten Passagierraum einer Luxuslimousine saß. Auch sind HiFi- und Soundanlagen, die heute vielfach bereits ab Werk in Fahrzeuge eingebaut werden, problemlos in der Lage, selbst laute Außengeräusche zu übertönen. Zu untersuchen ist ferner, ob getönte oder beklebte Scheiben einen Einfluss auf die optische Erkennbarkeit gehabt haben könnten.

Zudem sollte untersucht werden, ob ein von einem Verdächtigen genutztes Fahrzeug mit einer Parkdistanzkontrolle oder gar einer Außenkamera versehen ist.

Schließlich kann auch Transportgut im Fahrzeug Ursache einer fehlerhaften Beurteilung sein. Nicht selten interpretieren Unfallbeteiligte akustische Wahrnehmungen dahingehend, dass sie deren Ursache bei ihrem Transportgut vermuten. Ebenso werden taktil-kinästhetische Wahrnehmungen bisweilen so gedeutet, dass sie einem umfallenden oder sich bewegenden Transportgut zugeordnet werden. Deshalb ist die Beladung des Fahrzeugs im Unfallzeitpunkt zu klären.

4 Die Problematik bei der Bewertung von Aussagen

Im strafrechtlichen Erkenntnisverfahren kommt den Angaben des Beschuldigten ebenso wie den Aussagen von Zeugen oft entscheidende Bedeutung zu. Gerade die Problematik der Feststellung von subjektiven Tatbestandsmerkmalen verführt sehr leicht dazu, solchen Angaben einen Beweiswert zuzumessen, der ihnen angesichts der subjektiven Färbung solcher Erklärungen eigentlich nicht gewährt werden dürfte. Es ist daher wichtig, solchen Schilderungen mit der gebotenen Distanz und Aufmerksamkeit gegenüberzutreten. Insbesondere ist es notwendig, sich bei der Befragung der jeweiligen Personen nicht leichtfertig mit vordergründigen Angaben zufriedenzugeben.

So sollten auch die spontanen Angaben des unter dem Verdacht des unerlaubten Entfernens vom Unfallort stehenden Beteiligten hinterfragt werden.

Schon bei der **Beurteilung der eigenen physischen Leistungsfähigkeit** unterliegen viele Beschuldigte erheblichen Fehleinschätzungen, die sich zu ihrem Nachteil auswirken können. Immer wieder wird die Frage nach Einschränkungen der körperlichen Leistungsfähigkeit spontan und sehr schnell verneint.

Besonders ältere Verkehrsteilnehmer neigen in der Regel sehr stark dazu, vorhandene Defizite zu ignorieren, zumindest aber bei Befragungen zu leugnen. Dabei liegen gerade bei ihnen körperliche Einschränkungen im Bereich dessen, was zu erwarten ist. Insbesondere beim Hören und Sehen, aber auch bei der taktil-kinästhetischen Empfindsamkeit liegt oft objektiv ein erheblicher Leistungsabbau vor, ohne dass der Betroffene dies wahrnimmt oder wahrnehmen will. Der Grundsatz, dass nicht sein kann, was nicht sein soll, beherrscht die subjektive Wahrnehmung der eigenen Leistungsfähigkeit. Man sollte sich daher nicht voreilig mit der Erklärung, körperlich sei „alles bestens", begnügen. Ärztliche Untersuchungen zur Objektivierung der subjektiven Befindlichkeitsangaben bringen oft erstaunliche Mängel der körperlichen Leistungsfähigkeit an den Tag. Da solche Verschlechterungen in der Regel schleichend voranschreiten, bleiben sie dem Betroffenen lange unbekannt, zumal eine große Neigung besteht, Anzeichen solcher Leistungseinschränkungen so lange wie möglich zu ignorieren.

Aber nicht nur bei älteren Verkehrsteilnehmern kann die Leistungsfähigkeit eingeschränkt sein. Auch bei jungen und gesunden Personen kann es zu dauerhaften oder vorübergehenden Leistungseinschränkungen kommen. Typisches Beispiel ist die sogenannte Discoschwerhörigkeit, die durch ein akustisches Trauma verursacht wird und von der nach einzelnen Schätzungen 20–25 % der Jugendlichen mehr oder minder betroffen sein sollen. Zudem kann Übermüdung die Wahrnehmungsfähigkeit erheblich herabsetzen.

Ob derjenige, der sich selbst als leistungsfähig ansieht und bezeichnet, dies auch wirklich ist, muss deshalb stets hinterfragt und ggf. untersucht werden.

Eine nicht unerhebliche Rolle beim Entstehen beachtenswerter Missverständnisse zwischen Unfallbeteiligten spielt die oft sehr mangelhaft ausgeprägte **Kommunikations- und Verständnisfähigkeit Beteiligter**.

In der forensischen Praxis kommt es immer wieder vor, dass Beteiligte die zwischen ihnen stattgehabte Kommunikation völlig unterschiedlich wiedergeben. Während der eine der Ansicht ist, man habe sich geeinigt und der andere sei damit einverstanden gewesen, dass man sich von der Unfallstelle entfernt, stellt dies der Gesprächspartner völlig anders dar. In solchen Fällen ist es geboten, nach möglichen Ursachen für Missverständnisse unter den Beteiligten zu forschen. Wie sind beispielsweise die Sprachkenntnisse der Beteiligten zu bewerten? Diese Frage stellt sich nicht nur bei Personen, die aufgrund ihres Migrationshintergrundes nicht ausreichend gut Deutsch sprechen und verstehen. Auch diejenigen, deren Muttersprache Deutsch ist und die eine deutsche Schulausbildung genossen haben, weisen in der tatsächlichen Sprachfertigkeit oft erstaunliche Lücken auf. Die Beteiligten werden aber immer nur das wiedergeben können, was sie subjektiv verstanden haben. Ob dies jeweils vom objektiven Inhalt eindeutig getragen wird, muss sorgfältig hinterfragt werden.

Nicht übersehen darf man des Weiteren, dass immer mehr Menschen erhebliche **Kontaktprobleme** entwickeln. Direkte verbale Kommunikation kann eine Überforderungssituation darstellen, die anschließend zu subjektiven Angaben führt, die völlig konträr zum tatsächlichen Ablauf einer Kontaktsituation sein können. Es wäre falsch, anzunehmen, dass im Dialog beabsichtigte Kommunikationsziele immer erreicht werden.

Bei der Bewertung von Zeugenangaben ist insbesondere darauf zu achten, ob diese das selbst subjektiv Wahrgenommene auf andere übertragen. So wird ein Zeuge, der sich in der Nähe sich berührender Fahrzeuge im Freien befand, regelmäßig von beeindruckenden akustischen Wahrnehmungen berichten und auch die persönliche Überzeugung bekunden, dass dies der beschuldigte Lenker eines beteiligten Fahrzeugs ebenso gehört haben müsse. Es fehlt die Vorstellungskraft und die Bereitschaft, zu hinterfragen, ob das, was man selbst gehört, gesehen oder gespürt hat, auch andere hören, sehen oder spüren konnten.

Noch problematischer sind die von Zeugen vorgenommenen zielgerichteten Interpretationen von Beobachtungen. So wird immer wieder berichtet, ein Beschuldigter sei „schnell weggefahren“, er habe „Gas gegeben“. Dies wird dann fälschlicherweise als Indiz dafür gewertet, dass der Beschuldigte im Bewusstsein des Geschehenen „fliehen“ wollte. Ebenso werden Beobachtungen wie diejenige, der Beschuldigte habe sich „umgesehen“ oder „weggedreht“, mit einem Indizwert versehen, der objektiv in keiner Weise gerechtfertigt ist.

Viele Zeugenaussagen sind auch dadurch gefärbt, dass der Zeuge subjektiv ein eigenes Fehlverhalten verspürt, von dem er bewusst oder unbewusst abzulenken versucht, indem er mit besonders sicherer Überzeugung darlegt, der Beschuldigte habe das Unfallgeschehen bemerkt. Gerade die naheliegende Frage an Zeugen, warum sie den Beschuldigten nicht angesprochen oder wenigstens auf das Unfallgeschehen aufmerksam gemacht hätten, wird sehr oft damit beantwortet, dass dies doch gar nicht notwendig gewesen sei, da der Beschuldigte den Unfall auf jeden Fall bemerkt habe.

All dieser Probleme bei der Bewertung von Hergangsschilderungen müssen sich die Verfahrensbeteiligten stets bewusst sein.

5 Angaben der Tatverdächtigen

Den Angaben der Tatverdächtigen kommt bei der Verfolgung der Unfallflucht oft entscheidende Bedeutung zu. Ohne Angaben wäre in vielen Fällen bereits der Täternachweis nicht zu führen. Ist die Täterschaft eingeräumt, geben die Angaben Verdächtiger wichtige Hinweise zur subjektiven Tatseite. Ob mit hinlänglicher Sicherheit von vorsätzlichem Verhalten der Betreffenden ausgegangen werden kann, lässt sich anhand ihrer Angaben am ehesten beurteilen. Ebenso liefern diese Angaben der Beteiligten oft wichtige Hinweise für das Vorliegen eines Irrtums, sei es eines Tatbestands- oder eines Verbotsirrtums.

5.1 Zum Aussageverhalten der Tatverdächtigen

Im Gegensatz zum klassischen Kriminalstrafrecht, bei dem die Täter oft über erhebliche Justizerfahrung verfügen, betreffen Ermittlungen im Verkehrsstrafrecht sämtliche Bevölkerungskreise. Dementsprechend gering sind oft die Kenntnisse über strafprozessuale Rechte, insbesondere über das Recht der Aussagefreiheit. Anstatt zu schweigen werden bereits im Rahmen der ersten Ermittlungsschritte der Strafverfolgungsbehörden von den Betroffenen Spontanäußerungen oder sog. informatorische Angaben getätigt (zur Verwertbarkeit siehe OLG Stuttgart, ZAP EN-Nr. 728/2009, und Saarländisches Oberlandesgericht, DAR 2008, 402–403).

Das Gleiche gilt für Angaben naher zeugnisverweigerungsberechtigter Angehöriger.

Aber auch diejenigen, die sich aus eigener Kenntnis oder nach rechtzeitiger anwaltlicher Beratung klugerweise dazu entschlossen haben, von ihrem Schweigerecht Gebrauch zu machen, geraten bei Ermittlungen wegen unerlaubten Entfernens vom Unfallort oft ins Straucheln, wenn der bei Kraftverkehrsschadensfällen stets gegebene versicherungsrechtliche Hintergrund ins Spiel kommt. So wird immer wieder übersehen, dass Schadensmeldungen und Erklärungen, die gegenüber Versicherern abgegeben werden, durch die Staatsanwaltschaft beschlagnahmt und als Beweismittel im laufenden Strafverfahren verwertet werden können. Dies gilt sowohl für die Kraftfahrzeughaftpflichtversicherung als auch für Kasko-, Rechtsschutz- und – im Fall von Körperschäden – auch für Kranken- und Unfallversicherung. Genauso beschlagnahmegefährdet sind Angaben gegenüber Arbeitgebern, Leasinggesellschaften oder Berufsgenossenschaften. Wer sich klugerweise entschlossen hat, von bestehenden Aussage- und Zeugnisverweigerungsrechten Gebrauch zu machen, muss deshalb gerade bei Ermittlungen wegen des Verdachts der Unfallflucht weiter denken und in Erwägung ziehen, dass das Schweigen ein allumfassendes sein muss, wenn es im Ergebnis Erfolg haben soll.

Sind Angaben im Laufe des Ermittlungsverfahrens getätigt worden, muss diesen mit höchster Vorsicht begegnet werden. Ganz abgesehen davon, dass sie keineswegs den Tatsachen entsprechen müssen, muss auch deren Missverständlichkeit genauso in Betracht gezogen werden, wie die Möglichkeit von Fehlformulierungen und sprachlicher Ausdrucksschwäche.

So sind wahrheitswidrige Selbstbezichtigungen beim Delikt der Unfallflucht keineswegs selten. Geradezu ein „Klassiker" ist die Behauptung des Lebensgefährten oder Ehegatten des Täters, selbst der Täter gewesen zu sein. Dies geschieht oft vor dem Hintergrund, dass dem in der Beziehung Stärkeren oder dem, der mehr auf die Nutzung von Kraftfahrzeugen angewiesen ist, der Führerschein erhalten werden soll. Mehr oder weniger freiwillig nimmt dann der andere das Vergehen auf sich.

Noch häufiger sind sprachliche Fehlleistungen und daraus resultierend „falsche Geständnisse". Dabei ist zu berücksichtigen, dass weder bei den ermittelnden Personen noch bei den Betroffenen eine hinlängliche sprachliche Gewandtheit vorausgesetzt werden kann. So kommt es immer wieder vor, dass einem ermittelten Unfallbeteiligten, der im Verdacht des unerlaubten Entfernens vom Unfallort steht, ein Belehrungsformular zur Unterschrift vorgelegt wird, auf welchem er ankreuzen kann „Ich gebe den Verstoß zu" oder „Ich gebe den Verstoß nicht zu". Wer hier ankreuzt „ Ich gebe den Verstoß zu" und dies unterschreibt, hat keineswegs immer beabsichtigt, ein Geständnis über ein vorsätzliches unerlaubtes Entfernen vom Unfallort abzulegen. Fragt man in solchen Fällen nach, erhält man immer wieder die Antwort, dass der Betreffende lediglich erklären wollte, dass er den Unfall verursacht habe. Solche Missverständnisse aufgrund sprachlicher Fehlleistungen können nur aufgedeckt werden, wenn man bereit ist, mit dem Betreffenden in der ihm gewohnten Sprache jenseits der im Sprachgebrauch des Strafverfahrens üblichen Floskeln ausführlich über das zu sprechen, was dieser wirklich erklären wollte.

Sprachfähigkeit und Sprachverständnis des Betreffenden müssen in diesem Zusammenhang stets hinterfragt werden. Man darf nicht vergessen, dass in der Rechtspflege noch immer eine eigene Sprache mit vielen Eigentümlichkeiten und Floskeln verwendet wird, die vom Sprachgebrauch des Alltags der normalen Bürger weit entfernt ist. Ein Beweis hierfür ist die Verständniskontrolle. Befragt man den Normalbürger nach anwaltlichen Beratungsgesprächen oder Gerichtsverhandlungen zu den jeweiligen Gesprächsinhalten, wird man immer wieder feststellen müssen, dass nur ein Teil des

Gesprochenen tatsächlich verstanden wurde und davon auch noch manches fehlinterpretiert wird. Dieser Sprachbarriere zwischen den Angehörigen der Rechtspflege und dem Normalbürger sind sich leider nur wenige Praktiker bewusst. Dementsprechend günstig sind die Bedingungen für Missverständnisse und Fehlinterpretationen von Angaben.

Bei der Befragung von Verdächtigen sollte man sich darüber hinaus bewusst sein, dass diese dazu neigen könnten, sich selbst zu Unrecht in bestimmten Punkten zu belasten, weil sie befürchten, mit wahrheitsgemäßen entlastenden Angaben noch größeres Ungemach als eine Bestrafung wegen unerlaubten Entfernens vom Unfallort herbeizuführen. So erinnert sich der Verfasser dieser Zeilen an einen älteren Mandanten, der im Rahmen seiner polizeilichen Befragung eingeräumt hatte, das Geräusch bei der Kollision seines Wagens mit einem geparkten anderen Fahrzeug deutlich gehört zu haben. Als im Verlauf des längeren Beratungsgesprächs immer offenkundiger wurde, dass der Betreffende unter erheblicher Schwerhörigkeit litt und daraufhin die Behauptung einer akustischen Wahrnehmung des Unfalls vor diesem Hintergrund nachhaltig hinterfragt wurde, räumte der Schwerhörige schließlich ein, er habe in Wirklichkeit von dem Unfall überhaupt nichts gehört, bei der Polizei jedoch gegenteilige Angaben gemacht, weil er befürchtete, dass ihm dann wegen seiner Schwerhörigkeit die Fahrerlaubnis auf Lebenszeit entzogen werden würde. Dieser Fall macht deutlich, wie kritisch man selbst Geständnisse und geständnisgleiche Äußerungen Verdächtiger hinterfragen muss.

5.2 Die häufigsten Angaben der Tatverdächtigen

Die Angaben, mit denen sich der Tatverdächtige im anwaltlichen Beratungsgespräch oder im Strafverfahren zur Sache einlässt, müssen in ihrer Individualität stets sorgfältigst geprüft werden. Betrachtet man indessen die Masse der Fälle, wird man sehr bald feststellen, dass es eine Reihe „klassischer" Einlassungen gibt, die, selbstverständlich mit individuellen Abwandlungen und oft auch kumuliert, vorgebracht werden. Diesen immer wiederkehrenden Angaben sollen nachstehend einige Gedanken gewidmet werden. Dabei soll versucht werden, die von den Betroffenen bisweilen sehr unpräzise vorgebrachten Einlassungen „auf den Punkt zu bringen" und deren unterschiedliche Hintergründe und Intensionen zu beleuchten.

„Da war doch gar kein Unfall ..."

Diese Einlassung, die vordergründig auf einen Tatbestandsirrtum hindeutet, ist keineswegs so eindeutig, wie sie auf den ersten Blick erscheinen mag. Zunächst ist natürlich daran zu denken, dass damit zum Ausdruck gebracht werden soll, dass der Betreffende einen Unfall nicht bemerkt hat. Dies ist aber nicht die einzige Möglichkeit, diese Einlassung zu verstehen. Es kann auch sein, dass derjenige, der so formuliert, das, was er erlebt und wahrgenommen hat, nicht unter seinen Begriff eines „Unfalls" subsumiert. So ist es unter Laien weit verbreitet, Schadensfälle im ruhenden Verkehr oder solche Schadensfälle, bei denen nicht andere Kraftfahrzeuge, sondern beispielsweise Gebäude oder Verkehrseinrichtungen beschädigt wurden, nicht als „Unfall" anzusehen. Um diese Einlassung eines Beteiligten richtig verstehen zu können, ist es daher zunächst einmal nötig, ihn genau zu befragen, was er mit seinen Angaben zum Ausdruck bringen will. Geht es ihm darum, dass er von dem ihm zur Last gelegten Geschehen nichts bemerkt hat, ist aufgrund dieser Einlassung die gesamte Bemerkbarkeitsproblematik und alles, was die individuelle Wahrnehmung durch den Betroffenen in Frage stellen könnte, zu untersuchen. Ist hingegen die Angabe auf Basis eines anderen Unfallbegriffs erfolgt, das eigentliche Geschehen aber dennoch wahrgenommen worden, sollte die diesbezügliche Rechtsauffassung des Betreffenden näher beleuchtet werden.

„Mit dem Unfall hatte ich nichts zu tun ..."

Auch diese Einlassung kann unterschiedliche Hintergründe haben, die zum einen auf einen Tatbestandsirrtum, zum anderen aber auch auf einen Verbotsirrtum hindeuten können. Der Unfallbeteiligte räumt hier zwar ein, dass er den Unfall als solchen bemerkt hat, ist aber der Meinung, nicht zum Kreis der Beteiligten zu gehören. Gründet diese Ansicht auf der Annahme, er und die Art seiner Verkehrsbeteiligung stünden verkehrstechnisch überhaupt nicht im Zusammenhang mit dem Unfallgeschehen, dieses sei vielmehr völlig unabhängig von ihm entstanden, ist das Vorhandensein eines Tatbestandsirrtums zu prüfen. Dabei ist zu untersuchen, ob der Betroffene tatsächlich glaubhaft zu eben dieser Annahme gelangen konnte. Anders stellt sich der Fall dar, wenn der Betroffene mit der Erklärung zum Ausdruck bringen möchte, dass er sich nicht als Unfallbeteiligten sieht, weil er an dem Unfall keine Schuld trägt und ohne Schuld auch nicht Beteiligter im Sinne des Gesetzes sein kann. Dies wäre dann ein Verbotsirrtum im Sinne von § 17 StGB, über dessen Vermeidbarkeit angesichts der individuellen Erkenntnismöglichkeiten des Betroffenen zu befinden ist. In einem solchen Fall muss daher mit dem Unfallbeteiligten ein sehr intensiver Dialog darüber stattfinden, wie er zu seiner Rechtsansicht gelangt ist. Keinesfalls darf eine solche Einlassung aus der Sicht des juristisch Gebildeten vorschnell als vermeidbarer Irrtum angesehen werden.

■ „Den Unfall hat doch der andere verschuldet ...“

Hier gilt das soeben Gesagte. Wer so formuliert, befindet sich im Irrtum über die Reichweite der Beteiligteneigenschaft nach § 142 StGB. Praktiker wissen, dass dieser Irrtum in der Bevölkerung oft anzutreffen ist. Klärt man die Betroffenen darüber auf, dass sie auch ohne Verschulden am Unfall zum Kreis der Warte- und Vorstellungspflichtigen gehören, erntet man regelmäßig großes Erstaunen. Gerade bei diesen weit verbreiteten Rechtsirrtümern ist eine besonders sorgfältige und dem Täter gegenüber aufgeschlossene Prüfung der Vermeidbarkeit angezeigt.

■ „Der Schaden ist nicht von mir, der sucht nur einen ‚Dummen‘ ...“

Obwohl die Überprüfung der Kompatibilität und Plausibilität geltend gemachter Unfallschäden zu den selbstverständlichen Prüfpunkten bei der Beurteilung eines Falles des unerlaubten Entfernens vom Unfallort gehören sollte, geschieht dies in der Praxis äußerst selten. Gibt der Geschädigte an, der von ihm geltend gemachte Schaden sei unfallbedingt, wird das in der Regel so akzeptiert. Spätestens dann, wenn der Unfallverursacher Zweifel an Kompatibilität und Plausibilität von Schäden geltend macht, muss dies Anlass zu einer intensiven Untersuchung dieser Fragen sein. Die Hinzuziehung eines Sachverständigen für Unfallschäden ist spätestens dann unerlässlich.

„Da war doch gar kein Schaden entstanden ...“

Auch diese Einlassung eines Betroffenen gibt Anlass, in zweierlei Richtungen zu prüfen. Einerseits ist zu klären, ob es tatsächlich sein könnte, dass dem Beschuldigten zu Unrecht ein Schaden angelastet wird, obwohl dieser weder kompatibel noch plausibel zum streitgegenständlichen Geschehen ist. Wäre dies der Fall, entfiele der Tatbestand. Die Einlassung kann aber auch lediglich den subjektiven Irrtum des Beteiligten über den Eintritt eines Schadens, der dann Tatbestandsirrtum wäre, zum Ausdruck bringen. Deshalb reicht es bei der Prüfung dieser Einlassung keinesfalls aus, rein technisch zu ermitteln, ob und welcher Schaden unfallbedingt entstand. Vielmehr ist gewissenhaft zu untersuchen, welche individuellen Erkenntnismöglichkeiten dem Beschuldigten für die Wahrnehmung des Schadens zur Verfügung standen. Dabei sind die örtlichen Verhältnisse, die Art des Schadens und dessen Lage ebenso von Bedeutung wie die Fähigkeit des Beschuldigten zu zutreffenden technischen Beobachtungen.

„Der Schaden war nur eine Bagatelle ...“

Auch dieser Einlassung können die gleichen unterschiedlichen Auffassungen zugrunde liegen wie den vorstehend genannten. Es kann gemeint sein, dass der eingetretene Schaden unterhalb der von der Rechtsprechung anerkannten Bagatellgrenze liegt, aber auch bedeuten, dass sich der Unfallbeteiligte im (Tatbestands-)Irrtum über den Umfang und Wert des Schadens befand. Für die Behandlung dieses Einwands gilt daher das Vorgesagte.

„Den Schaden habe ich doch gleich beseitigt ...“

Hier unterliegt der Beteiligte einem Verbotsirrtum. Bei ursprünglicher Erkenntnis des Vorhandenseins eines bedeutenden Schadens geht er irrtümlich davon aus, diesen so beseitigt zu haben, dass er nicht mehr nennenswert ist. An die Nachvollziehbarkeit einer solchen Einlassung sind hohe Anforderungen gestellt. Es wird eine plausible Erläuterung dafür erwartet werden, wie die Ansicht, der Schaden sei wieder beseitigt worden, entstehen konnte.

„Der andere Beteiligte war schon weggefahren und für mich nicht zu finden ..."

Es ist gar nicht selten, dass Unfallbeteiligte in der Aufregung nach einem Unfallgeschehen einander zunächst einmal „verlieren". In solchen Fällen kann u. U. der Eindruck entstehen, der andere Beteiligte habe die Unfallstelle seinerseits bereits verlassen und dokumentiere damit, dass er keinerlei Feststellungsinteresse habe. Wer sich dann entschließt, die Unfallstelle, an der er vermeintlich allein zurückblieb, zu verlassen, kann sich im Tatbestandsirrtum befinden. Derartige Fälle bedürfen einer erheblichen Aufklärungsarbeit. Erfahrungsgemäß stellen Gerichte an die Glaubhaftigkeit eines derartigen Vortrags höchste Anforderungen, zumal derjenige, von dem der Beschuldigte zu Unrecht glaubte, er habe die Unfallstelle bereits verlassen, diesem Eindruck in der Regel auf das Heftigste widersprechen wird. Um die äußeren Umstände eines solchen Irrtums aufzuklären, ist es meist unerlässlich, eine Ortsbesichtigung unter vergleichbaren Verhältnissen durchzuführen, wobei sowohl von den Licht- und Sichtverhältnissen als auch von den Verkehrsverhältnissen wesentliche Impulse für das Entstehen des Irrtums ausgehen können. Was bei Helligkeit und geringem Verkehrsaufkommen wenig glaubhaft erscheint, kann sich bei Dunkelheit, schlechtem Wetter und in der Rushhour ganz anders darstellen.

„Der andere wollte nichts von mir ..."

Ist der Beschuldigte der Meinung gewesen, der Berechtigte habe keinerlei Feststellungsinteresse, kann dies als Tatbestandsirrtum gewertet werden. Der Feststellungsberechtigte wird solchen Ausführungen des Beschuldigten meist nachhaltig widersprechen. Es stellt sich daher die Aufgabe, herauszuarbeiten, was vor Ort tatsächlich geschehen und wie die Kommunikation zwischen den Beteiligten abgelaufen ist. Besonderes Augenmerk sollte auf die Kommunikationsfähigkeit beider Beteiligter gelegt werden. Je geringer diese bei beiden oder auch nur einem der Beteiligten ausgeprägt ist, umso größer ist die Wahrscheinlichkeit eines tatsächlichen Missverständnisses.

„Der andere war mit meinen Angaben zufrieden ...“

Auch mit dieser Einlassung macht der Unfallbeteiligte einen Tatbestandsirrtum geltend. Wenn er beispielsweise glaubt, dass der Berechtigte nach Entgegennahme der Anschrift auf weitere Feststellungen keinen Wert mehr legt, führt diese fahrlässig falsche Annahme zum Tatbestandsirrtum.

„Ich hatte alle vorgeschriebenen Angaben gemacht ...“

In diesem Fall täuscht sich der Beteiligte über den Umfang der erforderlichen Feststellungen, nicht jedoch über den Willen und die Erwartungen des Feststellungsberechtigten. Dies stellt einen Verbotsirrtum dar. Im Gegensatz zu den vorerwähnten Varianten ist hier kein Kommunikationsproblem zwischen den Beteiligten Ursache des Irrtums, sondern die falsche Vorstellung des Beschuldigten über die Rechtslage.

„Der andere war doch damit einverstanden, dass ich mich entferne ...“

Hier gilt das Gleiche wie in den Fällen, in denen der Beschuldigte dachte, der andere Beteiligte sei mit den Angaben zufrieden und wolle nichts mehr vom Beschuldigten. Diese Überzeugung führt jeweils zur Annahme eines Tatbestandsirrtums.

„Ich habe doch ewig gewartet ...“

Die Frage, ob der Beteiligte seiner Wartepflicht in ausreichendem Maße nachgekommen ist, stellt immer wieder einen Streitpunkt im Verfahren dar. Dabei ist es wichtig, zu prüfen, ob die Beteiligten ihre jeweiligen Angaben zur Dauer des Wartens mit Fakten untermauern können. Dies ist nur in den seltensten Fällen wirklich möglich. In der Regel schildern alle Beteiligten ihre subjektiven Eindrücke über die Dauer des Wartens eines Beschuldigten, die verständlicherweise sehr unterschiedlich ausfallen. Berichtet beispielsweise bei einem nächtlichen Unfall der geschädigte Hauseigentümer, er sei „sofort“ aus dem Haus gegangen und habe nach dem Unfallverursacher gesucht, während der Unfallverursacher eine längere Wartezeit angibt, kann möglicherweise durch Klärung einzelner Tätigkeiten eine weitgehende Übereinstimmung der jeweiligen Angaben mit tatsächlichen Zeiträumen herausgearbeitet werden. So sollte der Geschädigte gefragt werden, welche konkreten Tätigkeiten er zwischen dem Bemerken des Unfallgeschehens und dem Verlassen des Hauses noch erledigt hat. Es wird sich oft herausstellen, dass der subjektive Eindruck, das Haus „sofort“ verlassen zu haben, täuscht. Telefonate mit der Polizei, das Aufwecken anderer Familienmitglieder, das Ankleiden – vieles kann an zeitraubenden Tätigkeiten geschehen sein, bis der Geschädigte tatsächlich auf die Straße trat. Auch das Zeitempfinden des Unfallverursachers ist ein subjektives. Die Redewendung von Minuten, die zu Stunden werden, hat im subjektiven Zeitempfinden durchaus einen realen Hintergrund.

„Ich habe doch einen Zettel mit meiner Adresse/ eine Visitenkarte zurückgelassen ...“

In diesem Fall irrt der Täter über den Umfang der Vorstellungspflicht genauso wie über das Vorhandensein der Wartepflicht. Es handelt sich um einen Verbotsirrtum. Bemerkenswert ist, dass das Zurücklassen einer solchen Benachrichtigung sehr oft streitig ist. Gerichte neigen dann sehr schnell dazu, eine solche Einlassung als Schutzbehauptung des Beschuldigten zu werten. Je präziser dessen Angaben zu Art und Umfang der von ihm angeblich hinterlassenen Nachricht sind und je genauer er beschreiben kann, wie und wo er diese Nachricht befestigt hat, desto eher dürfte ihm Glauben geschenkt werden.

Schock und Überlastung

Immer häufiger tauchen zwischenzeitlich zwei weitere Einlassungen von Beschuldigten auf, mit denen sich die Rechtsprechung zunehmend und intensiver auseinandersetzen sollte:

Das Vorliegen eines „Unfallschocks“ als Ursache für unerlaubtes Entfernen vom Unfallort wurde von der Rechtsprechung bisher meist nicht als Grund angesehen, von einer Schuldunfähigkeit des Täters auszugehen. Dem steht entgegen, dass der akuten Belastungssituation eines erlebten Verkehrsunfalles und der damit einhergehenden posttraumatischen Amnesie geschuldet sein kann, dass das Bewusstsein des Unfallflüchtigen derart eingeengt ist, dass die Fähigkeit zur sachgerechten Beurteilung der Situation und der Erkenntnis der Pflichten eines Fahrzeugführers aufgehoben sind. Das Landgericht Leipzig (LG Leipzig, DAR 1997, 79–80) ging davon aus, dass ein solcher Zustand zwischen zwölf Stunden und drei Tagen nach dem Unfallereignis andauern kann. In jedem Fall muss sich das Gericht mit der Frage eines schuldausschließenden Unfallschocks zumindest dann näher befassen, wenn dessen Vorliegen vom Beschuldigten eingewandt wird oder es Hinweise darauf gibt, dass ein solcher Schock eingetreten sein könnte. Dies kann insbesondere der Fall sein, wenn der Beschuldigte psychisch wenig stabil erscheint. Psychische Störungen gehören mittlerweile zu den häufigsten Beratungsanlässen in allgemeinen medizinischen Praxen. Sie stellen die vierthäufigste Ursache für Arbeitsunfähigkeitsbescheinigungen im Rahmen der gesetzlichen Krankenversicherung dar. Umso ernsthafter muss der Einwand einer psychischen Überforderung im Rahmen der Untersuchung eines unerlaubten Entfernens vom Unfallort diskutiert werden. Der Tatrichter wird für die Beurteilung dieser Fragen in aller Regel keine ausreichende Sachkunde besitzen und deshalb einen auf diesem Gebiet erfahrenen Sachverständigen hinzuziehen müssen (vgl. OLG Köln, NJW 1967, 1521).

Für den Praktiker weiterhin auffällig ist, dass immer häufiger „Angst“ als Ursache für ein unerlaubtes Entfernen vom Unfallort geltend gemacht wird. Solchen Angaben sollte stets nachgegangen werden. Nach Unfällen kommt es immer wieder zu Beschimpfungen, Bedrohungen und zu Tätlichkeiten unter Unfallbeteiligten oder gegen Unfallbeteiligte. Sich in einer solchen Situation dem Angriff zu entziehen, indem man den Aufenthalt an der Unfallstelle beendet, wird stets gerechtfertigt sein.

Selbst wenn eine psychische Überlastungssituation nicht ein solches Gewicht hat, dass sie zur Schuldunfähigkeit des Täters führt, kann eine psychische Überforderung und Kopflosigkeit ebenso wie Ratlosigkeit zumindest das Maß des Verschuldens des Beteiligten beeinflussen und zur Strafmilderung führen. Psychische Gründe für das Tatverhalten sollten daher in jedem Falle dem Gericht offenbart werden. Dass dies dazu führen kann, dass sich aufgrund dessen verwaltungsrechtliche Fragen bis hin zur Untersuchung der Eignung zum Führen von Kraftfahrzeugen stellt, sollte dabei stets bedacht werden, jedoch niemals von einer sachgerechten Verteidigung abhalten.

6 Die Frage nach der Bemerkbarkeit – ein juristischer Sündenfall

Bei der Untersuchung der strafrechtlichen Verantwortlichkeit eines in den Verdacht des unerlaubten Entfernens vom Unfallort Geratenen wird in der forensischen Praxis die Frage nach der „Bemerkbarkeit" des Geschehens zu Recht gestellt, wenn der Beschuldigte geltend macht, von einem Unfall nichts gewusst zu haben, als er sich vom Unfallort entfernte. Bedauerlicherweise führt diese Fragestellung aber immer wieder zu einer unzulässigen Verkürzung der Beweisaufnahme und zu einer vorschnellen Verurteilung.

Völlig zutreffend ist es, dann, wenn eine Beweisaufnahme ergibt, dass die Bemerkbarkeit des Unfallgeschehens für den Beschuldigten nicht erwiesen werden kann, den diesem gegenüber erhobenen Vorwurf der Unfallflucht fallen zu lassen.

Ein juristischer „Sündenfall" ist es indessen, die Feststellung, der Unfall sei für den Beschuldigten bemerkbar gewesen, zum Anlass zu nehmen, dem Beschuldigten ein vorsätzliches Handeln zu unterstellen. Dieser in der Praxis häufig geübte „Kurzschluss" ist in keiner Weise gerechtfertigt. Eine vorhandene Bemerkbarkeit bedeutet noch lange nicht, dass zweifelsfrei von einem „Bemerkthaben" des Beschuldigten ausgegangen werden darf. Die Feststellung der Bemerkbarkeit mag als Indiz dafür dienen, dass der Beschuldigte das ihm zur Last gelegte Geschehen auch bemerkt hat. Ein letzter Beweis ist damit noch nicht geführt. Maßgeblich sind stets die individuellen Erkenntnismöglichkeiten des Beschuldigten in den Grenzen seiner eigenen psychophysischen Leistungsfähigkeit.

In diesem Zusammenhang ist es auch wichtig, sich bei der juristischen Wertung des Unterschieds von „Bemerken" und „Wahrnehmen" bewusst zu werden. Nicht alles, was der Mensch „bemerkt", nimmt er auch wahr. Auch hier sind psychophysische Leistungsgrenzen zu beachten.

Geradezu unverständlich ist die mangelnde Beachtung dieser psychophysischen Leistungsgrenzen in der gerichtlichen Praxis bei solchen Fällen, in denen sich ein Hinterfragen der Leistungsgrenzen des Beschuldigten schon deshalb aufdrängen müsste, weil ihm neben dem unerlaubten Entfernen vom Unfallort gleichzeitig ein Fahren im fahruntüchtigen Zustand zur Last gelegt wird. Sei es der Vorwurf des Fahrens unter Alkohol- oder Drogeneinfluss oder seien es andere Einflüsse auf die Fahrtauglichkeit wie insbesondere die Fahruntauglichkeit aufgrund von Selbstmedikation (siehe hierzu Kapitel 3, Abschnitt 2.1.6 und 2.1.7); stets ist zunächst eine vertiefte Prüfung der Frage, ob das Schadensereignis „bemerkbar" war und ob es der Beschuldigte in seiner konkreten Leistungsschwäche auch wahrnehmen konnte, angezeigt. Eine Verurteilung gemäß §§ 142, 316 StGB setzt ebenso wie die Verurteilung gemäß § 34 StVO stets die Feststellung voraus, dass der Täter wusste oder zumindest in Kauf nahm, dass sich ein Unfall mit mehr als völlig belanglosem Schaden ereignet hatte (siehe Abschnitt 1.2.1). An einer solchen Wahrnehmung des Täters wird der Einfluss psychoaktiver Substanzen stets erhebliche Zweifel wecken, die der Ausräumung bedürfen, bevor eine Verurteilung in Frage kommt.

Die Annahme einer vorverlagerten Verantwortlichkeit des Beschuldigten wird in solchen Fällen regelmäßig daran scheitern, dass ihm eine entsprechende Vorhersehbarkeit des Risikos, durch die Einnahme psychoaktiver Substanzen an der Wahrnehmung eines Unfalls oder Schadens gehindert zu sein, kaum nachzuweisen sein wird. Psychophysische Leistungsbeeinträchtigungen nicht zu beachten, stellt deshalb einen Kardinalfehler in der Fallbearbeitung dar.

Die in der forensischen Praxis vorhandene beklagenswerte Neigung, unverzüglich zu verurteilen, sobald der oft als einziger Experte herangezogene kraftfahrzeugtechnische Sachverständige die Frage nach der Bemerkbarkeit des Unfalls positiv beantwortet hat, ist eine unzulässige Verkürzung der juristischen Problemstellung und darf nicht akzeptiert werden. „Bemerkbar" ist viel mehr als das, was wahrgenommen wird. Mit der Feststellung der Bemerkbarkeit hat das Gericht noch nicht einmal die Hälfte des Weges einer sorgfältigen Fallprüfung zurückgelegt.

Die rechtliche Vorgabe des Vorsatzes (siehe Abschnitt 1.2.2) beim Vorwurf des Verstoßes gegen § 142 StGB zwingt ebenso wie die Notwendigkeit der Feststellung des Wissens um einen Unfall nach § 34 StVO zur intensiven Erforschung des tatsächlichen Wahrnehmens durch den Beschuldigten. Es gilt die einfache Formel: „Ohne Kenntnis vom Unfall und vom Eintritt eines mehr als belanglosen Schadens keine Verurteilung."

Des Weiteren gilt: „Ohne Kenntnis eines bedeutenden Umfangs des Schadens kein Regelfall für die Entziehung der Fahrerlaubnis."

Mit welchen technischen und medizinisch-psychologischen Problemen sich die forensische Erforschung des Falles jenseits der vordergründigen Frage nach der Bemerkbarkeit des Unfalls befassen müsste und welche neueren naturwissenschaftlichen Erkenntnisse bisher nicht oder nur unzureichend Berücksichtigung finden, wird in den folgenden Kapiteln näher beleuchtet.

Dass dadurch ein „kurzer Prozess" ebenso ausgeschlossen wird wie ein „billiges Verfahren", verlangt von allen Verfahrensbeteiligten die Bereitschaft zu erhöhtem persönlichem Arbeitseinsatz und zur Inkaufnahme eines hohen finanziellen Prozessrisikos. Aus der Unschuldsvermutung zugunsten des Beschuldigten erwächst die Pflicht von Staatsanwaltschaft und Gericht zu weit stärkerem Einsatz finanzieller Mittel für Gutachten von Ingenieuren, Ärzten und Psychologen. Von ihnen ist zu fordern, ihre Pflicht, den Sachverhalt auf alle Aspekte zu untersuchen, die sich zugunsten des Beschuldigten auswirken können, konsequenter und mit höherem Aufwand als bisher üblich zu erfüllen. Dies würde der Verfahrensqualität zugutekommen und mit Sicherheit weit öfter, als es in der bisherigen forensischen Praxis der Fall ist, Entlastendes zugunsten eines in Verdacht Stehenden ergeben.

Ebenfalls zu kritisieren ist in diesem Zusammenhang die in der forensischen Praxis weit verbreitete Überdehnung der Anforderungen an kraftfahrzeugtechnische Sachverständige. Hat man sich in der forensischen Praxis überhaupt einmal dazu durchgerungen, einen Sachverständigen hinzuzuziehen, ist dies in der Regel der kraftfahrzeugtechnische Sachverständige. Dass dieser aufgrund seiner spezifischen Fachkenntnis in vielen Fällen keine ausreichende wissenschaftliche Aufklärung bieten kann, wird in der Regel genauso wenig problematisiert wie die Tatsache, dass sich der kraftfahrzeugtechnische Sachverständige bei Aussagen zur akustischen oder taktilkinästhetischen Bemerkbarkeit eines Geschehens weit in Gebiete hineinbegibt, die eigentlich Medizinern und Psychologen vorbehalten sein sollten. Statt weitere Sachverständige aus diesen Fachgebieten zum Zwecke interdisziplinärer Arbeit am Fall hinzuzuziehen, begnügt sich die Praxis weitestgehend damit, den Ingenieur als eine Art „Dr. Allwissend" über das berichten zu lassen, was er sich mehr oder weniger zutreffend an Kenntnissen aus Medizin und Psychologie angeeignet haben mag. Ebenso erstaunlich wie die Tatsache, dass in der Praxis Ingenieure mit medizinischen und psychologischen Fragestellungen konfrontiert werden, ist deren Bereitschaft, auf solche Fragen umfassend zu antworten, ohne auch nur im Ansatz darauf hinzuweisen, dass sie sich mit diesen Antworten weit aus ihrem angestammten Fachgebiet entfernen. Diese häufig gelebte Gerichtspraxis erscheint im Hinblick auf die hohen Anforderungen, die an den Nachweis einer vorsätzlichen Handlungsweise zu stellen sind, zumindest bedenklich.

Beschuldigte hingegen müssten sich ihrerseits darüber im Klaren sein, dass das Kostenrisiko eines sachgerecht geführten Verfahrens deutlich höher ist als dasjenige eines „Schnellverfahrens", bei dem ausschließlich die vordergründige Frage der „Bemerkbarkeit" Gegenstand der – in der Regel ausschließlich kraftfahrzeugtechnischen – Untersuchung ist.

Darüber hinaus kann eine umfassende Sachaufklärung auch Erkenntnisse über die individuellen psychophysischen Grenzen der Leistungsfähigkeit eines Beschuldigten liefern, die einerseits zu dessen strafrechtlichem Freispruch, in der Folge aber wegen der

Feststellung mangelnder Fahreignung, zum Fahrerlaubnisverlust im verwaltungsrechtlichen Führerscheinverfahren führen. Auch diese Fragen eines sich an das strafrechtliche Verfahren anschließenden verwaltungsrechtlichen Verfahrens muss von Verteidigern und Beschuldigten bei der Festlegung der Verfahrenstaktik im Voraus bedacht und erörtert werden.

Besteht Interesse und Bereitschaft, die Frage der Wahrnehmung des Unfalls durch den Beschuldigten und darauf aufbauend die Vorsatzfrage konsequent zu prüfen und zu beantworten, eröffnen sich aus den folgenden Kapiteln neue und bisher weitgehend unbeachtete Möglichkeiten für die forensische Praxis.

7 Praktische Hinweise zu Standardfällen

7.1 Prozesstaktik des Verteidigers im Verfahren zu § 142 StGB

Eine penible Aufarbeitung sämtlicher tatsächlicher Aspekte des dem Beschuldigten zur Last gelegten Lebenssachverhalts einerseits sowie die sorgfältige rechtliche Bewertung des gesamten Prozessstoffs gehören zur selbstverständlichen handwerklichen Tätigkeit des Verteidigers. Allein dies garantiert jedoch keinen Verteidigungserfolg. Mindestens ebenso bedeutend ist eine zielorientierte Prozesstaktik. Dies muss zu Beginn des Verfahrens mit dem Mandanten erörtert und seinen Bedürfnissen entsprechend ausgerichtet werden. Sie darf aber nicht zum starren Korsett ausarten, das eine Anpassung der Strategie der Verteidigung an veränderte Erkenntnisse und Verhältnisse behindert. Anwälte, die kluge Strategen und Taktiker sind, bedenken daher von Anfang an Alternativen und Wegkreuze, die je nach Verlauf des Verfahrens eine Anpassung der Taktik oder sogar eine strategische Neuausrichtung erlauben.

Zu Beginn aller strategisch-taktischen Überlegungen muss stets eine vollständige Analyse des Erkenntnisstandes der Strafverfolgungsbehörden einerseits und der Verfahrensziele des Mandanten andererseits stehen. Ist die Täterschaft gesichert oder unklar? Wie weit reicht eine Beweis- oder Indizienkette zu Lasten des Beschuldigten? Je nachdem, wie die Antwort auf diese Fragen ausfällt, wird sich die Prozesstaktik unterschiedlich darstellen.

Wichtig ist, zu bedenken, dass der Zweck der Vorschrift die Sicherung der zivilrechtlichen Ansprüche eines Geschädigten ist. Dementsprechend ist es in der Praxis so, dass der Verfolgungseifer der Strafverfolgungsbehörden deutlich sinkt, wenn die Regulierung der Ansprüche des Geschädigten in Gang gekommen oder bereits erfolgt ist.

Der Verteidiger muss wissen, dass er berechtigt ist, als anwaltlicher Vertreter des Halters eines Kraftfahrzeugs dafür zu sorgen, dass Schäden, die von diesem Kraftfahrzeug verursacht wurden, ordnungsgemäß ersetzt werden. Es ist daher auf jeden Fall sinnvoll, sich als Verteidiger vom Halter des Fahrzeugs mit der Durchführung der Schadensregulierung beauftragen zu lassen und diese auch umgehend durchzuführen.

Zentrales Element der anwaltlichen Fallbearbeitung ist gerade in Verfahren wegen des Verdachts des unerlaubten Entfernens vom Unfallort ein forciertes Arbeitstempo sowohl beim sachbearbeitenden Anwalt als auch bei den anwaltlichen Hilfskräften. Schließlich erwartet nicht nur der Mandant zu Recht eine aktive Fallbearbeitung durch seinen Verteidiger; beschleunigtes Arbeiten ist vielmehr auch unter prozesstaktischen Aspekten oberstes Gebot.

So sollte vom ersten Moment der Fallbearbeitung ein frühestmöglicher Kontakt mit Staatsanwaltschaft und Gericht zum Zwecke der Verständigung angestrebt werden. Eine sinnvolle Verständigung ist umso einfacher, je weniger Bearbeitungsschritte durch die Strafverfolgungsbehörden bereits erfolgt sind. Ein Anwalt, der die aktive Fallbearbeitung erst beginnt, wenn schon ein Beschluss gemäß § 111 a StPO über die vorläufige Entziehung der Fahrerlaubnis erlassen wurde oder – noch schlimmer – ein Strafbefehl durch die Staatsanwaltschaft nicht nur beantragt, sondern vom Gericht bereits ausgefertigt wurde, baut für seine Verteidigerarbeit unnötige Hürden auf. Auch Richter und Staatsanwälte zeigen nämlich ein bisweilen ausgeprägtes Beharrungsvermögen in Bezug auf das, was in einem Fall bereits veranlasst wurde. Die Ursachen hierfür sind vielfältig: Oft wird es als lästig empfunden, einen Fall, den man bereits abgeschlossen wähnte und in dem man „die ganze Arbeit schon gemacht hat“, erneut aufzurollen. Nicht vergessen darf man aber auch, dass dieses „Beharrungsvermögen“ psychologisch auch darin begründet sein kann, dass es schwer fällt, von einer bereits abgegebenen Meinungsäußerung – und nichts anderes sind § 111a StPO-Beschlüsse oder Strafbefehle – wieder abzurücken. Bisweilen empfinden Richter und Staatsanwälte es geradezu als „Gesichtsverlust“, wenn sie von einer Strafe, die bereits beantragt oder ausgesprochen war, wieder abrücken sollen. Es „menschelt“ auch in Amtsstuben von Richtern und Staatsanwälten. Verteidiger sollten dies stets bedenken und psychische Hemmnisse, die einer Verständigung auf ein zutreffendes Verfahrensergebnis entgegenstehen könnten, am besten gar nicht aufkommen lassen.

Der Königsweg zu diesem Ziel ist sicherlich, so schnell zu arbeiten, dass „vollendete Tatsachen“ gar nicht erst geschaffen werden, bevor das Gespräch zwischen Verteidigung einerseits und Staatsanwaltschaft und Gericht andererseits begonnen hat.

Es ist daher die Basis einer sinnvollen Verteidigungstaktik, alle Bearbeitungsschritte zu beschleunigen.

Eine Vertretungsanzeige und Vollmachtsvorlage sollte noch am Tag der Mandatserteilung bei den Ermittlungsbehörden im Original oder zumindest als Fax oder E-Mail vorliegen. Danach darf die Akte nicht vergessen werden. Wer wartet, bis er wieder etwas von der Sache hört, wartet in der Regel lange und oft vergeblich. Das Vorzimmer des Verteidigers muss in diesen Fällen kurzfristig und engmaschig telefonischen Kontakt mit Polizei, Staatsanwaltschaft und Gericht halten. Die Aktenbeschaffung muss in jeder Weise beschleunigt werden. Hierzu gehört es auch, anzubieten, eine Akte persönlich abzuholen und wieder zurückzubringen. Aktenversendungen nehmen selbst im gleichen Ort oft Tage, bisweilen Wochen in Anspruch. Zu bedenken ist auch, dass sich Staatsanwälte gerade zu Beginn der Ermittlungen oft nur sehr ungern von den Akten trennen. Die Zusage, die Akte nur für eine oder zwei Stunden abzuholen, damit ein Aktenauszug gefertigt werden kann, und diese sofort wieder zurückzubringen, kann dazu führen, dass die Staatsanwaltschaft deutlich früher Akteneinsicht gewährt, als sie dies getan hätte, wenn die Akte durch die übliche Versendung auf längere Zeit nicht verfügbar gewesen wäre. Dass die Gewährung von Akteneinsicht ein bisweilen langwieriger Vorgang sein kann, hat seinen Grund nicht immer in mangelndem Arbeitstempo bei den Behörden, sondern oft auch in wenig ausgeprägter Bemühung des um Akteneinsicht nachsuchenden Anwaltsbüros.

Parallel zu den Bemühungen um schnellstmögliche Akteneinsicht muss der Verteidiger aber auch auf die Sicherung von Beweisen achten. Vor dem Hintergrund der Vorsatztat müssen alle Fragen im Zusammenhang mit der Bemerkbarkeit des Geschehens und der tatsächlichen Wahrnehmung durch den Beschuldigten offensiv angegangen werden.

Wegen der Frage des Vorhandenseins und des Erkennens eines erheblichen Schadens müssen ebenfalls Beweise gesichert werden.

Beides darf der Verteidiger nicht auf die lange Bank schieben. Unfallbeteiligte Kraftfahrzeuge können verschwinden, repariert oder technisch verändert werden. Auch Tatorte müssen nicht zwangsläufig in dem Zustand verbleiben, in dem sie zum Unfallzeitpunkt waren. Manch ein Verteidiger hat schon darüber gestaunt, dass eine nur wenige Wochen nach dem Vorfall durchgeführte Ortsbesichtigung zu der Erkenntnis führte, dass der Tatort zwischenzeitlich durch Bauarbeiten oder sonstige Einflüsse völlig verändert war.

Ebenso ist die psychophysische Leistungsfähigkeit des Mandanten einem ständigen Wandel unterworfen; die Höreinschränkung, die am Tattag vorhanden war, kann Wochen später beseitigt sein; ein Medikament, das den Beschuldigten beeinträchtigte, kann abgesetzt werden. Psychische Belastungen, die im Tatzeitpunkt seine Erkenntnismöglichkeiten extrem einschränkten, sind Wochen später vielleicht nicht mehr vorhanden. Das einzige Mittel, mit dem der Verteidiger „sein Pulver ins Trockene bringt", ist die unverzügliche Einleitung sämtlicher sachverständiger Untersuchungen technischer, medizinischer und psychologischer Fragen des jeweiligen Falles.

Dass dabei ein hoher Aufwand betrieben werden muss, der sich später vielleicht als unnötig herausstellt, weil sich der Fall auf andere Art und Weise lösen lässt, sollte keinen Verteidiger davon abhalten, seinem Mandanten zu frühzeitigem eigenen Handeln bezüglich der Beweissicherung zu raten.

Beschleunigtes Arbeiten und frühzeitiges Hinzuziehen sachverständiger Hilfe ist umso mehr angezeigt, als Besonderheiten der forensischen Praxis, auf die nachfolgend eingegangen wird, gerade nicht die Erwartung zulassen, dass eine umfassende und zutreffende Tatsachenermittlung durch die Strafverfolgungsbehörden geleistet werden kann.

7.1.1 Verkehrsfälle als Massenverfahren und daraus folgende Problematiken

In der verkehrsrechtlichen Praktik darf nicht übersehen werden, dass es sich um Massenverfahren handelt. Zum 1. Januar 2011 waren im Verkehrszentralregister rund 9 Mio. Personen registriert. Der Zugang an Eintragungen betrug im Jahre 2010 rund 4656000 Fälle; 36000 davon betrafen das unerlaubte Entfernen vom Unfallort. Die Eintragungen steigerten sich für dieses Delikt im Vergleich zum Vorjahr damit um 13 %, obwohl die Gesamtzahl der Eintragungen sich um 2 % reduziert hatte. Bemerkenswert bei den statistischen Erhebungen ist eine erstaunliche Volatilität beim Delikt des unerlaubten Entfernens vom Unfallort; die Zahlen schwanken zwischen einem Höchststand von 70000 Eintragungen im Jahre 2000 und einem Niedrigststand von 32000 Eintragungen im Jahre 2009.[10] Allein diese Zahlen rechtfertigen die Feststellung, dass es sich bei der Verfolgung von Verkehrsstraftaten und Ordnungswidrigkeiten im Allgemeinen und gerade auch bei der Verfolgung des unerlaubten Entfernens vom Unfallort um nichts anderes als massenhaft durchgeführte Verfahren handelt.

Dies führt zu erheblichen Problemen, die die tägliche Fallbearbeitung massiv beeinträchtigen. Alle Beteiligten stehen unter erheblichem Erledigungsdruck. Hinzu kommt der wirtschaftliche Zwang zur kostengünstigen Abarbeitung der massenhaft vorkommenden Fälle. Schließlich entsteht eine Routine, die dazu führt, dass Besonderheiten des Einzelfalles nicht oder nicht ausreichend gewürdigt werden.

10 Quelle für sämtliche Zahlenangaben: Kraftfahrtbundesamt; Geschäftsstatistik des VZR, Stand Juli 2011.

Zwangslagen in personeller Hinsicht entstehen schon bei der Polizei. Die Gewerkschaft der Polizei „GdP" berichtet stets aufs Neue von Überstundenrekorden bei Polizeibeamten, auf deren Abbau keine realistische Hoffnung bestehe. Großereignisse führen zu weiteren personellen Engpässen. Allein die Baustelle von „Stuttgart 21" sorgte dafür, dass zwischen dem 30. Juli und dem 19. September 2010 20 000 Polizeibeamte in der Landeshauptstadt gebunden und so von ihrem normalen Dienst ferngehalten wurden. Vor einem solchen Hintergrund ist es nur zu verständlich, wenn Ermittlungen in alltäglichen Fällen wie einer „Unfallflucht" unter hohem Zeitdruck durchgeführt werden müssen. Das Ergebnis solcher Ermittlungstätigkeit landet dann bei einer ebenfalls überlasteten Staatsanwaltschaft. Dort kommt das Problem hinzu, dass finanzielle Mittel für die Einholung von Sachverständigengutachten nur mit äußerster Sparsamkeit aufgewendet werden dürfen.

Das Ergebnis dieser Unzulänglichkeiten in der personellen und finanziellen Ausstattung der Strafverfolgungsbehörden hat jeder Verkehrsrechtsanwalt immer wieder auf dem Tisch. Die faktisch vorhandenen Engpässe in personeller und finanzieller Hinsicht bei dieser Art von Massenverfahren können dafür verantwortlich sein, dass der gesetzlichen Unschuldsvermutung zugunsten des Beschuldigten nicht hinlänglich Rechnung getragen wird; stattdessen wird ein standardisierter Verfahrensdurchlauf geduldet, bei dem es dem Beschuldigten überbürdet bleibt, selbst naheliegende entlastende Aspekte vorzutragen.

7.1.2 Die Lage des Richters gegenüber der Staatsanwaltschaft

Rein rechtlich betrachtet, macht es wenig Sinn, über eine besondere Lage des Richters gegenüber der Staatsanwaltschaft nachzudenken. Die Unabhängigkeit des Richters und seiner Entscheidung von jedweder Einflussnahme ist de facto gewährleistet.

Dennoch muss es gestattet sein, auch jenseits der Gesetzeslage emotionale und rein rechtlich nicht fassbare Aspekte eines besonderen Verhältnisses zwischen Richterschaft einerseits und Staatsanwaltschaft andererseits im Verhältnis zur Rechtsanwaltschaft zu erwägen.

Die Durchlässigkeit der Laufbahnen von Richtern und Staatsanwälten ist in den meisten Bundesländern gegeben. Gerade zu Beginn ihrer juristischen Karriere im Staatsdienst wechseln Richter auf Probe vorübergehend zur Staatsanwaltschaft, wo sie als Staatsanwälte eingesetzt werden. Dies kann zweifelsohne zu einem emotional empfundenen Gefühl der besonderen Nähe zu den „Kollegen" führen, das es gerade einem jungen Richter nicht leichter machen muss, sich dann, wenn er zu seinen richterlichen Aufgaben von der Staatsanwaltschaft zurückkehrt, völlig unabhängig zu gerieren. Man kann hier nur die Hoffnung äußern, dass die Laufbahndurchlässigkeit als Verpflichtung empfunden wird, die richterliche Unabhängigkeit gegenüber jedweder Gefährdung besonders nachhaltig zu verteidigen.

Richter müssen sich davon frei machen, die Ablehnung von Anträgen der Staatsanwaltschaft deshalb als problematisch zu empfinden, weil der „Kollege" genau dies als „unkollegial" ansehen könnte.

Richter müssen auch den Sachaufklärungswillen, zu dem sie gesetzlich besonders verpflichtet sind, gegen alle Anfeindungen, die sich aus dem routinierten Alltag eines Massengeschäfts ergeben, verteidigen.

Sieht der Richter weiteren Aufklärungsbedarf, darf er keinesfalls nach dem Motto, dass der Beschuldigte ja Einspruch erheben könne, wenn er mit einem Strafbefehl nicht einverstanden wäre, der Verfahrensbeschleunigung den Vorzug geben.

Ebenso wenig darf er darauf Rücksicht nehmen, dass gerade in Unfallfluchtsachen Beweiserhebungen durch Einholung teurer Sachverständigengutachten Kosten verursachen können, die im Ergebnis bei günstigem Ausgang der Beweiserhebung für den Beschuldigten von der Staatskasse zu tragen wären. Fiskalische Überlegungen müssen einem Richter in seiner Position fremd sein.

Das Verfahren darf in keinem Fall so ausgestaltet werden, dass es dem Beschuldigten und seiner Verteidigung vorbehalten bleibt, die Bemerkbarkeit, das tatsächliche Bemerken und alle anderen Aspekte des Vorsatzes kritisch zu hinterfragen und ggf. unter Zuhilfenahme sachverständigen Wissens aufzuklären.

7.1.3 Notwendigkeit neuer Ansätze zur Rücknahme von Strafbefehlen/zielführende Fragestellung der Verteidigung

Besteht der Wille, den besonderen Beweisanforderungen, die § 142 StGB als reines Vorsatzdelikt in Bezug auf die Feststellung objektiver und subjektiver Tatbestandsmerkmale stellt, tatsächlich gerecht zu werden, muss auch die Bereitschaft bestehen, sich von dem bisher üblichen „kurzen Prozess", der sich lediglich vordergründig mit der Frage der „Bemerkbarkeit" befasste, zu verabschieden. Sowohl Polizei und Staatsanwaltschaft sowie Gericht einerseits als auch die Betroffenen und ihre Verteidiger andererseits müssen sich neuen Fragestellungen öffnen. Insbesondere muss die Forderung erfüllt werden, in ungleich stärkerem Maße als bisher sachverständige Hilfe in Anspruch zu nehmen. Die Bereitschaft, vermehrt wissenschaftliche Hilfe in Anspruch zu nehmen, muss dabei die Bereitschaft einschließen, nicht mehr wie bisher fast ausschließlich technische Fragestellungen zuzulassen. Auch medizinische und psychologische Fragen müssen gestellt und durch für das jeweilige Fachgebiet qualifizierte Sachverständige beantwortet werden.

Allen Beteiligten muss klar sein, dass diese Abkehr vom „kurzen Prozess" nicht nur ein neues Denken, sondern auch ein neues Handeln bewirken muss. Trotz der Tatsache, dass es sich um ein Massendelikt handelt, erlaubt eine individuelle Beurteilung des einzelnen Falles grundsätzlich nicht die Verwendung der ach so bequemen Formular- und Bausteintextlösungen, die heute die forensische Praxis dominieren. Ein erhöhter Aufwand an personellen, sachlichen und finanziellen Mitteln ist unabdingbare Voraussetzung für die dringend zu fordernde Qualitätsverbesserung.

Man wird zwar nicht daran zweifeln können, dass in jedem Fall neben Einstellungsverfügungen – mit oder ohne Geldauflage – gemäß §§ 153/153a StPO die Verfahrenserledigung durch Strafbefehl die Regel eines normalen Verfahrensablaufs darstellen wird. Hier werden sich aber Änderungen ergeben müssen, die vor dem Hintergrund eines Vorsatzdelikts unerlässlich erscheinen.

In allen „eindeutigen" Fällen des Bemerkthabens, insbesondere in den Fällen eines geständigen Täters, ist die Fortführung der bisherigen Praxis völlig unproblematisch.

Änderungen dahingehend, dass bereits im Ermittlungsverfahren vor Erlass, ja vor Beantragung eines Strafbefehls die Frage des Bemerkthabens vertieft zu untersuchen ist, muss es aber in all den Fällen geben, in denen

- der Beschuldigte sich dahingehend einlässt, „nichts" von einem Unfall bemerkt zu haben,
- der Beschuldigte Lenker eines Nutz- oder ähnlichen Fahrzeugs war,
- es um lediglich leichte Beschädigungen beim Ein- oder Ausparken mit geringer Energieeinleitung geht,
- bei solchen Schäden, in denen nur Kunststoffteile oder „weiche" Teile eines oder beider Fahrzeuge betroffen sind,
- in allen Fällen, in denen dem Beschuldigten nicht nur unerlaubtes Entfernen vom Unfallort, sondern auch ein Fahren im fahruntauglichen Zustand vorgeworfen wird,
- in allen Fällen, in denen es Hinweise auf gesundheitliche Beeinträchtigungen des Beschuldigten bereits aus der Aktenlage ergibt,
- bei älteren Verkehrsteilnehmern.

In all diesen Fällen verlangt die der Staatsanwaltschaft und dem Gericht obliegende Pflicht, Ermittlungen nicht nur zu Lasten, sondern gleichermaßen zugunsten eines Beschuldigten durchzuführen, zumindest die Frage nach der „Bemerkbarkeit" unter Berücksichtigung der spezifischen Umstände des Einzelfalles zunächst ggf. unter sachverständiger Hilfe zu klären. Ergeben sich auch nur Zweifel an der „Bemerkbarkeit" unter den spezifischen Besonderheiten des Einzelfalles, kann nur die Verfahrenseinstellung als zutreffende Verfahrenserledigung angesehen werden – selbstverständlich ggf. ergänzt um eine Abgabe an die Ordnungsbehörde, falls der Verdacht einer Ordnungswidrigkeit weiter besteht, und auch ergänzt um die möglicherweise notwendige Information der Führerscheinbehörde über zu Tage getretene oder nicht auszuschließende körperliche oder seelische Mängel eines Beschuldigten.

Die Mehrbelastung von Staatsanwaltschaft und Gericht und die Kosten, die für eine solche qualitativ bessere Sachbearbeitung anfallen können, dürfen einer solchen Qualitätsverbesserung nicht entgegenstehen. Der Grundsatz „in dubio pro reo“ verlangt eine sorgfältige Prüfung der Vorsatzfrage vor Beantragung und Erlass eines Strafbefehls.

Die Notwendigkeit, sich neuen Ansätzen in der forensischen Praxis zu stellen, trifft aber nicht nur Polizei, Staatsanwaltschaft und Gericht. Auch Verteidiger müssen sich der erheblichen Bandbreite, die sich bei sachgerechter Verteidigung für die anwaltliche Tätigkeit eröffnet, besser bewusst werden.

Wie bereits ausgeführt, erhöht es die Verteidigungsaussichten ungemein, wenn frühzeitig das Rechtsgespräch mit Staatsanwaltschaft und Gericht gesucht wird. So ergibt sich die beste Möglichkeit, ein zutreffendes Verfahrensergebnis von Anfang an zu erzielen.

In jedem Fall ist es Aufgabe der Verteidigung, den Blick des Gerichts für die Fragen zu eröffnen, die das Verfahren zugunsten des Beschuldigten prägen können.

Dazu gehören in erster Linie all die Fragen, die sich mit der psychophysischen Leistungsfähigkeit des Beschuldigten befassen. In Bezug auf diese Parameter tappen sowohl Staatsanwaltschaft als auch Gericht mangels Kenntnis des Beschuldigten in der Regel zwangsläufig im Dunkeln. Nur ganz ausnahmsweise, wenn im Rahmen der Ermittlungen durch besondere Auffälligkeiten oder durch eigene Angaben des Beschuldigten gegenüber der Polizei bereits Hinweise auf Einschränkungen der Leistungsfähigkeit aktenkundig sind, haben Staatsanwälte und Richter überhaupt eine reelle Chance, der Relevanz solcher Fragen gewahr zu werden. Deshalb ist es klassische Verteidigeraufgabe, sämtliche Fragen in Bezug auf die tatsächliche „Bemerkbarkeit“ unter Berücksichtigung konkreter Leistungseinschränkungen des Beschuldigten dem Gericht zu übermitteln und hier sachgerecht vorzutragen. Dies sollte stets unter Verwendung sachkundiger Ausführungen von Ärzten oder Psychologen, die die Verteidigung schon vorher mit den anstehenden Fragen konfrontierte, geschehen. Eine solche Vorgehensweise bietet die Gewähr dafür, dass der Verteidigungsvortrag auch in medizinisch/psychologischer Hinsicht sach- und fachgerecht ausfällt. Natürlich darf die Verteidigung in diesen Zusammenhängen nicht davor zurückschrecken, möglicherweise tatsächlich vorhandene psychophysische Defizite des Mandanten zu offenbaren, obwohl dies voraussichtlich zu einer Untersuchung der allgemeinen Fahrtauglichkeit des Mandanten führen wird. Das erste Ziel der Verteidigung ist die Befreiung des Mandanten vor dem ungerechtfertigten Vorwurf, eine Straftat begangen zu haben. Nicht Ziel der Verteidigung kann und darf es sein, einem tatsächlich ungeeigneten Mandanten weiterhin die Teilnahme am Straßenverkehr trotz bestehender Defizite zu ermöglichen. Dies ist selbstverständlich, wie bereits mehrfach erwähnt, vorher mit dem Mandanten im Verteidigergespräch genau zu erörtern und abzustimmen.

Hier, beim Vorbringen zielführender Fragestellungen zur Verteidigung des Beschuldigten, findet sich auch der richtige Zeitpunkt, von der Verteidigung bereits vorbereitend eingeholte sachverständige Stellungnahmen in das Verfahren einzuführen. Es empfiehlt sich regelmäßig nicht, mit solchem Beweismaterial hinter dem Berg zu halten, bis eventuell eine Hauptverhandlung stattfindet. Eine derartige Taktik würde vielmehr in der Regel nur zur Verzögerung des Verfahrens führen. Denn im Rahmen einer Hauptverhandlung für Gericht und Staatsanwaltschaft ist oft nicht die Möglichkeit gegeben, sich auf anspruchsvollere Beweismittel, die erst in der Hauptverhandlung zugänglich gemacht werden, einzustellen. Dass im Übrigen die Darlegung von Beweismitteln vor der Hauptverhandlung dem Mandanten auch die Aufregungen und Kosten einer Hauptverhandlung überhaupt ersparen kann, sollte nicht unbedacht bleiben.

Öffnen sich in der vorgeschilderten Weise alle Verfahrensbeteiligten den zahlreichen Möglichkeiten, nicht nur die „Bemerkbarkeit" eines Unfallgeschehens zu untersuchen, sondern sich auch näher mit der Frage der tatsächlichen Wahrnehmung zu befassen, wird dies sämtlichen Verfahren und auch der Rechtskultur bei diesem besonderen Delikt in jedem Fall gut tun.

7.2 Eignungszweifel aufgrund der Erkenntnisse im Unfallfluchtverfahren

Ein Verfahren, das gegen einen Verkehrsteilnehmer wegen des Verdachts des unerlaubten Entfernens vom Unfallort durchgeführt wird, kann, sofern der Betreffende eine Fahrerlaubnis besitzt, nicht nur deshalb fahrerlaubnisrelevant sein, weil im Falle einer Verurteilung die Möglichkeit einer Fahrerlaubnisentziehung oder eines Fahrverbots besteht; auch in verwaltungsrechtlicher Hinsicht kann ein solches Verfahren die Fahrerlaubnis gefährden. Dies gilt insbesondere dann, wenn im Rahmen der strafrechtlichen Untersuchung Fakten auftauchen, die zwar eine strafrechtliche Ahndung verhindern können, gleichzeitig aber Eignungsmängel des Beschuldigten offenbaren.

7.2.1 Vernetztes Denken

Wie in kaum einem anderen verkehrsrechtlichen Problemkreis verlangt die Unfallflucht von den Verfahrensbeteiligten ein „vernetztes Denken“. Der Vorwurf spielt nämlich nicht nur für die Frage einer strafrechtlichen Ahndung eine Rolle; wirtschaftlich oft viel dramatischer sind die zivilrechtlichen Folgen, die dem Täter aus der Fahrzeughaftpflichtversicherung und der Kaskoversicherung genauso drohen wie aus einer eventuell vorhandenen Rechtsschutzversicherung. In Bezug auf die Fahrerlaubnis des Betroffenen können aus der Tat oder aus den Feststellungen, die im Rahmen des Verfahrens getroffen werden, Eignungsbedenken erwachsen, die den Besitz der Fahrerlaubnis weit nachhaltiger gefährden können, als dies möglicherweise durch strafrechtliche Maßnahmen droht.

Dies muss der betreffende Verkehrsteilnehmer wissen und hierüber muss er, sofern er juristischen Beistand hat, von Anfang an aufgeklärt werden. Es wäre ein nicht akzeptabler Beratungsmangel, in einer solchen Situation den Betroffenen unaufgeklärt über die möglichen zivil- und verwaltungsrechtlichen Folgen in ein Strafverfahren zu führen, in dessen Verlauf erst Fakten auftauchen, die die Fahreignung des Betroffenen in Frage stellen. Ein Anwalt als Verteidiger darf nicht über den Kopf seines Mandanten hinweg eine Verteidigungslinie festlegen. Er muss diesen aufklären und mit ihm den Weg der Verteidigung unter Berücksichtigung aller Folgen, auch derer aus benachbarten Gebieten, abstimmen.

7.2.2 Eignungsbedenken

§ 2 Abs. 4 StVG bestimmt, dass die Inhaber einer Fahrerlaubnis die für die Führung von Kraftfahrzeugen erforderlichen körperlichen und geistigen Voraussetzungen erfüllen müssen. Tauchen Tatsachen auf, die den Verdacht rechtfertigen, einem Fahrerlaubnisbesitzer fehle diese Eignung, ist die Verwaltungsbehörde gehalten, aufgrund solcher Informationen den Sachverhalt von Amts wegen zu ermitteln (§ 2 Abs. 7 StVG i.V.m. § 24 VwVfG). Derartige Hinweise auf mangelnde Eignung können sich im Rahmen der Verteidigung gegen den Vorwurf des unerlaubten Entfernens immer wieder ergeben.

Körperliche Mängel wie Schwerhörigkeit oder altersbedingter Leistungsabbau können hier ebenso Bedeutung gewinnen wie psychische Beeinträchtigungen, die im Rahmen der Tatbestandserforschung offenbar werden. Sind derartige Eignungsmängel verfahrensgegenständlich geworden, wird dem hiervon Betroffenen in aller Regel nicht erspart bleiben, sich der MPU zur Abklärung von Eignungseinschränkungen zu stellen.

Dies sollte jedoch niemand davon abhalten, sich gegen den Vorwurf des unerlaubten Entfernens vom Unfallort sachgerecht und unter Offenlegung auch solcher Fakten, die Eignungsmängel begründen könnten, zu verteidigen. Zum einen können viele Eignungsmängel medizinisch soweit therapiert werden, dass die Eignung wieder angenommen werden kann, zum anderen wird der verantwortungsbewusste Verkehrsteilnehmer dann, wenn er unter irreparablen Eignungsmängeln leidet, in der Regel freiwillig von einer weiteren Nutzung fahrerlaubnispflichtiger Fahrzeuge absehen wollen. Die „Furcht vor der MPU“ kann deshalb kein Grund sein, eine unter Berücksichtigung aller Fakten nicht gerechtfertigte Verurteilung wegen Unfallflucht zu akzeptieren.

Kapitel 2

Technische Aspekte zur Wahrnehmbarkeit von Kleinkollisionen

Bei der Aufklärung von Fragestellungen im Zusammenhang mit dem Vorwurf des unerlaubten Entfernens vom Unfallort hat die technische Verkehrsunfallanalyse im Wesentlichen zwei Fragen zu beantworten:

- Kann bewiesen werden, dass das in Verdacht stehende „Verursacherfahrzeug" die Schäden (alle/einige) am Fahrzeug des Geschädigten verursacht hat (Schadenkorrespondenz)?
- Wäre der Beschädigungsvorgang/Fahrzeugkontakt für einen gesunden und aufmerksamen Fahrzeugführer bemerkbar gewesen? Bei dieser Frage nach der Bemerkbarkeit werden im Wesentlichen drei Teilaspekte betrachtet:

  a) die visuelle/optische Bemerkbarkeit
  b) die akustische Bemerkbarkeit
  c) die kinästhetische und taktile Bemerkbarkeit.

Die visuelle Bemerkbarkeit betrifft die Sinneswahrnehmung über das Auge. Sofern im direkten Sichtbereich oder bei Beobachtung über Rückspiegel die räumliche Nähe und insbesondere der Kontakt der Fahrzeuge erkennbar wird, kann auf eine mögliche oder tatsächlich eingetretene Beschädigung geschlossen werden.

Über das Gehör können typische Geräusche wahrgenommen werden, die durch die Berührung der Fahrzeuge und bei der Schadenentstehung erzeugt werden. Andere Geräuschquellen können das akustische Wahrnehmungsvermögen beeinträchtigen, sodass für eine sichere akustische Wahrnehmbarkeit das relevante Kollisionsgeräusch überschwellig sein muss.

Je nach Größe und Richtung der Kräfte, die beim Stoß oder der Berührung der Fahrzeuge entstehen, wirken Bewegungsänderungen auf das Fahrzeug und dessen Insassen ein. Bewegungsänderungen werden zum einen mit dem Vestibularapparat im Innenohr (Gleichgewichtsorgan) wahrgenommen. Über die Mechanorezeptoren der Haut können Erschütterungen oder Verschiebungen in den Kontaktzonen zwischen Fahrzeug und Insasse (Hände am Lenkrad, Rücken, Gesäß und Oberschenkel an der Sitzlehne und Sitzfläche, Füße auf den Pedalen und am Fahrzeugboden) gespürt werden. Die bei einem Anstoß auftretenden Kräfte und Bewegungen unterscheiden sich charakteristisch von betriebsüblichen Belastungen und Bewegungen eines bewegten Fahrzeugs.

Ein Fahrzeugführer kann die Bewegungsänderungen und Erschütterungen, die auf sein Fahrzeug einwirken, selten direkt spüren. Ausgehend von dem Ort, an dem die Kräfte durch den leichten Fahrzeuganstoß eingeleitet werden, müssen diese Kräfte über die Fahrzeugbauteile und besonders die gefederten und dämpfenden Elemente bis auf den Fahrer wirken können. Je nach Einzelfall sind hier sehr individuelle Merkmale und Einflüsse zu berücksichtigen.

Der technische Sachverständige hat zu beurteilen, ob für einen gesunden, verkehrstüchtigen und aufmerksamen Fahrzeugführer ein bestimmtes Ereignis wahrnehmbar ist. Bei gleichzeitig auftretenden Belastungen, Erschütterungen, Geräuschen und sonstigen Sinneswahrnehmungen muss dieses Ereignis Merkmale oberhalb kritischer Schwellwerte aufweisen, damit unter Würdigung aller Begleitumstände mit ausreichender Sicherheit von einer Bemerkbarkeit im technischen Sinne gesprochen werden kann.

Staatsanwaltschaften und Gerichte konfrontieren technische Sachverständige dabei oft mit sehr weitreichenden Fragestellungen. Zu deren Beantwortung wird dabei nicht selten das technische Fachgebiet verlassen und es werden Stellungnahmen zu medizinischen oder wahrnehmungspsychologischen Aspekten abgegeben. Dabei greifen Kfz-Sachverständige dann auf angelesenes Wissen fachfremder Disziplinen zurück, in die Tiefe gehende Spezialkenntnisse sind aber selten vorhanden.

Der einzig sinnfällige Weg, um fachlichen Anforderungen zu genügen und Rechtssicherheit zu garantieren, ist daher ein interdisziplinär erstelltes Gutachten unter Einbeziehung des Sachverstandes aus Technik, Medizin und Psychologie – auch wenn dies aufwändiger ist.

1 Schadenkorrespondenz und Bestätigung/Ausschluss des Kontaktes

In den meisten zu beurteilenden Fällen soll der Unfallverursacher mit dem von ihm geführten Fahrzeug durch einen direkten Kontakt einen Schaden an einem anderen Fahrzeug oder Gegenstand verursacht haben. Bevor Überlegungen über eine mögliche Wahrnehmbarkeit des Kontaktes der Fahrzeuge angestellt werden, ist zunächst zu prüfen, welche Schäden entstanden sein sollen und ob diese Schäden in ihrer gesamten Ausprägung bei dem behaupteten Ereignis entstanden sein können. Werden nämlich andere Schäden in die Betrachtungen einbezogen, die in keinem ursächlichen und zeitlichen Zusammenhang mit dem zu betrachtenden Berührvorgang stehen, dann wird es aus technischer Sicht zwangsläufig zu Fehlbeurteilungen kommen.

Daneben stellt sich dann selbstredend auch die Frage nach dem tatsächlich entstandenen Schadenumfang. Hierbei werden die morphologischen Schadenmerkmale, die allgemeinen geometrischen Verhältnisse in den Berührzonen sowie Lack- und Materialantragungen analysiert. Aufgabe der technischen Expertise ist der zweifelsfreie Nachweis, dass die beiden betrachteten Fahrzeuge Kontakt hatten, sowie des Umfangs der hierbei entstandenen Schäden.

Sonderfall: Unfallverursachung ohne direkten Kontakt der Fahrzeuge

Es gibt besondere Fallsituationen, bei denen ein Unfallbeteiligter Verursacher oder Beteiligter sein kann, ohne einen direkten Kontakt mit anderen Fahrzeugen, Personen oder Gegenständen gehabt zu haben. Dies kann beispielsweise bei einem Überholvorgang der Fall sein, bei dem einer der Beteiligten durch eine Abwehrmaßnahme (Lenken/Bremsen) von der Fahrbahn abkommt, ohne dass es zur Berührung mit dem gefährdend überholenden Fahrzeug kommt.

Befand sich die Situation nicht im unmittelbaren Blickfeld des Tatverdächtigen, ist es besonders schwierig, eine objektive Bemerkbarkeit nachzuweisen, da sich der Verlauf des Unfallgeschehens oftmals nur sehr unzureichend dokumentieren lässt und dadurch nur eingeschränkt nachvollziehbar ist. Zudem fehlen immer Merkmale, die zu einer kinästhetischen oder taktilen Wahrnehmung führen können. Je nach Zeitpunkt von Anstößen des verunfallten Fahrzeugs kann im Laufe der sich verändernden Position der Fahrzeuge das im Fahrzeug des sich entfernenden Verursachers wahrnehmbare Geräusch völlig in den Hintergrund treten. Dies ist dadurch bedingt, dass dieses Kollisionsgeräusch über eine weite Strecke durch Luftschall übertragen werden muss und dann im jeweiligen Fahrzeug die Schwelle der Hörbarkeit nicht mehr überschreitet.

2 Visuelle/optische Wahrnehmbarkeit

2.1 Sicht aus Kraftfahrzeugen

Die Sicht aus Kraftfahrzeugen ist durch die konstruktive Gestaltung der Dachsäulen, Tür- und Fensterrahmen sowie durch die Anordnung von Kopfstützen eingeschränkt. Je nach Fahrzeugtyp können weitere Sichtverdeckungen möglich sein, wie zum Beispiel bei Kombis, Vans und schweren Nutzfahrzeugen. Dies erschwert oder verhindert, dass mögliche Kontaktbereiche um das Fahrzeug beim Wenden, Rangieren oder Vorbeifahren direkt eingesehen werden können. Auch die Fahrzeugbeladung oder mitfahrende Insassen schränken die Sichtmöglichkeiten besonders zur Seite und nach hinten ein.

Generell und vor allem bei schweren Nutzfahrzeugen ist zu beachten, dass die eingeschränkten Sichtfelder nicht nur in einer zweidimensionalen Ebene liegen, sondern dass sich aus der Sitzposition des Fahrers im Verhältnis zu den Höhen der Fensterausschnitte und der Gesamterhebung über dem Fahrbahnniveau zum Teil große Bereiche unmittelbar um das Fahrzeug ergeben, die nicht direkt einsehbar sind. Zum Teil können dadurch ganze Pkw übersehen werden.

2.2 Spiegel- und Beobachtungssysteme

Rückspiegel sind bei heutigen Fahrzeugen üblicherweise rechts und links vorhanden, hinzu kommt noch der Innenspiegel. Bei richtiger Einstellung ermöglicht dieser auch ein Rangieren ohne direkten

Sichtkontakt. Dennoch verbleiben Sichtschattenbereiche neben dem Fahrzeug (tote Winkel), und auch hinter dem Fahrzeug sind nicht alle Gegenstände erkennbar, besonders wenn sie eine geringe Höhe aufweisen.

Spiegelsysteme an Nutzfahrzeugen sind entsprechend den verschärften Vorgaben so angeordnet, dass besonders vor und direkt neben dem Führerhaus Fußgänger und Radfahrer besser erkannt und vor schwersten Unfällen bewahrt werden sollen.

An Nutzfahrzeugen und auch an Wohnmobilen und Kombis werden vermehrt Rückwärtsfahrkameras eingesetzt, die diese schlecht einsehbaren Bereiche abbilden, um Gefährdungen von außen befindlichen Personen und Gegenständen zu verhindern, wenn ein Fahrer ohne Einweisung rückwärts fährt.

Die Erkennbarkeit im visuellen Bereich setzt voraus, dass der Blick in den betreffenden Bereich gerichtet wird, sei es direkt oder mittels eines Spiegel- oder Beobachtungssystems.

2.3 Umfeldbeleuchtung, Helligkeit, Dunkelheit

Bei Tageslicht und guter Umfeldbeleuchtung durch Straßen- oder Parkplatzbeleuchtungen sind außerhalb eines Fahrzeugs befindliche Gegenstände, z. B. ein geparktes Fahrzeug, gut und ausreichend erkennbar. Auch die ggf. vorhandene besondere Nähe zu einem solchen Gegenstand ist aus den visuellen Informationen für einen aufmerksamen Kraftfahrer ableitbar. Beim Rückwärtsfahren werden an Kraftfahrzeugen nach hinten gerichtete Leuchten aktiviert, die bei schlechten Lichtverhältnissen eine Orientierung nach hinten ermöglichen sollen. Die Qualität und Ausleuchtung ist stark davon abhängig, wie der jeweilige Fahrzeughersteller diese Beleuchtungseinrichtung ausgelegt hat.

Gegenstände neben einem Fahrzeug werden weder von Rückfahrscheinwerfern noch von den nach vorn gerichteten Frontscheinwerfern erfasst. Ob bei Dämmerung und während der Nacht stärker eingeschränkte Sichtmöglichkeiten als am Tag geherrscht haben, ist durch eine Analyse der Umstände des Einzelfalls zu verifizieren. Hierbei sind Totalabschaltungen von Straßenbeleuchtungen in den späten Nachtstunden zu berücksichtigen, die zunehmend aus verschiedenen Gründen des Umweltschutzes und auch aus Kostengründen vorgenommen werden.

2.4 Blickführung bei bestimmten Fahrmanövern

Im Allgemeinen schauen Fahrzeugführer bei der Fahraufgabe in die Richtung, in die sie ihr Fahrzeug bewegen wollen. Für kurze Augenblicke wird der Blick aber immer wieder auf relevante und auch weniger relevante Objekte gerichtet, um zum Beispiel die Fahrbahnränder, den Gegenverkehr, Verkehrszeichen und anderes zu beobachten und das Fahrzeug sicher auf Kurs zu halten.

Auch beim langsamen Fahren im Zusammenhang mit Park- oder Rangiermanövern wird der Blick zumeist dorthin gerichtet, wohin man sich mit dem Fahrzeug bewegt. Hierbei werden alle im Umfeld erkennbaren Objekte abgetastet, an denen man vorbeifahren möchte oder vor denen die Fahrt gestoppt werden soll. Der Sichtkontakt kann sowohl direkt bestehen als auch über Spiegel gesucht werden.

Wohin ein Fahrzeugführer im Moment des Kontakts der Unfallfahrzeuge tatsächlich geblickt hat, bleibt in aller Regel unaufklärbar, da es weder eine feste Gesetzmäßigkeit noch irgendeinen allgemein verfügbaren Nachweis dafür gibt.

Eine Fahrverhaltensbeobachtung durch einen psychologischen Sachverständigen, gepaart mit einer Simulation, ist jedoch geeignet, Verhaltensroutinen von Fahrern konkret zu erfassen und daraus Schlüsse über deren individuelles Verhalten zu ziehen.

Aber auch allgemeine Erfahrungen sind anwendbar, und unter den genannten Annahmen der Blickführung ist es zumindest möglich, Hinweise dafür abzuleiten, ob ein bestimmter Vorgang grundsätzlich in einem einsehbaren Bereich stattgefunden hat. Wenn dies der Fall ist, bleibt zu prüfen, ob der tatsächlich stattgefundene Kontakt der Fahrzeuge zu erkennbaren Bewegungen geführt haben muss oder ob die große räumliche Nähe der Fahrzeuge den Schluss auf einen möglichen Fahrzeugkontakt geradezu aufdrängt.

2.5 Visuelle Erkennbarkeit von Bewegung beim Fahrzeugkontakt

Je nach Art der Berührung von Fahrzeugen treten bei leichten Anstößen als Reaktion auf die zwischen den Fahrzeugen wirkenden Kräfte Bewegungen auf, die visuell – also beim Blickkontakt – mehr oder weniger ausgeprägt und damit besser oder weniger gut zu erkennen sind.

Da der Fahrzeugaufbau (die Karosserie) über Federn mit dem Fahrwerk verbunden ist, führen seitliche Kontakte gegen die Karosserie in aller Regel zum Wanken, also zu einer Seitenneigung des Fahrzeugaufbaus. Kontakte, die vorne oder hinten an der Karosserie auftreten und Kräfte in Fahrzeuglängsrichtungen einleiten, bewirken deutlich geringere Bewegungen, da wegen des vergleichsweise größeren Radstandes (gegenüber der geringeren Spurweite) weniger ausgeprägte Nickbewegungen entstehen können. Grundsätzlich lässt sich festhalten, dass das Wanken des Aufbaus eines angestoßenen Fahrzeugs umso eher beobachtet werden kann, je mehr die wirksamen Stoßkräfte seitliche Komponenten in ihrer Wirkungsrichtung aufweisen.

Einflussfaktoren sind hierbei besonders die Federungs- und Dämpfungseigenschaften eines Fahrzeugs. Straff gefederte und tiefliegende Sportwagen neigen sich deutlich weniger als Fahrzeuge mit hohem Aufbau und komfortabel weich ausgelegter Federung. Unterschiede sind leicht dadurch festzustellen, indem verschiedene Fahrzeuge mit gleicher Handkraft am Dachrahmen zur Seite gedrückt werden und dann die resultierende Bewegung beobachtet wird.

2.6 Räumliche Nähe von Fahrzeugen

Mitunter kommt es nur zu ganz geringen Kräften bei der Berührung von Fahrzeugen, wenn beispielsweise beim Rückwärtsausparken nur ein ganz leichter streifender Kontakt zwischen der Stoßfängerecke und der Seitenwand des daneben befindlichen Fahrzeugs entsteht. Dennoch wäre bei Blickzuwendung in Richtung dieses Bereichs erkennbar, dass ein sehr geringer Abstand zwischen den

Fahrzeugen herrscht. Im Vergleich zu sonst durchgeführten Fahrmanövern kommt bei verantwortungsvollen Fahrzeugführern aus der Erfahrung die selbstkritische Frage auf, ob hier ein ungewolltes Touchieren des benachbarten Fahrzeugs eingetreten sein könnte.

Alle vorangegangenen Überlegungen zur visuellen Wahrnehmbarkeit setzen voraus, dass der Fahrzeugführer zu dem Zeitpunkt einer besonders großen Annäherung oder gar einer Reaktionsbewegung des berührten Fahrzeugs auch durch direkte Sicht oder den Blick in einen Rückspiegel genau in diese Richtung sein Augenmerk ausgerichtet hatte. Beim Vorwärtseinparken ist in aller Regel davon auszugehen, dass durch Blick nach vorne die beiden Frontseiten des Fahrzeugs im Blickbereich liegen. Beim Rückwärtsausparken liegen die gleichen vorderen Fahrzeugbereiche des eigenen Fahrzeugs, die einen Kontakt mit dem Fahrzeug daneben erzeugen können, nicht im Blickbereich, da der Fahrer sich entweder umdreht und direkt nach hinten blickt oder sich durch Beobachtung einer oder

Verursacher, Ausparkschaden. Der Verursacher streift mit der rechten vorderen Ecke des Stoßfängers beim rückwärtigen Ausparken an der Seite des daneben geparkten Pkw entlang

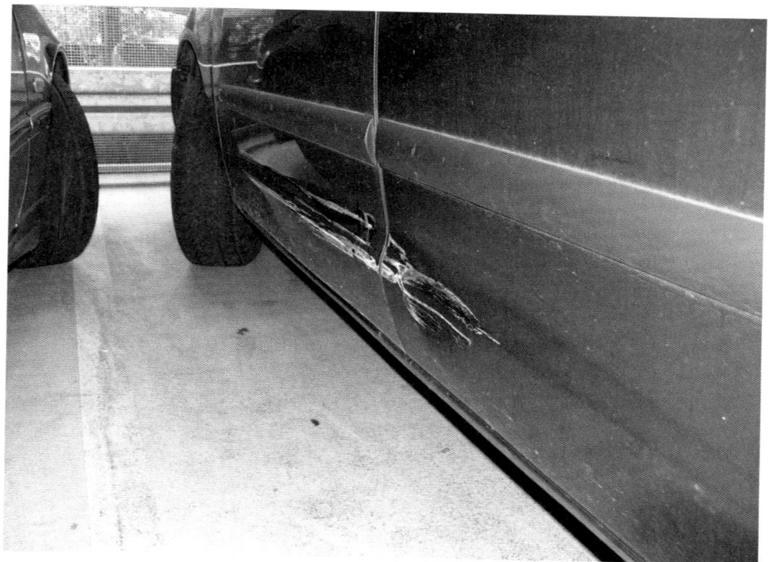

Der Streifschaden am Fahrzeug des Geschädigten erstreckt sich über beide linken Türen und schließt die härteren Strukturen im Bereich der mittleren Türsäule ein

mehrerer Rückspiegel auf den hinter dem Fahrzeug befindlichen Raum konzentriert. Eine visuelle Wahrnehmung von vorne am Fahrzeug stattfindenden Vorgängen ist damit eher unwahrscheinlich.

2.7 Interpretation von Schadenmerkmalen

Ohne eine sorgfältige Analyse des Einzelfalls vorwegzunehmen, können aus der Lage und der Ausprägung von Schadenmerkmalen erste Schlüsse auf mögliche Fahrzeugbewegungen gezogen werden. Immer, wenn es zu Kontakten an der Seite von Fahrzeugen kommt, die auch mit stärkeren Eindrückungen verbunden sind, kann gefolgert werden, dass ein solches Fahrzeug auch nennenswerte Wankbewegungen – also Seitenneigungen – erfahren hat. Handelt es sich hierbei um das geschädigte Fahrzeug, bleibt zu prüfen, ob es sich bei dem verursachenden Vorgang im unmittelbaren oder indirekten Sichtbereich des Verursachers befunden hat. Weist das

Schrammspuren am linken hinteren Fahrzeugheck im Bereich des Stoßfängers und des Karosseriebereichs darüber sowie Bruch der Leuchtenabdeckung durch das vorbeifahrende Fahrzeug des Verursachers

Fahrzeug des Verursachers entsprechende Schadenmerkmale auf, kommt neben der Möglichkeit der visuellen Wahrnehmung des Bewegungsvorgangs auch noch die Möglichkeit der kinästhetischen oder taktilen Wahrnehmung hinzu.

3 Akustische Wahrnehmbarkeit

Auch bei Kleinkollisionen, die bei dem unerlaubten Entfernen vom Unfallort zumeist zu beurteilen sind, entstehen bei der Berührung der Fahrzeuge oder dem Kontakt mit Gegenständen in aller Regel Geräusche. Durch die Verformung von Bauteilen, den Bruch von Kunststoffteilen und das Entlangschleifen von Karosseriepartien unterschiedlicher Materialen an Fahrzeugen und Gegenständen entstehen Materialschwingungen, die sich einerseits als Körperschall ausbreiten, zum anderen aber auch als Luftschall übertragen werden.

Diese Geräusche sind oftmals Ursache dafür, dass Zeugen, die sich im Freien in der Nähe des Vorfallortes aufhalten, auf das Schadengeschehen aufmerksam werden und den beobachteten Vorgang später als wahrnehmbar darstellen. Deren Wahrnehmung des Vorgangs wird zumeist nicht durch dämpfende Materialien beeinträchtigt. Lediglich die bei freier Übertragung des Schalldrucks mit der Entfernung von der Schallquelle abnehmende Geräuschintensität mindert die Lautstärke am Ohr des Beobachters. Umfeldgeräusche durch Baumaschinen, vorbeifahrende Fahrzeuge, schlechte, unebene Fahrbahnoberflächen und anderes mehr können allerdings einen Geräuschpegel verursachen, der die Wahrnehmung der durch den Anstoß verursachten Geräusche im Außenbereich mindert, erschwert oder gar unmöglich macht.

Die akustische Wahrnehmung durch den Fahrer wird dagegen vor allem durch den geschlossenen Fahrzeuginnenraum und die vom Verursacherfahrzeug selbst ausgehenden Geräuschquellen beein-

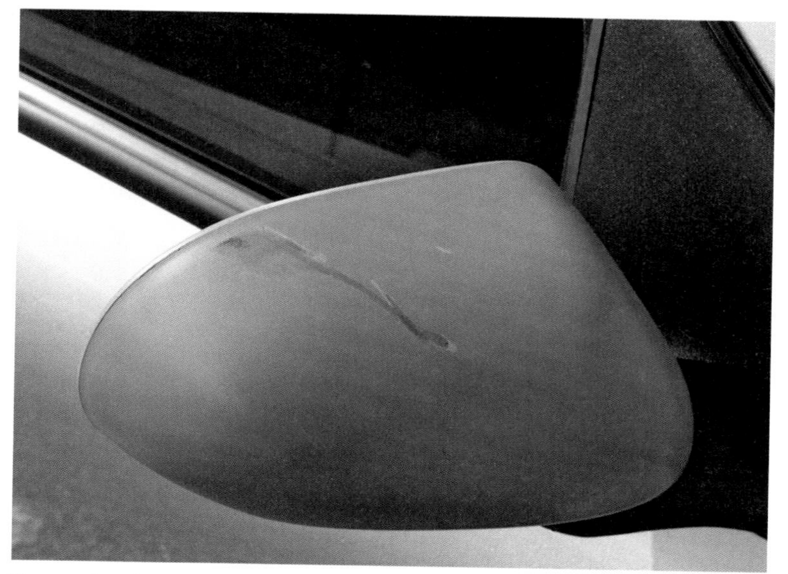

Verursacher, langsame Vorbeifahrt. Der Verursacher berührt mit seinem rechten Außenspiegel bei der Vorbeifahrt den unteren Teil des linken Außenspiegels eines geparkten Fahrzeugs. Da bei dem Fahrzeug des Verursachers das Spiegelgehäuse nicht wegklappt, ist der Anstoß akustisch nicht bemerkbar

trächtigt. Aktuelle Fahrzeuge weisen innen kaum mehr blanke Karosseriebleche auf, die eine direkte Körperschallübertragung vom Anstoßbereich in das Fahrzeuginnere bewirken können. Aus Komfort- und vor allem aus Sicherheitsgründen sind Fahrzeuginnenräume mit dämmenden und dämpfenden Materialien ausgekleidet. Der Boden ist mit schall- und wärmedämmendem Ausgleichsmaterial belegt, darüber sind Teppichböden verlegt. Türen und Fenster sind durch Dichtungen gut gegen Luftschallübertragung isoliert, um bei höheren Fahrgeschwindigkeiten Windgeräusche nicht ins Innere des Fahrzeugs gelangen zu lassen. Oberklassefahrzeuge sind bisweilen sogar mit doppelwandigem Isolierglas ausgerüstet. Die Auskleidung der Fahrzeuginnenräume führt bei einer Übertragung des durch eine Fahrzeugberührung im Außenbereich auftretenden Geräusches in den Innenraum zu einer erheblichen Abschwächung des Schallpegels. Das Maß der Dämpfung ist stark von den jeweiligen Fahrzeugen und dem Ort der Schallerzeugung abhängig und kann deutlich mehr als 20 dB(A) ausmachen.

Geschädigter. Der Spiegel des Fahrzeugs des Geschädigten klappt zwar kurzzeitig weg, das dabei entstehende Geräusch ist im Fahrzeug des vorbeifahrenden Verursachers aber nicht akustisch wahrnehmbar

Verursacher, schnelle Vorbeifahrt. Der Verursacher berührt mit seinem rechten Außenspiegel bei der Vorbeifahrt den linken Außenspiegel eines geparkten Fahrzeugs. Bei dem Verursacherfahrzeug klappt das Gehäuse des Spiegels nach hinten weg. Die Bewegung in den Rastungen des Spiegelfußes führt zu einem deutlich wahrnehmbaren Geräusch im Fahrzeuginnenraum

Eine mögliche akustische Wahrnehmung eines Berührvorgangs im Innenraum wird auch durch Schallquellen beeinträchtigt, die im Fahrzeuginnenraum entstehen oder dort wirksam werden. Neben dem Motor- und Fahrgeräusch sind dies Geräusche durch Belüftung (Gebläse), Scheibenwischer, das Überfahren von Unebenheiten, Radiobetrieb, Unterhaltungen und anderes mehr.

Zur akustischen Wahrnehmbarkeit muss der Schalldruck des Ereignisses über dem allgemein vorherrschenden Geräuschpegel liegen. Im Allgemeinen wird davon ausgegangen, dass das zu bemerkende Ereignis um ein bis zwei dB(A) über dem Umfeldgeräusch liegen muss, um sicher gehört werden zu können. Hierbei wird ein nicht beeinträchtigtes Hörvermögen des Fahrers vorausgesetzt. Bei eingeschränktem Hörvermögen ist durch einen medizinischen Sachverständigen zu prüfen, in welchem Maße die akustische Wahrnehmung reduziert ist und welche Frequenzbereiche betroffen sind.

Geschädigter. Der linke Rückspiegel des stehenden Fahrzeugs wird bei dem Kontakt der Außenspiegel aus schneller Vorbeifahrt zerstört. Auch das Aufprallgeräusch und der Bruch des Spiegelgehäuses sind akustisch wahrnehmbar

Generell spielt der Frequenzbereich der vorherrschenden Umfeldgeräusche und das vom Schadenereignis ausgehende Frequenzspektrum eine bedeutende Rolle für das Registrieren eines ungewöhnlichen Ereignisses. An folgendem Beispiel sei dies erklärt:

Während eines Wagnerkonzertes fällt der Notenständer eines Konzertmusikers an exponiert lauter Stelle (fortissimo) um. Obwohl dieses Geräusch von der Höhe des Schallpegels nicht überschwellig wird, kann aufgrund des völlig andersartigen und atypischen Frequenzspektrums des Sturzgeräusches gegenüber der Musik dieser Fauxpas im ganzen Konzertsaal wahrgenommen werden. Analoges gilt auch für die akustische Wahrnehmbarkeit von Kleinkollisionen im Fahrzeuginnenraum, da die bei Fahrzeugkontakten entstehenden Geräuschbilder sich hinsichtlich des auftretenden Frequenzspektrums von den typischen Geräuschen des Fahrens sowie dem Klangbild von Lüftern und Musikdarbietungen über das Radio unterscheiden.

4 Kamerasysteme und Einparkhilfen

In immer größerem Umfang sind in aktuellen Fahrzeugen Einparkhilfen und Kamerasysteme vorhanden, die den Fahrer beim Rückwärtsfahren und Rangieren unterstützen sollen. Nicht nur Wohnmobile, Transporter und Nutzfahrzeuge sind nach hinten schlecht zu überblicken, oft ist durch Rückspiegel der Raum hinter dem Fahrzeug nicht einzusehen, was ein Rangieren ohne Einweiser nicht zulassen würde. Rückfahrkameras, die unter den verschiedensten Systembenennungen angeboten werden, lassen in gewissem Umfang die Beobachtung des rückwärtigen Raumes zu.

Die Erwartungen an die Qualität der oft sehr kleinen Monitore (Displays) sollten jedoch nicht zu hoch gesteckt werden. Zusätzlich haben Brillenträger das Problem, dass die verwendete Fernbrille für das Autofahren keine passende Akkomodation für den mittleren Nahbereich aufweist. Zum anderen sind die Auflösung und auch die Erkennbarkeit von Details im Zentimeterbereich mit diesen Systemen meist nicht gegeben. Schwierige Lichtverhältnisse, Blendung und besonders Reflexionen bei Nässe schränken den Nutzen gerade beim Rangieren und Einparken ein.

Ähnlich wie auch beim Fahren über den Blickkontakt durch Rückspiegel ist zudem ein „Umdenken" auf die rückwärts gerichtete Fahrbewegung notwendig. Ein Kinderspiel ist diese Fahraufgabe trotz der neuartigen Assistenzsysteme nicht. Insbesondere ist das Vorhandensein einer solchen Beobachtungseinrichtung nicht gleichbedeutend damit, dass ein eingetretener Kontakt mit einem anderen Gegenstand (Fahrzeug) sicher zu erkennen gewesen wäre.

Auch die Abstandssensoren, die beim Rangieren eine räumliche Nähe zu Gegenständen, Personen und besonders Fahrzeugen optisch und akustisch anzeigen sollen, sind gewöhnungsbedürftig und nicht in allen Fahrzeugen gleichartig zu interpretieren. Zudem sind sie in bestimmten Modellen nur optional erhältlich, zum Teil nur für den Heckbereich, während bei anderen Fahrzeugen die Sensoren eine Annäherung sowohl vorne als auch hinten signalisieren können.

Auch die Art der Anzeige und das akustische Signal sind nicht einheitlich. Deshalb muss ein Fahrer sich zunächst einmal auf die

Besonderheiten seines Fahrzeugs einstellen. Aktiviert werden die Systeme meistens beim Einlegen des Rückwärtsganges oder der Rückfahrstufe bei Automatikgetrieben. Dann werden sowohl die rückwärtigen wie auch die ggf. vorhandenen vorderen Sensoren aktiviert. Abgeschaltet werden die Systeme erst bei einer erreichten Mindestgeschwindigkeit (meistens 8 bis 10 km/h). Bei einer Annäherung bei Vorwärtsfahrt aktivieren sich die Systeme nicht selbsttätig, sondern müssen manuell gestartet werden.

Kritisch ist, dass die Tonsignale oft falsch beurteilt werden. Bei der ersten Annäherung ertönen intermittierende Signale, die Frequenz steigt mit geringer werdendem Abstand. Die Tonhöhe für die hinteren und die vorderen Signale differieren, können aber beim Fahrvorgang gleichzeitig auftreten. Hierbei wechseln sich die Tonhöhen dann ab, um anzuzeigen, dass sowohl vorne als auch hinten der Abstand gering ist. Dies müssen keineswegs nur in Längsrichtung vorhandene Objekte sein, auch vorne und hinten seitlich Vorhandenes wird detektiert.

Es ist schon ein gehöriges Maß an Übung erforderlich, um die Signalfülle richtig zu deuten. Ein durchgehend ertönendes Signal bedeutet dabei keinesfalls, dass ein Objekt berührt wird – je nach System ist dann noch ein Abstand von 30 bis 35 Zentimetern vorhanden. Geübte Fahrer stoppen ihr Fahrzeug dann nicht, sondern sie nutzen diesen Spielraum erfahren aus, ohne ein anderes Objekt zu berühren.

Für Vielfahrer und Fahrzeugwechsler (Mietwagennutzer) besteht das Risiko, dass sie ihre Erfahrungen mit einem Fahrzeug aus Gewohnheit auch bei dem gerade genutzten Fahrzeug erwarten. Hat das Fahrzeug dann nur rückwärtige Sensoren, fehlt beim Rangieren in Vorwärtsfahrt das gewohnte Signal. Und auch unterschiedlich signalisierte Abstände können zu einer Fehleinschätzung führen.

Derartige Systeme für das Rangieren und Einparken sind hilfreich, aber kein Allheilmittel, um Berührungen auszuschließen. Schon gar nicht sind sie dazu geeignet, ein durchgehend ertönendes Signal als Beweis für den Kontakt mit einem anderen Fahrzeug oder Gegenstand zu werten. Die Kenntnis der Funktion des jeweils vorhandenen Systems und die Erfahrungen des Fahrers im Umgang damit müssen in eine Beurteilung des Einzelfalls einbezogen werden.

5 Kinästhetische Wahrnehmbarkeit

Unter kinästhetischer Bemerkbarkeit wird die Wahrnehmung von Bewegungsänderungen (Beschleunigungen) verstanden. Dieser Vorgang der Bewegungswahrnehmung findet über das Gleichgewichtsorgan des Menschen statt.

Der häufig verwendete Begriff der taktilen Wahrnehmung bezeichnet einen anderen Vorgang. Hier werden Kräfte, Druckänderungen, Vibrationen, Erschütterungen oder Ähnliches über die Rezeptoren der Haut gespürt und wahrgenommen.

Es handelt sich also um zwei voneinander unabhängige Sinneswahrnehmungen, die in sehr unterschiedlichen Bereichen zum Tragen kommen können.

Für das Verkehrsunfallgeschehen und die Wahrnehmung von Anstößen ist die Bemerkbarkeit von Bewegungsänderungen (Beschleunigungen bzw. Änderungen der Beschleunigung (Ruck)) in der Regel von ausschlaggebender Bedeutung.

Leichte Berührung mit oberflächlicher Riefen- und Schrammenbildung im Bereich des Übergangs der Seitentüren. Es haben sich keine markanten Spuren und Vertiefungen im Bereich der steiferen Türkanten ausgebildet

Verzögerungen oder Beschleunigungen sind besonders gut wahrnehmbar, wenn sie hoch ausfallen und ihre Änderungen (Ruck) rasch verlaufen. Das heißt, dass schnelle Stöße gegen feste Bauteile deutlich besser zu bemerken sind als langsame Berührungen weicher Strukturen. Je kürzer die Stoßdauer ist, desto geringere Beschleunigungen bei der Berührung können bereits wahrgenommen werden. Umgekehrt gilt, dass höhere Beschleunigungen nicht wahrnehmbar sind, wenn die Stoßzeit länger andauert, ihr Anstieg also langsamer erfolgt.

Zur sachgerechten Beurteilung der kinästhetischen Wahrnehmbarkeit ist deshalb eine genaue Kenntnis der entstandenen Schäden, des Aufbaus der entsprechenden Fahrzeugstrukturen und der Steifigkeit der betroffenen Bauteile unerlässlich. Hierbei ist die Verfügbarkeit und Kenntnis valider Vergleichsuntersuchungen äußerst hilfreich.

Wichtiges Augenmerk muss auf die Fahrzeugarten und die Übertragung der Anstoßkräfte (Beschleunigungen) vom Anstoßort bis zur Sitzposition des Fahrers gerichtet werden. Ist der Fahrer deutlich

Stärkerer Streifschaden mit Einbeulung und Taschenbildung am Ende der Tür vor dem Übergang zum Seitenteil. Bei derartigen Schadensbildern tritt eine deutlich wahrnehmbare Wankbewegung des Fahrzeugs ein

von den Baugruppen entkoppelt, die durch den Anstoß betroffen sind, wie es zum Beispiel beim rückwärtigen Anstoß eines Lkw mit gefedertem Fahrerhaus gegeben ist, dann kann nur unter besonderen Umständen auf eine Bemerkbarkeit der Kollision geschlossen werden. Tritt jedoch beim gleichen Fahrzeug der Kontakt im Bereich des Auftritts auf, der mit dem Führerhaus direkt verbunden ist, dann ist eine Bemerkbarkeit der Berührung viel eher möglich.

6 Überlagerung von Effekten

Beim Auftreten von zwei oder mehr Phänomen zur gleichen Zeit oder in einem unmittelbaren zeitlichen Zusammenhang ist die Situation dahingehend zu analysieren, ob durch ein bewusst erlebtes oder erwartetes Ereignis die unerwartete Berührung zwischen zwei Fahrzeugen „untergeht" oder Wahrnehmungen falsch zugeordnet und gedeutet werden.

Solche Situationen treten relativ häufig beim Befahren von unebenen Untergründen wie z. B. dem Überfahren von Schachtdeckeln, Bodenwellen, Hindernissen, Schlaglöchern, einer Bordsteinabsenkung oder sonstigen Fahrbahnschäden auf.

Tritt ein (leichter) Anstoß beim Rückwärtsfahren genau dann ein, wenn gleichzeitig wieder begonnen wird, die Vorwärtsbewegung einzuleiten – also im Zeitpunkt der Bewegungsumkehr –, dann kann die fahrdynamische Situation, ggf. noch gepaart mit einem Schalt- und Kupplungsvorgang, in der Sinneswahrnehmung die leichte Berührung eines anderen Fahrzeugs oder Gegenstandes überdecken. Hierbei spielen die Erwartungshaltung und das Erklärungsmuster für die erhaltenen Sinneseindrücke eine bedeutsame Rolle.

Wahrnehmungs- und Interpretationsirrtümer können immer dann auftreten, wenn für ein objektiv erwartungswidriges Bewegungsverhalten eine scheinbar sinnfällige Erklärung naheliegt. Kommt es beim Rückwärtsfahren durch eine ganz leichte, für sich nicht wahrnehmbare Berührung eines anderen Fahrzeugs zu einem Ende der Fahrbewegung und wird eine in diesem Bereich vorhandene Fahrbahnunebenheit als Ursache dafür angenommen, kann dies bei dem zufälligen Zusammentreffen dieser zwei unabhängigen, in

Bordsteinkante als Beispiel für eine Fahrbahnunebenheit, die dazu führen kann, dass Bewegungsänderungen im Verursacherfahrzeug beim Überfahren und zeitgleich auftretenden Kontakt mit einem anderen Fahrzeug zwar bemerkt, aber falsch zugeordnet werden

der Auswirkung ähnlich verlaufenden Ereignisse zu einer deutlichen Einschränkung der Bemerkbarkeit und einem unbeabsichtigten Zuordnungsfehler führen.

7 Überlagerung visueller, kinästhetischer und akustischer Wahrnehmungen

Wahrnehmungen aus dem visuellen, dem akustischen und dem kinästhetischen Bereich stehen nicht für sich allein, sie sind vielmehr im Gesamteindruck zu bewerten. Ist das Ergebnis einer Sinneswahrnehmung für sich bereits überschwellig, so wird dieses allein aufgrund dieses Kriteriums bereits als wahrnehmbar eingestuft.

Häufig ist es aber so, dass jedes Kriterium für sich betrachtet zu einem gerade noch unterschwelligen Ergebnis führt. Zu berücksichtigen ist hierbei, dass es keine scharfen und eindeutigen Abgrenzungen der Wahrnehmbarkeit gibt, zumal die tatsächlichen Sinneswahrnehmungen durch die sehr individuellen Leistungsfähigkeiten der Beteiligten bestimmt werden.

Dennoch lässt sich ableiten, dass eine Verdichtung mehrerer unterschwelliger Wahrnehmungen in der Gesamtbewertung zu einer Bemerkbarkeit einer Leichtkollision führen kann, obwohl alle Einzelkriterien für sich betrachtet eine Bemerkbarkeit nicht sicher bestätigen. Die Überlagerung der Sinneseindrücke ist ein mathematisch-mechanisch nicht quantifizierbarer Vorgang.

8 Vergleichbarkeit von Versuchen zur Wahrnehmbarkeit

Von Unfallsachverständigen und Sachverständigenorganisationen wurden und werden zahlreiche Versuche zur Beurteilung der Bemerkbarkeit von leichten Fahrzeuganstößen durchgeführt. Hierbei werden mit unterschiedlichem Ansatz zumeist die akustischen und die kinästhetischen Rahmenbedingungen erfasst, die für eine generelle Beurteilung sowie auch für eine Übertragung von Einzelversuchen auf reale Aufgabenstellungen bei der Gutachtenbearbeitung von Bedeutung sind. Oft werden solche Versuchsserien im Rahmen von wissenschaftlichen Arbeiten angehender Ingenieure unter der Anleitung erfahrener Unfallexperten durchgeführt.

Bei derartigen Versuchen geht es darum, den Grenzbereich der Wahrnehmbarkeit zu untersuchen. Es wird nach Kriterien aus den Schadenmerkmalen und Messwerten (Geräuschbildung, Beschleunigungsverlauf) gesucht, die eine Verallgemeinerung der Ergebnisse zulassen, um sie auf zu untersuchende weitere Fälle übertragen zu können.

Im Allgemeinen werden Beschleunigungsanstiege als Kriterium (Ruckkriterium nach Wolff) für die kinästhetische Bemerkbarkeit herangezogen.

Der Vergleich von zwei sehr ähnlich erscheinenden Versuchen soll nachfolgend hinsichtlich der Interpretationssicherheit und Übertragbarkeit der Ergebnisaussagen auf analoge Anstoßsituationen dargestellt werden. Beide Versuche wurden von unterschiedlichen Teams zeitlich auseinanderliegend durchgeführt.

In dem ersten Versuch wird experimentell analysiert, inwieweit die Kollision für den Fahrer eines VW Passat mit Anhängerkupplung bemerkbar ist, wenn dieser rückwärts mit geringer Geschwindigkeit gegen die Frontstoßstange eines geparkten Ford Ka stößt. Zur Messung von entstehenden Fahrzeugbeschleunigungen beim Anstoß wurde ein Datenlogger verwendet, der für die Erfassung fahrdynamischer Vorgänge konzipiert wurde, für Kollisionsvorgänge aber weniger geeignet ist. Die damit gewonnenen Messwerte sind auffällig, da eine eher untypisch lange Stoßzeit und ein vergleichsweise geringes Beschleunigungsniveau beim Anstoß ermittelt wurden. Der Anstoß wurde als nicht sicher bemerkbar eingestuft.

Der zweite Versuch wurde im Rahmen einer wissenschaftlichen Abschlussarbeit mit identischen Fahrzeugen (VW Passat und Ford Ka), nahezu gleicher Geschwindigkeit und mehreren Messgeräten zur Ermittlung von Stoßdauer und Beschleunigungsverlauf nachgefahren. Hierbei wurden bewusst mehrere unterschiedliche Messsysteme eingesetzt, um möglichen Unterschieden durch die Auswahl der Messtechnik und die Interpretation der Messwerte nachgehen zu können. Bei der Auswertung und Interpretation der Messergebnisse

Fest mit der Fahrzeugkarosserie verbundene Anhängerkupplung, durch die Anstöße gegen harte Strukturen oder feste Gegenstände vergleichsweise gut wahrnehmbar sind

Eindrückung im Bereich eines Kennzeichens durch den Kugelkopf einer Anhängerkupplung. Die Art und der Umfang von möglichen Beschädigungen am Kennzeichenhalter, der Kunststoffstruktur des Stoßfängers und dahinter liegenden Bauteilen (Deformationselement, Crashbox, Querträger) sind zur Eingrenzung der Härte des Anstoßes und der dabei eingetretenen Verzögerung im Fahrzeug des Verursachers detailliert zu untersuchen. Äußerlich fast gleich erscheinende Schäden können in relevantem Maße unterschiedliche Schadensumfänge verbergen

des zweiten Versuchs wurde festgestellt, dass die abweichenden Messergebnisse des ersten Versuchs vermutlich durch eine andere Parameterwahl bei der Anwendung von Auswertungs- und Darstellungssoftware entstanden waren. Eine starke Glättung (Mittlung von Einzelmesswerten innerhalb eines Verlaufs) führte zu den beschriebenen Effekten. Man kann sich dies auch als ein Wegfiltern aufgetretener Spitzenwerte vorstellen, wodurch dann in der Ergebnisdarstellung scheinbar geringere Belastungen beim Fahrzeuganstoß und längere Stoßzeiten ausgewiesen wurden.

Bei der weiteren kritischen Analyse ergab sich, dass trotz sehr ähnlicher Versuchsabläufe und auf den ersten Blick nahezu identischer Schadenmerkmale sich die beiden Versuche in relevanten Details unterscheiden.

Bei annähernd gleicher Anstoßgeschwindigkeit von knapp 3 km/h war die wirksame Geschwindigkeitsänderung des zweiten Versuchs etwas größer. Zum einen resultiert dies daraus, dass beim ersten Versuch das stehende Fahrzeug nur durch einen eingelegten Gang gegen Wegrollen gesichert war, während beim zweiten Versuch das stehende Fahrzeug mit der Handbremse gebremst war.

Weiterhin fand der Anstoß beim ersten Versuch nicht genau längsachsenparallel statt, woraus sich etwas längere Verformungswege als beim zweiten Versuch ergaben. Die Eindellung in dem Querträger war beim ersten Versuch geringfügig schwächer ausgeprägt.

Diese Unterschiede im Versuchsablauf und den Ergebnissen bewirken, dass beide Versuche hinsichtlich der kinästhetischen Bemerkbarkeit zwischen schwach wahrnehmbar (1. Versuch) und deutlich wahrzunehmen (2. Versuch) differieren.

Die mit den eingesetzten Messinstrumenten aufgenommenen Beschleunigungsverläufe sind hinsichtlich der Amplitude (Größtwert) und der Zeitdauer des Stoßes nicht vergleichbar. Dies ist zunächst in einer unterschiedlichen Glättung der gemessenen Werte bei der Ergebnisdarstellung begründet. Es ergeben sich aber unabhängig davon Hinweise auf eine insgesamt geringere stoßbedingte Geschwindigkeitsänderung des ersten Versuchs. Dies korreliert mit der festgestellten geringeren Bemerkbarkeit des Anstoßes dieses Versuchs.

Für die Analyse von leichten Fahrzeugkollisionen ergeben sich daraus folgende wichtige Empfehlungen für technische Sachverständige:

1. Bereits kleine Unterschiede im Versuchsaufbau und -ablauf können das Ergebnis erheblich beeinflussen.
2. Nicht jedes Versuchsergebnis kann „näherungsweise“ auf eine ähnliche Fallkonstellation übertragen werden.
3. Bei dem Einsatz von messtechnischem Gerät ist auf eine geeignete Empfindlichkeit und ausreichende Auflösung zur Erfassung der kurzen Signalverläufe zu achten.
4. Die gedämpfte Übertragung der an der Karosserie/Bodengruppe auftretenden und messbaren Beschleunigung bis zum Fahrer ist in Versuchen bisher nur unzureichend berücksichtigt und dargestellt worden.

Bei künftigen Untersuchungen muss die begrenzte menschliche Fähigkeit zur Wahrnehmung von schnell ablaufenden Ereignissen genauer analysiert werden, damit messtechnisch ermittelte Werte für die auftretenden Beschleunigungen und deren Anstiegszeit sachgerecht interpretiert werden können.

Generell sind Versuche für die Beantwortung der Frage der Bemerkbarkeit von kleinen Fahrzeuganstößen von großer Bedeutung. Fahrzeugkonstruktionen weisen sehr unterschiedliche Strukturen und Steifigkeiten auf. Zum Teil werden großflächige Kunststoffverkleidungen eingesetzt, aus Gewichtsgründen werden immer mehr Türen oder Türverkleidungen aus Aluminium gefertigt. Diese Werkstoffe weisen andere Eigenschaften bei Berührungen und Kontakten auf als herkömmliche Fahrzeugteile aus Karosserieblech.

Bedarf an der Durchführung von Versuchen in großem Umfang zur Beurteilung der Bemerkbarkeit leichter Anstöße besteht deshalb auch künftig.

9 Technische Hinweise auf Vorsatztaten

Mitunter werden bei der Beurteilung der Frage des unerlaubten Entfernens vom Unfallort durch Zeugen, Einlassungen von Beteiligten oder auch objektiv nachvollziehbare Fakten Tatsachen oder Verhaltensweisen festgestellt, die Rückschlüsse darauf zulassen, was ein Tatverdächtiger wahrgenommen hat und welche Konsequenzen er durch eigenes Handeln daraus gezogen hat. Verhaltensweisen, die auf die Wahrnehmung eines Anstoßereignisses und ein vorsätzliches Handeln schließen lassen, sind beispielsweise das Aussteigen und Betrachten möglicher Schadenzonen sowie Notreparaturen vor der Weiterfahrt.

So hatte in einem fast kurios anmutenden Fall eine ältere Fahrerin beim Ausparken in einem räumlich recht beengten Parkhaus ein anderes Fahrzeug touchiert, wobei erkennbare Lackschäden entstanden waren. Die ältere Dame hielt ihr Fahrzeug an, öffnete den Kofferraum und entnahm Lackpolitur und einen Lappen. Sie machte sich dann an dem berührten anderen Fahrzeug zu schaffen und versuchte, die sichtbaren Spuren der Berührung durch Auspolieren zu beseitigen. Das gelang ihr nur zum Teil, da es sich dabei nicht nur um Farbantragungen ihres Fahrzeugs handelte, sondern die Lackierung in der Oberfläche zerkratzt worden war. Diese Kratzer ließen sich durch die Anwendung von Lackpolitur nicht beseitigen. Offensichtlich hatte die Fahrzeugführerin schon des Öfteren derartige Erlebnisse gehabt, denn was hätte sie sonst zur Bereithaltung von Poliermittel und Lappen in ihrem Fahrzeug und einen sofortigen Wiedergutmachungsversuch animieren sollen?

Wird durch Zeugen beobachtet, dass nach einer Berührung von Fahrzeugen oder einer Situation, in der es anscheinend „nur etwas eng zugegangen ist", der verursachende Fahrer anhält und sich den fraglichen Bereich der Fahrzeuge ansieht, ist zu folgern, dass er eine Wahrnehmung gemacht hat, die auf eine Unregelmäßigkeit oder einen Anstoß hindeutete. Im Grenzfall ist nicht auszuschließen, dass ein sehr aufmerksamer und verantwortungsbewusster Fahrer, der feststellt, dass er einem anderen Fahrzeug sehr nahe gekommen ist, und der die Verursachung eines möglichen Schadens ausschließen will, anhält, um sich über die Situation Gewissheit zu verschaffen. Kann er keinerlei Schäden oder Spuren einer Berührung feststellen, so wird er sich wieder in sein Fahrzeug begeben, um seine Fahrt fortzusetzen.

Kritisch wird die Lage dann, wenn zwar objektiv ein Schaden entstanden ist, dieser aber nur durch eine sehr genaue Untersuchung des Fahrzeugs durch einen Kfz-Sachverständigen oder sachkundigen Werkstattmitarbeiter festgestellt werden kann, womöglich erst nach der Demontage von unbeschädigten elastischen Verkleidungsteilen.

Bereits seit vielen Jahren sind Fahrzeuge mit großflächig aus Kunststoff gestalteten Front- und Heckpartien ausgestattet, die keine klassischen Stoßfängerkonstruktionen mehr sind. Unter den quasi als Verkleidung fungierenden Kunststoffabdeckungen sind Aufprallelemente, Deformationskörper und Kraftverteilungssysteme, zum Teil auch „Crashboxen" genannt, verbaut. Die oberflächliche Verkleidung durch – oftmals über die gesamte Fahrzeugbreite bis hin zu den Radausschnitten führende – großflächige Kunststoffabdeckungen ist nachgiebig gestaltet. Bei leichteren Fahrzeuganstößen kommt es deshalb mitunter zu Verformungen der unterhalb dieser Verkleidung liegenden Bauteile, ohne dass im äußeren Bereich deutliche Anprallmerkmale und Spuren sichtbar sind.

Für Verkehrsteilnehmer, die in einen Unfall verwickelt sind und sich nach dem Unfall mit dem Gegner über Verursachung und Haftung verständigen wollen, ist es aufgrunddessen oftmals gar nicht möglich, den tatsächlichen Schadenumfang an den Fahrzeugen zu erkennen. Erst die Demontage der Verkleidungen legt offen, welche Bauteile durch das Unfallereignis insgesamt in Mitleidenschaft gezogen worden sind und welche Schadenhöhen sich letztlich daraus ergeben.

Findet nun ein Anstoß gegen ein geparktes Fahrzeug statt, sind die jeweiligen Strukturen an dem Fahrzeug unter Umständen geeignet, dieses Ereignis nur relativ schwach bemerkbar werden zu lassen. Vorausgesetzt, der Fahrer hat etwas wahrgenommen, ist sich aber nicht sicher, ob er einen Schaden verursacht hat, so wird er als verantwortungsbewusster Fahrzeugführer anhalten, aussteigen und sich darüber informieren, ob es zu einer Berührung der Fahrzeuge gekommen ist und ob hierbei Schäden entstanden sind.

Die moderne Technik und die Karosseriegestaltung können hierbei gerade das Feststellen von Beschädigungen deutlich erschweren (s. o.). Mitunter kommt es nur zu schwach erkennbaren Kratzern oder Druckspuren im Lackbereich, ohne dass die Gestalt der entsprechenden Fahrzeugpartien dauerhaft verformt ist. Gleichwohl können darunterliegende Bauteile betroffen sein.

Diejenigen, die von diesen strukturellen Gegebenheiten an Fahrzeugen keine Kenntnis haben, werden gar nicht auf den Gedanken kommen, dass es trotz äußerlich nicht erkennbarer Anprallmerkmale zu Beschädigungen durch eine Berührung der Fahrzeuge gekommen sein könnte. Sie handeln insofern nicht mit dem Vorsatz, sich ihrer Verantwortung zu entziehen, wenn sie sich von der Unfallstelle entfernen. Sie sind vielmehr in dem Glauben, bei der wahrgenommenen Berührung der Fahrzeuge sei objektiv kein Schaden entstanden.

Im Zusammenhang mit der Frage nach dem Vorsatz ist somit auch stets die Frage zu beantworten, ob ein Schaden auch für einen technischen Laien oder nur für einen technischen Experten als solcher erkennbar ist, ob es sich also um einen offensichtlichen Schaden handelt.

Sind jedoch gerade am eigenen Fahrzeug Schäden entstanden, die eine Weiterfahrt erschweren oder verhindern, und unternimmt der Schadenverursacher Anstrengungen, um im Sinne einer Notreparatur sein Fahrzeug wieder in Gang zu bringen, so ist ein gewichtiger Anhaltspunkt für die Feststellung eines Schaden verursachenden Ereignisses gegeben. Muss beispielsweise ein druckloses Rad gegen das Ersatzrad ausgetauscht werden, ein am Rad streifender Kotflügel zurückgezogen werden oder wird eine defekte Glühlampe in einer gebrochenen Leuchteneinheit ersetzt, bestehen keine Zweifel daran, dass das auslösende Ereignis bemerkt wurde.

10 Bruch von Gläsern und Leuchtenabdeckungen

Die Verwendung von Glas für die Abdeckung von Scheinwerfern (Streuscheiben) ist schon als ein Relikt vergangener Zeiten zu bezeichnen. Ging es zu Bruch, entstanden klirrende Geräusche. Seit vielen Jahren sind Kunststoffe Standard bei der Abdeckung jeder Art von Leuchten geworden, seien es Scheinwerfer, Blinker (Fahrtrichtungsanzeiger), Rückleuchteneinheiten oder sonstige Beleuchtungseinrichtungen. Je nach Formgestaltung und verwendeten Kunststoffen verhalten sich diese Abdeckungen bei Berührungen und Kontakten anders als brechendes Glas. Das Brechen von Kunststoffgläsern und Leuchtenabdeckungen ist regelmäßig mit harten knackenden und damit von anderen Geräuschen gut zu unterscheidenden „Klangbildern“ (Frequenzspektren) verbunden. Kommt es dagegen „nur“ zur Rissbildung, ohne dass Bruchstücke entstehen und der gesamte Verband der Leuchtenabdeckung zerfällt, ist eine deutliche Geräuschbildung nicht sicher zu erwarten.

Es ist deshalb wichtig, die Art der entstandenen Schäden an Leuchtenabdeckungen genau zu erfassen und zu dokumentieren, um dann anschließend daraus Hinweise für den Grad der Bemerkbarkeit der Fahrzeugberührung ableiten zu können.

11 Kontakte von abklappbaren, wegdrehenden Rückspiegeln

Beim Vorbeifahren an Fahrzeugen oder Gegenständen kommt es mitunter lediglich zu einem Kontakt des Rückspiegels des verursachenden Fahrzeugs. Seit vielen Jahren sind nur noch solche Rückspiegelsysteme zulässig, die beim Kontakt wegklappen oder wegdrehen. Dies soll dem Schutz von Personen dienen, die bei einem Anprall gegen ein Fahrzeug durch derartige herausstehende Teile keine zusätzlichen Verletzungen erhalten sollen.

Wird ein anderes Fahrzeug oder ein Gegenstand lediglich mit dem Spiegel berührt – auch wenn es dadurch zum Wegklappen kommt – sind keine wahrnehmbaren Bewegungsänderungen im Fahrzeug zu erwarten. Dies ist, unabhängig von der Differenzgeschwindigkeit der sich berührenden Teile, in der geringen Masse des Spiegels im Verhältnis zum Fahrzeuggewicht und dem dadurch niedrigen Kraftniveau begründet, auf dem das Wegklappen oder -drehen erfolgt. Taktil oder kinästhetisch sind Spiegelkontakte also nicht wahrnehmbar.

Kommt es beim langsamen Vorbeifahren an anderen Fahrzeugen oder Gegenständen oder bei geringen Differenzgeschwindigkeiten zu einem Kontakt des Spiegelsystems mit einem anderen Fahrzeug oder Gegenstand, sind nur geringe und damit zumeist unterschwellige Geräuschbildungen zu erwarten. Entscheidend ist, ob sich das Spiegelsystem des eigenen Fahrzeugs bewegt und damit die unter Federdruck stehenden Rastungen aktiviert werden. Beim Überspringen oder auch dem Zurückspringen in die Ausgangsstellung entstehen erhebliche Geräusche. Hierbei ist es unerheblich, ob das Spiegelsystem im Fenstereck der Frontscheibe oder an der Oberkante der Tür befestigt ist. Tendenziell ist die Geräuschbildung von Spiegeln auf der Fahrerseite akustisch deutlicher wahrnehmbar.

Wenn die Differenzgeschwindigkeit beim Kontakt des Spiegelsystems erheblich ist, zum Beispiel beim sehr nahen Vorbeifahren an geparkten Fahrzeugen mit Geschwindigkeiten, die innerorts zulässig und üblich sind, werden Teile des Spiegelsystems oftmals beschädigt oder zerstört. Diese Vorgänge sind akustisch deutlich wahrnehmbar.

12 Klassifizierung der „Leichtigkeit“ oder „Schwierigkeit“ der Wahrnehmung des Unfallgeschehens

In der Tabelle in Kapitel 3, Abschnitt 5 sind verschiedene Anstoßtypen aufgeführt. Die Art des Geschehens ist stichwortartig dargestellt, um bei konkreten Aufgabenstellungen vergleichbare Unfalltypen identifizieren zu können.

Die technischen Parameter hinsichtlich der Wahrnehmbarkeit eines leichten Anstoßes sind unterschieden in visuell, kinästhetisch und akustisch. Für die Kriterien kinästhetisch und akustisch spielen die betroffenen Fahrzeugstrukturen, deren Steifigkeit oder leichte Verformbarkeit sowie insbesondere das Überfahren von Tür- und Kotflügelkanten eine besondere Rolle. Die visuelle Wahrnehmbarkeit ist an der Blickrichtung und den zu erwartenden Fahrzeugbewegungen orientiert, die den Unfalltypen in der Regel zuzuordnen sind.

Die tabellarische Auflistung bietet die Möglichkeit, eine erste Einschätzung hinsichtlich der Wahrnehmbarkeit des Fahrzeugkontaktes vorzunehmen. Genaue Ergebnisaussagen hängen immer von den Umständen des Einzelfalles ab und sind zumeist erst im Rahmen einer Gutachtenbearbeitung beweissicher zu analysieren. Hierbei spielen auch die Umfeldbedingungen (Lichtverhältnisse, Geräuschniveau, Fahrbahnunebenheiten usw.) eine wichtige zu berücksichtigende Rolle.

Kapitel 3
Wahrnehmungshindernisse beim Fahrer

Die Wahrnehmung von Geschehnissen im Straßenverkehr gliedert sich in verschiedene Wahrnehmungsarten. Bei der Kollision von einem Fahrzeug mit einem anderen, einem Gegenstand oder einem Lebewesen wird dieser Zusammenstoß in der Regel über das Auge (visuelle Wahrnehmung), das Ohr (auditive Wahrnehmung), das Gleichgewichtsorgan im Innenohr (vestibuläre Wahrnehmung) oder die Tastrezeptoren auf der Haut (taktile Wahrnehmung) registriert.

Die Bemerkbarkeit eines Zusammenstoßes ist auch in der Abhängigkeit von der Art und Heftigkeit des Unfalls zu sehen. Gerade bei sogenannten Kleinkollisionen (auch „Leichtkollisionen", vgl. Schmedding, 2010) ist die Frage der Wahrnehmbarkeit wesentlich schwieriger zu beantworten als bei sogenannten schweren Unfällen.

Kleinkollisionen treten vor allem in Verbindung mit Park-, Rangier-, Passier- oder Wendevorgängen bei geringer Fahrgeschwindigkeit auf. Die Schäden wie auch die entstehenden optischen, akustischen und mechanischen Signale sind meistens geringfügig.

Daher spielen für die Beurteilung der Wahrnehmung nicht nur Anstoßkonstellation, Sichtverhältnisse, Geschwindigkeit, Verformungswiderstand und örtliche Gegebenheiten eine Rolle, sondern vor allem auch die jeweils individuellen psychologischen und medizinischen Beeinflussungen des Unfallverursachers. Aus diesem Grund ist es erforderlich, die späteren Ausführungen zur Wahrnehmung auch immer im Kontext zur entstandenen Kleinkollision zu sehen.

Im direkt anschließenden Abschnitt 1 „Psychologische Einschränkungen der Wahrnehmungsfähigkeit" werden wahrnehmungspsychologische Erkenntnisse aufgezeigt. Neben Aspekten der Fahreignung und Fahrtauglichkeit werden davon unabhängige Faktoren, die bei der Frage der Wahrnehmung von Kleinkollisionen eine entscheidende Rolle spielen können, dargelegt. Sie geben dem Rechtsanwalt wie auch dem Sachverständigen Hinweise darauf, ob ein Fahrer, soweit dies im Einzelfall überhaupt möglich gewesen wäre, auch in der Lage war, eine Kleinkollision z. B. visuell, auditiv, vestibulär oder taktil zu bemerken. Gleichzeitig kann besser eingeschätzt werden, ob die Anforderungen zum sicheren Führen von Kraftfahrzeugen noch erfüllt waren.

Ein Abriss über die zum Teil überdauernden und situativen medizinischen Faktoren (Einflüsse z. B. durch chronische und akute Erkrankungen, Medikation oder operative Eingriffe) findet sich im Abschnitt 2 „Medizinische Konstellationen eingeschränkter Wahrnehmungsfähigkeit". Hier werden die Fahreignung und die Fahrtauglichkeit betreffende Aspekte ausführlicher besprochen. Es wird verdeutlicht, welche Bedeutung sie in Bezug auf die Wahrnehmung haben können. Insbesondere wird auf die Problematik älterer Kraftfahrzeugführer eingegangen.

Im Abschnitt 3 „Diagnostisches Vorgehen im Rahmen einer psychologischen Untersuchung zur Wahrnehmungsfähigkeit" wird ein Überblick über psychologische Untersuchungsmethoden sowie die dazugehörigen Qualitätsstandards gegeben.

Anhand von skizzierten Fallbeispielen wird im Abschnitt 4 „Praktische Hinweise zu Standardfällen von Kleinkollisionen" aufgezeigt, welche entscheidende Rolle psychologische wie medizinische Erkenntnisse bei der Aufklärung von Wahrnehmungshindernissen spielen.

Liegen tatsächlich Hinweise bzw. Belege aus medizinischer und psychologischer Sicht für die unzureichende Fähigkeit zur Wahrnehmung einer Kleinkollision vor, stellt sich in der Auseinandersetzung mit diesem komplexen Thema auch immer wieder die Frage, ob der beschuldigte Fahrer überhaupt zum Führen eines Kraftfahrzeuges geeignet ist.

Roßkopf ist auf dieses Problem in Kapitel 1 bereits eingegangen. Möglicherweise kommt der Richter trotz des Freispruchs im Bezug auf das unerlaubte Entfernen vom Unfallort zu der Erkenntnis, dass bei dem Betroffenen aufgrund bestimmter Leistungseinschränkungen von fehlender Fahreignung auszugehen ist.

Um diese Problematik weiter zu vertiefen, werden im Folgenden die Unterschiede zwischen „Fahreignung" und „Fahrtauglichkeit“ näher erläutert. Dabei können auch die Begriffe „Fahreignung“ und „Fahrsicherheit“ verwendet werden, wobei Letzterer Synonym ist mit den Begriffen „Fahrtauglichkeit“ und „Fahrtüchtigkeit“.[1]

Die Voraussetzungen für die Fahreignung finden sich im Straßenverkehrsgesetz (§ 2 Abs. 4 StVG): *„Geeignet zum Führen von Kraftfahrzeugen ist, wer die notwendigen körperlichen und geistigen Anforderungen erfüllt und nicht erheblich oder nicht wiederholt gegen verkehrsrechtliche Vorschriften oder gegen Strafgesetze verstoßen hat. Ist der Bewerber auf Grund körperlicher oder geistiger Mängel nur bedingt zum Führen von Kraftfahrzeugen geeignet, so erteilt die Fahrerlaubnisbehörde die Fahrerlaubnis mit Beschränkungen oder unter Auflagen, wenn dadurch das sichere Führen von Kraftfahrzeugen gewährleistet ist.“*

Körperliche wie auch geistige Mängel können im Einzelfall zu Auflagen und/oder Beschränkungen bis hin zur Verweigerung oder zum Entzug der Fahrerlaubnis führen. In der Anlage 4 zur Fahrerlaubnis-Verordnung (FeV) findet sich eine Aufstellung der Mängel. Hierbei orientiert sich diese an den Begutachtungs-Leitlinien zur Kraftfahrereignung.

Auch in den Begutachtungs-Leitlinien wird zwischen „Fahreignung“ und „Fahrtauglichkeit“ unterschieden. Es wird hier nicht der Versuch unternommen, alle vorkommenden Leistungseinschränkungen von Kraftfahrern zu berücksichtigen. Vielmehr wurden solche körperlich-geistigen Mängel einbezogen, *„deren Auswirkungen die Leistungsfähigkeit eines Kraftfahrers häufig längere Zeit beeinträchtigen oder aufheben“*[2].

Gleichzeitig werden einschränkende Aspekte für die Fahrtauglichkeit benannt. Hierbei handelt es sich um *„Schwächezustände durch akute, vorübergehende, sehr selten vorkommende und nur kurzzeitig anhaltende Erkrankungen“*[3]. Benannt werden unter anderem grippale Infekte, akute infektiöse Magen-Darm-Störungen oder auch

1 Vgl. Berghaus, G./Brenner-Hartmann, J. (2012).
2 Begutachtungs-Leitlinien zur Kraftfahrereignung (2010), S. 15.
3 Ebd.

Migräne, Heuschnupfen sowie Asthma. Eine Zusammenfassung der wissenschaftlichen Grundlagen findet sich im Kommentar zu den Begutachtungs-Leitlininen.[4]

- Vigilanzstörungen
- Alkohol
- Drogen
- Medikamente
- Rauchen
- Kaffee und Tee
- Ernährung
- Schwangerschaft
- Lärm
- Schlaf-Wach-Rhythmus
- Klimatemperatur
- Stress
- Jahreszeitliche Schwankungen

In der Literatur häufig benannte Aspekte, die die Fahrtauglichkeit beeinträchtigen können[5]

Grundsätzlich gilt: *„Jeder Verkehrsteilnehmer ist verpflichtet, sich einer kritischen Selbstprüfung zu unterziehen. Er muss selbst entscheiden, ob er in der Lage ist, sicher am motorisierten Straßenverkehr teilzunehmen."* (§ 2 Abs. 1 FeV)

1 Psychologische Einschränkungen der Wahrnehmungsfähigkeit

Eine leichte Delle beim Einparken oder Rangieren kann ein Unfallschaden mit großer Wirkung sein: Wenn sich der Fahrer, der den Schaden verursacht hat, unerlaubt vom Unfallort entfernt, macht er sich wegen Unfallflucht gemäß § 142 StGB strafbar.

In der Rechtsprechung gewinnt gerade bei Kleinkollisionen die **individuelle Wahrnehmungsfähigkeit** des Unfall verursachenden

4 Schubert, W./Schneider, W./Eisenmenger, W./Stephan, E.

5 Vgl. u. a. Bode, H. J./Meyer-Gramcko, F. (2007); Wener, H. D. (2007); AOK-Institut für Gesundheitsconsulting o. J.

Fahrers zunehmend an Bedeutung. Die Bemerkbarkeit der Kollision steht im direkten Zusammenhang mit der Wahrnehmungsfähigkeit. Diese *„hängt von der körperlichen und geistigen Konstitution des Betroffenen und seiner Fähigkeit zur bewussten Zuordnung dieser Sinneswahrnehmung zu einem Kollisionsgeschehen ab...“*[6]

Im Fokus der Betrachtung stehen die visuelle, akustische und haptische Wahrnehmbarkeit sowie Faktoren der Aufmerksamkeit und Ablenkung zum Zeitpunkt des Unfalls.

Die Motivation, die allgemeine psychische Verfassung eines Unfallfahrers wie auch Persönlichkeitsfaktoren sind im Rahmen einer gutachterlichen Beurteilung der Wahrnehmungsfähigkeit genauso zu berücksichtigen wie psychisch-physische und medizinische Aspekte.

Die Wahrnehmungspsychologie trifft *„seit alters her die Unterscheidung zwischen Empfindung und Wahrnehmung. Empfindung bedeutet die Aufnahme eines Reizes durch die Sinnesorgane, Wahrnehmung die kognitive Verarbeitung der Signale. Entscheidend ist, dass die Wahrnehmung einer ständigen Bewertung unterworfen ist. Sie hängt ab von unserer Aufmerksamkeit, der Erfahrung, der Motivation, den Erwartungen in einer Situation und weiteren Faktoren.“*[7]

Technische Sachverständige können den Aspekten der Wahrnehmung in ihren Gutachten, die sich hauptsächlich auf nach bestimmten Kriterien festgelegte Versuchsabläufe stützen, nicht immer gerecht werden. Oftmals ist die interdisziplinäre Zusammenarbeit mit einem Verkehrspsychologen und/oder Verkehrs- bzw. Rechtsmediziner angezeigt, um die individuelle Wahrnehmung des Unfallfahrers im Zusammenhang mit dem Unfallgeschehen abklären zu können.

Wahrnehmungshemmungen beim Unfallfahrer werden aus psychologischer Sicht ausführlich betrachtet. Auch werden medizinische Aspekte berücksichtigt, ohne dass hier vertiefend darauf eingegangen werden soll.

Um die Bedeutung der Wahrnehmungspsychologie für den Bereich der Kleinkollisionen besser verstehen zu können, soll vorab der Begriff „Wahrnehmungspsychologie“ näher betrachtet werden.

---

6 Demuth, C.: www.cd-recht.de
7 Dr. Himmelreich, K.: www.himmelreich-dr.de

1.1 Definition Wahrnehmungspsychologie

Eine eindeutige Definition des Begriffes „Wahrnehmungspsychologie“ ist schwierig. Es handelt sich um komplexe Vorgänge, die einer detaillierten Beschreibung bedürfen.

Um die Leistung der menschlichen Sinne, die für die Wahrnehmung verantwortlich sind, besser verstehen zu können, ist es erforderlich, neben den physiologischen Gesichtspunkten auch die dazugehörenden menschlichen Empfindungen weitergehend zu untersuchen.

Wahrnehmungen sind sowohl durch Sinneseindrücke als auch durch Erfahrungen, also Lerneffekte, geprägt. So entsteht erst durch Training zum Beispiel aus der wahrgenommenen Farbe „Grün“ auch die konkrete Empfindung, mit der wir die Farbe Grün verbinden.

Durch psychophysische Untersuchungsmethoden kann die Beziehung zwischen einem Reiz und der subjektiven Wahrnehmung des Reizes erfasst werden. Daher werden solche Methoden regelmäßig im Rahmen einer psychologischen Diagnostik eingesetzt.

Weitere Faktoren ergeben sich aus externen Einflüssen. Gezielte Aufmerksamkeit kann zum Beispiel die Wahrnehmung verstärken oder auch abschwächen. Zudem nehmen u. a. Habituation, Konzentrationsleistungen und auch Persönlichkeitsmerkmale Einfluss auf die Wahrnehmung. Mit Untersuchungen dieser Faktoren beschäftigt sich explizit die Wahrnehmungspsychologie.[8]

Bugelski und Alampay (1961) zeigen den neuronalen Ablauf der Wahrnehmungsverarbeitung auf.[9] Die Information wird aus der Umwelt durch das Sinnesorgan aufgenommen und durch dieses zur Verarbeitung im Bereich der Hirnrinde (kortikal) weitergeleitet. Dieser Prozess wird als Informationsstrom „von unten nach oben“ bezeichnet. Der sensorische Input aktiviert dann das relevante Wissen. Dieser zweite Informationsstrom wird als Information „von oben nach unten“ bezeichnet.

8 Vgl. Handwerker, H. O. (1993).
9 Vgl. Grazer, W. (2009).

„Wird beispielsweise einer Versuchsperson vor der Präsentation eines mehrdeutigen Bildes [s. Abbildung] mit semantischem Inhalt wie z. B. ‚Gesicht/Ratte' (Bugelski & Alampay, 1961) kurz ein eindeutiges Bild mit Menschen bzw. Tieren gezeigt, neigt der Betrachter dazu, den mehrdeutigen Stimulus in Richtung des semantischen Inhalts der zuvor gezeigten Abbildung zu interpretieren (Bugelski & Alampay, 1961). Als Erklärung wird Wahrnehmung in diesem Zusammenhang als ein aktiver Prozess verstanden, bei dem die überwiegend automatische Verarbeitung retinaler Informationen durch Top-down-Effekte wie z. B. Vorerfahrung und semantischer Zusammenhang gefiltert und moduliert wird."[10]

Beispiel für Top-down-Effekt: „Gesicht/Ratte" nach Bugelski & Alampay (1961)

Zusammengefasst lässt sich also sagen:

„Wahrnehmung" beinhaltet den komplexen Vorgang von Sinneswahrnehmungen, Sensibilität und integrativer Verarbeitung von Umwelt- und Körperreizen. Der „Wahrnehmungsprozess" wiederum ist so diffizil, dass mit den Grenzen der objektiven Messbarkeit nur unzureichend gearbeitet werden kann. Neben Schwellen und Grenzen der Wahrnehmbarkeit gibt es auch eine Reihe von weiteren Einflussfaktoren, die interindividuell variieren und einer Einzelbetrachtung bedürfen.

Die einzelnen Schritte des Wahrnehmungsprozesses sind im nachfolgenden Modell kreisförmig angeordnet, um den dynamischen Ablauf des Prozesses zu verdeutlichen. Dieser ist dabei ständigen Veränderungen unterworfen. Die Pfeile A, B und C symbolisieren

10 Bigalke, H. W. (2007), S. 16.

Wahrnehmungsprozess
nach Goldstein, E. B. (2008)

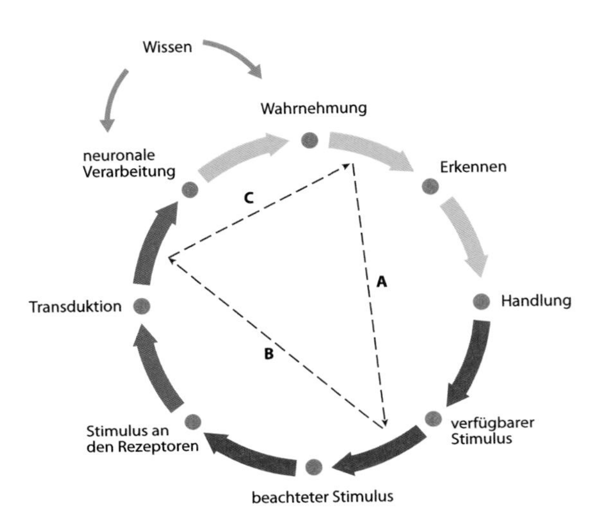

drei wichtige Beziehungen zwischen den einzelnen Schritten des Wahrnehmungsprozesses.

Der Wahrnehmungsprozess als solcher lässt sich vereinfacht dargestellt in drei Stufen gliedern:

Stufe I:	Empfinden
Stufe II:	Organisieren
Stufe III:	Identifizieren und Einordnen (im Sinne von Wiedererkennen)[11]

Speziell der dritten Stufe kommt in Bezug auf Wahrnehmungshindernisse des Unfallfahrers eine besondere Bedeutung zu. Abhängig von der individuellen Wahrnehmung kann die Interpretation des Wahrgenommenen innerhalb des Prozesses zu sehr unterschiedlichen Ergebnissen führen.

Sprichwörtlich heißt es: „Der Mensch ist ein Augentier." Sehen, Wahrnehmen und Erkennen bilden im Straßenverkehr eine in sich logische Abfolge für relevante Handlungen und Reaktionen.

11 Nach Zimbardo, P. G./Gerring, R. J. (1999).

Insofern besteht beim Menschen über das Sehen allgemein ein enger Zusammenhang zwischen Wahrnehmung, Aufmerksamkeit und Bewusstsein und erst in sekundärer Folge über den Hörsinn und den Vestibulärsinn (Gleichgewichts- oder Lagesinn).

Bei der Frage der Wahrnehmung von Kleinkollisionen kommt es häufig zu einer Verschiebung dieser Abfolge. Im Einzelfall spielen manche Aspekte mitunter keine Rolle mehr, da z. B. viele Kleinkollisionen außerhalb des Gesichtsfeldes stattfinden oder eine Blickzuwendung nicht gegeben war.

Beim Führen von Kraftfahrzeugen läuft der Prozess des Wahrnehmens und Erkennens nicht ausschließlich bewusst ab. Zahlreiche Handlungen und Reaktionen werden „automatisiert", z. B. das Schalten in den nächsten Gang oder das Halten des Gleichgewichts auf dem Motorrad. Diese Automatisierung erleichtert den eigentlichen Fahrprozess.

Während die automatisierten Handlungen und Reaktionen im Ablauf des Wahrnehmungsprozesses integriert sind, ist die „Aufmerksamkeit" für die Auswahl von handlungsrelevanten Signalquellen bzw. die Aussortierung irrelevanter Signale (ein unbewusst ablaufender Prozess) besonders relevant. Aufmerksamkeit ist ein biologisch notwendiger Auswahlprozess, um die Sinne sozusagen vor einer Überlastung der einströmenden Signale auf das Gehirn bzw. den Organismus zu schützen. Nachdem etwa 90 % der irrelevanten Reize aussortiert wurden, wird im Gehirn entschieden, auf welche relevanten Reize die Aufmerksamkeit gerichtet werden soll.

1.2 Aufmerksamkeit unter dem besonderen Aspekt von Kleinkollisionen

Aufmerksamkeit ist im Kontext des Führens von (Kraft-)Fahrzeugen als eine Sinnestätigkeit und Informationsaufnahme zu verstehen, bei der besonders den visuellen Signalen (z. B. Ampeln, Straßenschilder, Fahrbahnmarkierungen), aber auch in geringerem Umfang den auditiven Signalen (z. B. Fahrzeuggeräusche, Sirenen von Rettungsfahrzeugen) eine bedeutende Rolle zukommt.[12] Man kann also beim Autofahren von einem aufmerksamen Sehen und Hören sprechen.[13]

Aufmerksamkeit ist notwendig, um Informationen bewusst verarbeiten zu können, hierzu gehören somit auch Kleinkollisionen. Allerdings wird die bewusste Aufmerksamkeit durch eine *„unbewusste Informationsverarbeitung“* beeinflusst.[14] Dies zeigt sich in der Automatisierung von Handlungsabläufen beim Führen von Kraftfahrzeugen. Ein Kraftfahrzeug zu steuern, verlangt an sich die ständige Beachtung von Reizen und die Anpassung an Reizbedingungen, denen ein routinierter Autofahrer im Gegensatz zum Fahranfänger jedoch weniger oder keine bewusste Aufmerksamkeit schenkt.

„Die Automatisierung (‚automaticity') der Informationsverarbeitung ist ein scheinbar müheloser, unwillkürlicher Prozess, der ausgelöst wird, ohne dass die Person dies mit Absicht unterstützt. Weder stört die Automatisierung andere gerade stattfindende Verarbeitungsprozesse noch wird sie durch parallele Aktivitäten, die mit bewusster Aufmerksamkeit verfolgt werden, beeinträchtigt. Darüber hinaus können mehrere derartige automatische Prozesse parallel ablaufen, ohne dass die Aufmerksamkeitsgrenzen berührt werden. ...“[15]

Schon zu Beginn des 20. Jahrhunderts beschrieb Bleuler den Zusammenhang zwischen Aufmerksamkeit und Konzentration.

„Eine Äußerung der Affektivität ist die Aufmerksamkeit. Sie besteht darin, dass bestimmte Sinnesempfindungen und Ideen, die unser Interesse erregt haben, gebahnt, alle anderen gehemmt werden. Machen wir ein wichtiges Experiment, so beachten wir nur das, was dazu gehört, das andere bleibt unbemerkt. Die größere ‚Klarheit' der Beobachtung und der Gedanken, denen wir die Aufmerksamkeit zuwenden, ist der Ausdruck davon, dass eben alles Dazugehörige beobachtet und gedacht wird, während das Nichtdazugehörige reinlich ausgeschaltet wird. In der Aufmerksamkeit hemmt und bahnt also das ‚Interesse' das Denken. Je ausgiebiger das gelingt, umso stärker ist die Intensität, die Konzentration; je mehr der nützlichen

12 Vgl. Kranich, U./Kulka, K./Reschke, K. (2008).
13 Vgl. Klebelsberg, D. (1982).
14 Vgl. Kasten, E. (2007).
15 Zimbardo, P. G./Gerrig, R. J. (1999), S. 171.

Vorstellungen zugezogen werden, umso größer ist der Umfang der Aufmerksamkeit.“[16]

Demnach ist Aufmerksamkeit als die Fokussierung von eingeschränkten Bewusstseinsressourcen auf bestimmte Bewusstseinsinhalte zu verstehen. Dies betrifft die Wahrnehmungen der Umwelt oder des Verhaltens und Handelns, aber auch Gedanken und Gefühle. Die Konzentration hingegen ist das Maß für die Intensität und Dauer der Aufmerksamkeit.

Aufmerksamkeit tritt, wie im Weiteren aufgezeigt werden soll, in unterschiedlichen Varianten auf.

1.2.1 Verschiedene Formen der Aufmerksamkeit

Die räumliche Verteilung der Aufmerksamkeit ist im Zusammenhang einer Beurteilung durch den Verkehrspsychologen von besonderer Bedeutung. Das Wissen um dieses Phänomen ermöglicht dem psychologischen Sachverständigen bei der Untersuchung von Kleinkollisionen eine bessere Abgrenzung zu anderen Untersuchungsmethoden und hat somit Einfluss auf den Untersuchungsumfang. Aufmerksamkeit kann in verschiedenen Formen auftreten, unterliegt dabei aber immer der selektiven Wahrnehmung. Spezifisch unterschieden wird die Aufmerksamkeit in:

- aktive, willkürliche Aufmerksamkeit,
- passive, unwillkürliche Aufmerksamkeit,
- fokussierte und verteilte Aufmerksamkeit,
- selektive Aufmerksamkeit,
- unspezifische Aufmerksamkeit.[17]

1.2.2 Zusammenhang zwischen Wahrnehmung, Aufmerksamkeit und Bewusstsein

Die nur begrenzte neuronale Verarbeitungskapazität des motorischen Apparates ist der eigentliche Grund dafür, dass der Mensch

16 Bleuler, E. (1983), S. 76 f.
17 Vgl. Zöller, A. (2007).

eine Art *„Aufmerksamkeitsfilter"*[18] benötigt, der ihn vor einer Überlastung an Informationen schützt.

Ein eindrucksvolles Beispiel für diese Form der Selektion ist das „Gorilla-Video".[19] Darin wird gezeigt, wie zwei Mannschaften (ein weißes und ein schwarzes Team) sich untereinander jeweils einen Basketball zuspielen. Die Testpersonen, die das Video ansehen, haben die Aufgabe, genau zu zählen, wie oft die Spieler der weißen Mannschaft den Ball hin- und herwerfen, d. h. wie viele Ballkontakte sie haben.

Während die Testpersonen die Ballkontakte zählen, erscheint im Video eine als Gorilla verkleidete Person, läuft von rechts in das Bild, bleibt in der Mitte stehen, klopft sich auf die Brust und verschwindet dann links aus dem Bild.

Nach der Vorführung werden die Testpersonen gefragt, was ihnen über die Aufgabenstellung des Zählens der Ballkontakte hinaus noch aufgefallen ist. Die meisten Testpersonen, ca. 70–80 %, geben an, dass ihnen nichts Außergewöhnliches aufgefallen ist.

Die Begründung dafür liegt darin, dass die Aufmerksamkeit einzig und allein auf die Aufgabenstellung des Zählens der Ballkontakte gerichtet war. Das Gehirn selektiert als wichtige Information die nur für diese Aufgabe relevanten Reize, nicht aber Handlungsabläufe, die darüber hinaus zu erkennen wären.

Erst in einem zweiten Durchlauf des Videos mit dem Hinweis, auf „alles" zu achten, wird auch das Erscheinen des Gorillas von den Testpersonen registriert, weil der Aufmerksamkeitsfilter jetzt breiter gefasst ist. Er ist damit entscheidend für die Relevanz der Informationen, die an das Gehirn zu Verarbeitung weitergeleitet werden.

Aus den Aspekten „Aufmerksamkeit", „Blickverhalten" und „Reaktionsgeschwindigkeit" ergibt sich ein Verhalten, das vor allem die Inhalte dieser Informationen verarbeitet, die für das Kurzzeitgedächtnis bedeutsam sind.

---

18 Ebd., S. 3.

19 http://viscog.beckman.illinois.edu/grafs/demos/15.html

Dass unbewusste Ablenkung die Aufmerksamkeit beeinflussen kann, zeigt u. a. eine Studie über die Auswirkungen von Musikhören auf die Verkehrssicherheit. Hier konnten häufige Geschwindigkeitsüberschreitungen unter anregender Musik ebenso wie deutlich verlangsamte Reaktionen auf unerwartete Hindernisse nachgewiesen werden.[20]

Auf der anderen Seite kann davon ausgegangen werden, dass routinemäßige Arbeitsaufgaben, bei denen die Aufmerksamkeit auf Anzeigen und Bedienungselemente gerichtet sind, kaum zu einer hohen Ablenkung führen.[21]

Ganz anders verhält es sich hingegen bei der Wahrnehmung von Verkehrsschildern. Oftmals werden die Grenzen der Verarbeitungskapazität des Gehirns durch die Vielzahl der Informationen überschritten. Verkehrsschilder verfolgen die Absicht, die Aufmerksamkeit des Betrachters auf sich zu ziehen. Bei einer Flut von den Verkehr regelnden Schildern im Kontext einer hohen Verkehrsdichte – manchmal auch noch mit scheinbar widersprüchlichen Informationsgehalten – gelingt es dem Kraftfahrer nicht, alle vorhandenen Informationen ins Bewusstsein einfließen zu lassen.

Wenn Informationsgehalt und Aussage, z. B. einer Beschilderung, dazu führen, dass sich widersprechende Informationen verarbeitet werden müssen, kommt es zu einem Interferenzphänomen, dem „Stroop-Effekt"[22] (siehe Kasten). Dieser Effekt wurde bereits vor über 60 Jahren vom gleichnamigen Autor beschrieben. Es ist in solchen Situationen eher nicht mehr zu erwarten, dass die Aufmerksamkeit dann ausschließlich auf wichtige, verhaltensrelevante Aspekte des Verkehrsgeschehens gerichtet ist.

Beispiel für den „Stroop-Effekt"

Das Benennen der Farbe „Grün" ist schwieriger, wenn das Wort in roter Farbe **(Grün)** dargestellt wird, als wenn es in grüner Farbe **(Grün)** geschrieben ist. Inhalt und Form stehen hier im Widerspruch.

20 Vgl. Kranich, U./Kulka, K./Reschke, K. (2008).
21 Vgl. Wetzenstein, E./Enigk, H./Heinbokel, T./Küting, H. J. (1997).
22 Vgl. Stroop, J. R. (1935).

Ein anschauliches Beispiel für widersprüchliche Informationen zeigt das unten stehende Bild. Obwohl die Ampel scheinbar die Möglichkeit bietet, nach links abbiegen zu können, ist ein solches Abbiegen an dieser Stelle nicht erlaubt. Der Fahrzeugführer benötigt für das Erfassen der Verkehrssituation und für die Frage, welche Ampel zu beobachten ist, mehr Zeit als üblich. Bei Fahrverhaltensbeobachtungen an dieser Stelle kann bei ortsfremden Fahrern regelmäßig beobachtet werden, dass sie ihre Geschwindigkeit verringern, um sich ausreichend orientieren zu können. In manchen Fällen sind sie so irritiert, dass sie trotz grüner Ampel anhalten.

Auch Navigationsgeräte verlangen dem Kraftfahrer, je nach Programm und Programmierung, in spezifischen Situationen einiges ab. Entgegen den eingeschliffenen Fahrgewohnheiten werden Wegvorschläge unterbreitet, die eine unvorhersehbare Entscheidung verlangen: „Fahre ich wie gewohnt oder folge ich dem Navigationsgerät?“ Gleichzeitig wird eine Kostennutzenrechnung über z. B. Zeitgewinn oder Spritverbrauch in Gang gesetzt. Dies führt oftmals zu einer nicht unerheblichen Bindung kognitiver Kapazitäten, die für die Fahraufgabe als solche benötigt würden. In der Folge kann es zu unvorhersehbaren, kurzfristigen (Fehl-) Verhaltensweisen kommen,

die weitere Kapazitäten erfordern und auch für andere Kraftfahrer nicht vorhersehbar sind und somit unfallträchtige Gefahrensituationen provozieren. Kommt es im Rahmen einer solchen Situation zu einer Kleinkollision, besteht eine nicht unerhebliche Wahrscheinlichkeit, dass diese nicht erfasst wird, da andere Informationsgehalte im Aufmerksamkeitsfokus stehen.

Eine spezifische Form der Aufmerksamkeit ist die „Daueraufmerksamkeit" oder „Vigilanz", die sich z. B. bei langen Autobahnfahrten bei geringer Verkehrsdichte zeigt.

„Vigilanz ist der Zustand oder Grad der Bereitschaft, kleine Veränderungen, die in der Umwelt in zufallsverteilten Zeitintervallen auftreten, zu erkennen und auf sie zu reagieren. Vigilanz ist also die Beobachtungsleistung bei länger dauernden Beobachtungssituationen. In diesem Fall wäre unter Vigilanz ein aufmerksames Beobachten zu verstehen, das selten ein Reagieren erfordert, unter Daueraufmerksamkeit eher ein aufmerksames Beobachten, wobei ein häufigeres Reagieren erforderlich ist."[23]

1.2.3 Aktive und passive Aufmerksamkeit

Der Gesetzgeber verlangt vom Autofahrer spezifische Anforderungen an die Aufmerksamkeit beim Führen eines Kraftfahrzeuges und der Teilnahme an den Geschehnissen im Straßenverkehr.[24] Trotzdem unterliegt der Autofahrer immer wieder unwillkürlichen Ablenkungen (z. B. durch Plakatwerbung oder Lichtreklamen), die seine „passive Aufmerksamkeit" einfordern.

Während die *„aktive"* oder auch *„willkürliche Aufmerksamkeit"* konzeptgesteuert ist (das konzentrierte Absuchen des Gesichtsfeldes durch mehr oder weniger eingeübte Blickstrategien, z. B. beim Beachten von Verkehrszeichen oder der Parkplatzsuche) und somit einer gewissen *„Willensanstrengung"* unterliegt, wird die *„passive"* oder *„unwillkürliche Aufmerksamkeit"* durch *„Außenweltreize*

23 Dorsch, F. u. a. (2009), S. 1075.

24 Lt. Verordnung über die Zulassung von Personen zum Straßenverkehr (Fahrerlaubnis-Verordnung – FeV) vom 17. Dezember 2010 (BGBl. I S. 1980) in der Fassung des Inkrafttretens vom 1.1.2011.

bestimmt, die Interesse durch Auffälligkeit erwecken, ohne dass die Aufmerksamkeit darauf gerichtet war".[25]

Eine aktive, willkürliche Aufmerksamkeit muss dabei nicht zwangsläufig bewusst ablaufen, sondern kann ebenfalls einer Automatisierung unterliegen, besonders mit zunehmender Fahrpraxis (routiniertes Blickverhalten beim Schalten und gleichzeitiger Blick in den Rückspiegel trotz komplexer Verkehrssituation im Gegensatz zur dabei vollen Konzentration beim Fahranfänger auf das nahe und aktuelle Geschehen).

Eine passive, unwillkürliche Aufmerksamkeit wird nicht nur von außen durch optische, akustische und taktile Reize ausgelöst (z. B. laute Geräusche, Knall). Sie kann auch auf innere, länger anhaltende Gefühlserlebnisse zurückzuführen sein (z. B. Kummer, Sorgen, Trauer), aber auch auf kurzfristige (z. B. Ärger, Wut, Frustration), die den Fahrer so stark beschäftigen können, dass sich dies nachteilig auf sein Fahrverhalten auswirken kann.[26]

1.2.4 Fokussierte und verteilte Aufmerksamkeit

Bei einer räumlich verteilten Aufmerksamkeit wird ein großer Teil der Umwelt im Gesichtsfeld erfasst (z. B. Blick auf die Geschehnisse am Straßenrand in Kombination mit Blick auf die Straße in Fahrtrichtung). Diese breite Verteilung der Aufmerksamkeit wäre im Straßenverkehr der Idealzustand, nachteilig wirkt sich allerdings die Tatsache aus, dass die zur Verfügung stehenden neuronalen Ressourcen begrenzt sind und nicht alle Informationen verarbeitet werden können.

Ist die Aufmerksamkeit stark fokussiert, d. h. auf einen engen Bereich beschränkt (z. B. beim Einparken), verlängert sich gegenüber einer räumlich verbreiterten Aufmerksamkeit auch die Reaktionszeit.

Der Fahranfänger benötigt jeweils eine höhere Konzentration auf einzelne Geschehnisse, während sich bei einem routinierten Fahrer automatisierte Vorgänge abspielen, die eine räumlich verteilte Aufmerksamkeit nicht in dem Maße beeinträchtigen.[27]

---

25 Bode, H. J./Meyer-Gramcko, F. (2007), S. 54.
26 Vgl. ebd.
27 Vgl. Zöller, A. (2007).

Die Unterschiede von fokussierter (konzentrativer) und verteilter (distributiver) Aufmerksamkeit verdeutlicht folgende Tabelle:

Tabelle nach Grazer, W. (2009), S. 239

	Aufmerksamkeit konzentrativ	Aufmerksamkeit distributiv
Erkennbarkeit	Einzelheiten, weniger Objekte	grober Überblick über viele Objekte
Orientierungsleistung	eingeschränkt	gut
Informationsumfang	klein	groß
Informationsgenauigkeit	groß	klein

Die konzentrative und die distributive Aufmerksamkeit können nur nacheinander und nicht gleichzeitig aktiviert werden. Sie werden vom Fahrer jeweils nach subjektivem Empfinden benutzt.

1.2.5 Selektive Aufmerksamkeit

Die selektive Aufmerksamkeit wird nur auf bestimmte Vorgänge innerhalb des Gesichtsfeldes gerichtet, während sie andere Vorgänge bewusst ignoriert.[28] Das bedeutet: Innerhalb des Gesichtsfeldbereichs werden die Geschehnisse durch Blickstrategien (Blick in den Seiten- oder Rückspiegel) „gescannt", um auf eventuelle Gefahrensituationen schnell reagieren zu können (z. B. Abbremsen).

Dies geschieht im Allgemeinen nicht bewusst, sondern unwillkürlich und automatisiert. Hier ist der routinierte Fahrer im Vorteil: Während er bei der selektiven Aufmerksamkeit durch den häufigen Blickwechsel nicht seine volle Konzentration ausschließlich auf diesen Vorgang richten muss, muss ein Fahranfänger oder auch unsicherer Fahrer wesentlich mehr Konzentration aufwenden.[29]

28 Vgl. Goldstein, E. B. (2008).
29 Vgl. Zöller, A. (2007) .

Das visuelle System des Menschen ist auf die selektive Aufmerksamkeit angewiesen, da es nur einen kleinen Teil der Informationen zur Verarbeitung und Analyse aufnehmen kann, die dann für entsprechende Reaktionen genutzt werden können.

Hiermit zeigt sich, dass Aufmerksamkeit einen der Hauptmechanismen der Wahrnehmung darstellt. Sie ist für die Wahrnehmung nicht nur wichtig, sondern notwendig.[30]

1.2.6 Unspezifische Aufmerksamkeit

Aspekte der „unspezifischen Aufmerksamkeit" sind insofern von Interesse, da sie gerade für den Fall des unerlaubten Entfernens von der Unfallstelle immer wieder eine Rolle spielen, vor allem, wenn Beeinflussungen durch psychoaktiv wirkende Substanzen vorliegen.

Die unspezifische Aufmerksamkeit beschreibt den allgemeinen Wachheitsgrad einer Person und somit die Fähigkeit, überhaupt auf einen Vorgang zu reagieren bzw. koordiniert handeln zu können.[31]

Auf die unspezifische Aufmerksamkeit wirken sich eine Reihe von Faktoren aus (z. B. Biorhythmus, Schlaf- und Essverhalten, Pausen) sowie interindividuelle Unterschiede zwischen Personen, aber vor allem bestimmte psychoaktive Substanzen, die den allgemeinen Wachheitsgrad beeinflussen können. Dazu zählen u. a.:

- Koffein
- Nikotin
- Medikamente
- Alkohol
- andere berauschende Substanzen.

Berauschende Mittel und Substanzen, die in der Anlage zu § 24 a StVG aufgelistet sind:

- Cannabis/Tetrahydrocannabinol (THC)
- Heroin/Morphin
- Morphin

30 Vgl. Goldstein, E. B. (2008).
31 Vgl. Zöller, A. (2007).

- Kokain
- Kokain/Benzoylecgonin
- Amphetamin
- Designer-Amphetamin/Methylendioxyamphetamin (MDA)
- Designer-Amphetamin/Methylendioxyethylamphetamin (MDE)
- Designer-Amphetamin/Methylendioxymethamphetamin (MDMA)
- Methamphetamin.

Der Nachweis dieser Substanzen erfolgt im Allgemeinen durch eine Atemalkoholkontrolle sowie einen Blut- oder Urintest und spielt eine entscheidende Rolle bei der Beurteilung der Fahrtüchtigkeit/Fahrtauglichkeit im Falle eines Verkehrsvergehens.

Oftmals unberücksichtigt bleiben hierbei Kombinationswirkungen. Ein Überblick über die Kombinationswirkung von Medikamenten und Alkohol findet sich u. a. bei Krüger et al. (1996).[32] Dieser enthält u. a. auch prozentuale Häufigkeiten von Negativwirkungen bei Alkohol und Medikamenten.

Grundsätzlich gilt: Bei Beeinträchtigungen durch einen Mischkonsum von Alkohol, Medikamenten und Drogen ist kaum festzustellen, wie die Mittel in ihrer Wirkkombination auf den jeweiligen Organismus Einfluss nehmen.

> **→ Fazit**
>
> Probleme bei der Bemerkbarkeit von Kleinkollisionen entstehen vor allem durch die Komplexität des Wahrnehmungsprozesses. Dabei spielen psychophysische Parameter eine entscheidende Rolle. Im Vordergrund stehen verschiedene Formen der Aufmerksamkeit und der daraus resultierenden Konzentrationsleistung.

32 Vgl. Krüger, H. P. u. a. (1996).

1.3 Visuelle Wahrnehmung

Bei der Teilnahme am Straßenverkehr ist jeder Fahrer auf seine Sinnesorgane angewiesen. Sinnesreize und damit im Zusammenhang stehende Empfindungen benötigt der Kraftfahrer, um Umgebungsreize verarbeiten und einschätzen zu können. Sie dienen dazu, Handlungsentscheidungen anderer Verkehrsteilnehmer sowie die eigenen wahrzunehmen. Das Verhalten des Fahrers wird durch Wahrnehmung, Aufmerksamkeit und Bewusstsein so gesteuert, dass er den Anforderungen an das sichere Führen von Kraftfahrzeugen gerecht werden kann. Dabei spielt die visuelle Wahrnehmung eine herausragende Rolle. Das Auge ist in der Lage, Informationen nicht nur aus der Nähe, sondern auch aus der Ferne aufzunehmen. Ein gutes Sehvermögen gehört zu den Grundvoraussetzungen des Autofahrens.

Durch die visuelle Wahrnehmung ist der Autofahrer in der Lage, entsprechende Reize aufzunehmen, zu interpretieren, zu bewerten, sie mit gespeicherten Erinnerungen und Erfahrungen abzugleichen und damit zu einer verkehrsrelevanten Entscheidung zu kommen.

Objekte und Vorgänge im Straßenverkehr, Distanzen und Richtungen, Bewegungen oder Geschwindigkeiten müssen im Bruchteil von Sekunden auf ihre Relevanz hin überprüft und eingeordnet werden. Demzufolge lässt sich sagen, dass das, was ein Kraftfahrzeugfahrer sieht oder auch übersieht, sein Sicherheitsverhalten bzw. sein Fehlverhalten im Straßenverkehr bestimmt.[33]

Bei der Wahrnehmbarkeit von Kleinkollisionen kommt der visuellen Wahrnehmung zwar oftmals nur eine untergeordnete Rolle zu, da der Anstoß meist nicht im Sichtbereich liegt. Dennoch ist sie nicht ganz ohne Bedeutung, z. B. wenn es um durch Kollisionen ausgelöste Bewegungen geht oder um das Sehen von Schadenfolgen (etwa Kratzer, Farbabreibungen oder gestürzte Fahrradfahrer).

Die visuelle Wahrnehmung hängt dabei von verschiedenen Faktoren ab: Blickfeld, Sehfeld, Blickwinkel, Hell-/Dunkel-Adaption, Helligkeitswahrnehmung, Bewegungswahrnehmung etc. gehören

33 Vgl. Grazer, W. (2009).

ebenso dazu wie künstliche Hilfsmittel (Rückspiegel, Außenspiegel) und Kontrollinstrumente (Tacho u. ä.).

Mit kurzen, sich wiederholenden Blickfixierungen muss der Autofahrer fortlaufend sein Umfeld und die gegebenen Situationen im Verkehr erfassen und einschätzen. Dafür hat er im Regelfall nur eine kurze Zeit zur Verfügung, in der sich die Verkehrssituation auch noch beständig ändern kann. Somit kommt seinem Blickverhalten eine zusätzliche Bedeutung zu.

Stößt der Autofahrer an die Grenzen seiner visuellen Aufnahmefähigkeit und wird die Wahrnehmung im Gehirn durch die Vielzahl der Informationen überfordert, können nicht mehr alle entscheidenden Sachverhalte relevant aufgenommen werden. Dies führt zu Wahrnehmungshemmungen, Fehlentscheidungen bzw. Fehlverhalten in der Fahraufgabe.

So kann ein Autofahrer nicht immer alle Gefahren erkennen. Dies bezieht sich sowohl auf den fließenden Verkehr bei zum Teil sehr hohen Geschwindigkeiten als auch auf Situationen, in denen sehr langsam gefahren wird, wie das Ein- und Ausparken, Rangieren oder Einbiegen. Je nachdem, worauf der Autofahrer seine Aufmerksamkeit fokussiert, wird er entweder das gesamte Geschehen oder aber nur einen Teilbereich, gegebenenfalls irrelevante Informationsinhalte, visuell erfassen können.

Ein Fahranfänger zum Beispiel ist oft bereits durch den schnellen Blickwechsel nah – fern – nah überfordert, zumal er sein Fahrzeug noch nicht routiniert beherrscht. Dem älteren Kraftfahrer ist zwar der Erfahrungsabgleich aus Routine hilfreich, er wird aber oft durch eine veränderte Wahrnehmungsgeschwindigkeit, die u. a. aus altersbedingtem, schlechterem Sehen resultieren kann, in seiner Entscheidung beeinflusst.

1.3.1 Faktoren zur Beeinflussung der visuellen Wahrnehmung

Für eine erste Prüfung, ob ein Fall der visuellen (Nicht-)Wahrnehmung und damit des tatsächlich fehlenden Bewusstseins für eine Kleinkollision vorliegen kann, sind insbesondere folgende Faktoren relevant:

- Lichtverhältnisse
- Sehschärfe
- Distanz und Tiefenwahrnehmung
- Einschätzung der Entfernung
- Bewegungswahrnehmung und Wahrnehmungsgeschwindigkeit
- Geschwindigkeitseinschätzung und -anpassung.[34]

Nach einer Beschreibung der Funktionen des Sehens wird weiter unten auf Faktoren eingegangen, die die individuelle Wahrnehmung der einzelnen Person beeinflussen.

1.3.2 Die neuronale Verarbeitung visueller Reize im Gehirn

Das Chiasma opticum (lat. Sehnervkreuzung) ist die anatomische Bezeichnung für eine Kreuzungsstelle der Sehnerven vom rechten und linken Auge (siehe Abbildung unten „Neuronale Verarbeitung im visuellen System"). Im Chiasma opticum kreuzen die Nervenfasern jeweils der nasenwärts gelegenen Sinneszellen der Netzhaut

Neuronale Verarbeitung im visuellen System

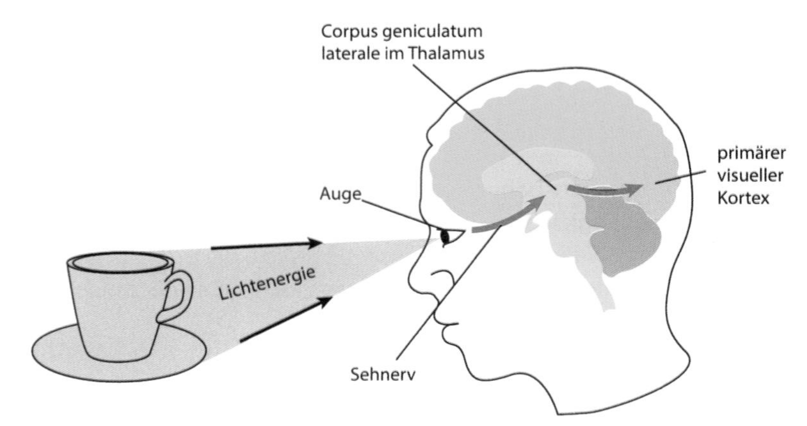

Seitenansicht des visuellen Systems mit den drei wichtigsten Stationen entlang der Sehbahn, in denen Verarbeitung stattfindet: die Retina, das Corpus geniculatum laterale und der primäre visuelle Kortex

34 Vgl. Groeger, J. A. (2000).

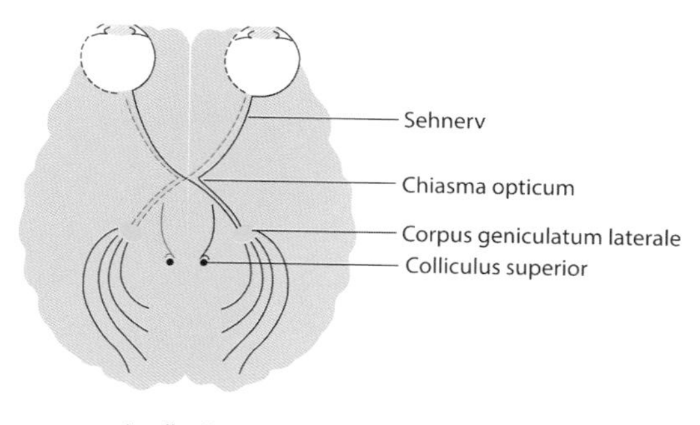

Unteransicht des visuellen Systems, wobei deutlich wird, dass die Nervenfasern der nasalen Retinaseiten im Chiasma opticum auf die gegenüberliegende Seite des Gehirns kreuzen[35]

zur gegenüberliegenden Großhirnhälfte. Dadurch erhält die rechte Hirnhälfte nur Seheindrücke der linken Gesichtsfeldhälfte zur Verarbeitung und umgekehrt.

Die Sehnervenkreuzung liegt vor der Hypophyse (Hirnanhangdrüse), weshalb bspw. Geschwülste der Hirnanhangdrüse durch Sehstörungen auffallen können.

Die meisten visuellen Signale verbreiten sich von der Retina über den Sehnerv zum Corpus geniculatum laterale im Thalamus. Von dort aus wandern die Signale zum primären visuellen Kortex, danach in andere kortikale Areale. Die Neuronen im primären visuellen Kortex sind darauf spezialisiert, Objekte und Entfernungen zu erkennen und einzuordnen. Der Verarbeitungsstrom zur Schläfe hin dient der Objekterkennung („Was?-Strom"), der Verarbeitungsstrom am Scheitel entlang der Bewegungs- und Entfernungsbestimmung („Wo?-Strom").

Aufgrund der Identifizierung eines Objektes differenziert das Gehirn in bekannten Kategorien:

Fahrzeug – Pkw oder Lkw – Fahrzeugtyp

Gleichzeitig erfolgt ein Abgleich zwischen Entfernung, Bewegung und Geschwindigkeit. Wird das Objekt sofort erkannt und in der

---

35 Vgl. Goldstein, E. B. (2008), S. 63.

Weise eingeordnet (Perzeption), koppelt diese Einordnung auf die visuelle Wahrnehmung zurück und auch das entsprechende Fahrverhalten wird direkt an das Objekt angepasst.

Kommt es hingegen zu einer Fehlererkennung, z. B. durch falsche Erinnerungsarbeit oder unzureichende Beleuchtung, kann auch das Fahrverhalten fehlangepasst werden. Bei einer dabei entstehenden Kleinkollision würde diese nun aber in der Annahme, das richtige Verhalten in Bezug auf das vermeintlich Wahrgenommene gezeigt zu haben, ebenfalls nicht der Situation entsprechend verarbeitet. Die Kollision als solche gerät dann nicht in das Bewusstsein.

Ist das Objekt dagegen völlig unbekannt oder nicht zuzuordnen, wird es genauer beobachtet, und der Betrachter wird versuchen, es in eine passende Kategorie einzufügen (Apperzeption). Dieser Prozess kann im Einzelfall ebenfalls zu einer Fehlentscheidung oder zumindest einer Verzögerung in der visuellen Wahrnehmung führen und damit auch eine falsche Reaktion im Fahrverhalten auslösen.

1.3.3 Sehschärfe

Die Sehschärfe ist für jeden Verkehrsteilnehmer von großer Bedeutung, weil er dadurch unmittelbare Schlüsse auf sein gesamtes Verkehrsverhalten ableitet, vor allem in Bezug auf die eigene Geschwindigkeit und die der anderen. Ohne hinreichende Sehschärfe ist eine genaue Wahrnehmung von Größe, Abstand und Geschwindigkeit nicht möglich. Dies führt gleichzeitig dazu, dass Anhaltewege falsch eingeschätzt werden. Ein Kraftfahrer mit herabgesetzter Sehschärfe muss näher an einen Gefahrenpunkt heranfahren, um ihn wahrzunehmen.[36]

Die Sehschärfe kann beeinträchtigt werden durch

- Tageslicht
- Alter
- vorhergehende Beanspruchungen und Belastungen
- Rauschmittel
- Erkrankungen.

36 Vgl. Bode, H. J./Meyer-Gramcko, F. (2007).

Die Möglichkeit kombinierter Einflüsse macht die Notwendigkeit einer interdisziplinären Untersuchung deutlich. Aspekte des vorhandenen Lichts zum Unfallzeitpunkt und -ort werden durch den technischen Sachverständigen geprüft. Aspekte der körperlichen und geistigen Verfassung des Betroffenen bedürfen einer medizinischen und psychologischen Untersuchung.

Mit entsprechenden psychologischen Testverfahren kann dabei vor allem der Frage nachgegangen werden, inwieweit psychophysische Belastungen (z. B. hervorgerufen durch Vibrationen des Motors, Konzentrations- und Aufmerksamkeitsstörungen durch Stresssymptome) den Fahrer beeinträchtigt haben können. Die Frage, ob körperliche Erkrankungen oder Rauschmitteleinfluss eine Rolle gespielt haben, müssen durch den medizinischen Sachverständigen geklärt werden.

1.3.4 Bewegungswahrnehmung

Ein wesentlicher Faktor für die Beurteilung von Gefahrensituationen im Straßenverkehr ist die Wahrnehmung von Bewegungen: gehende Menschen, fahrende Autos, sich bewegende Gegenstände, Überholvorgänge etc. Eine Bewegung wird neuronal dann wahrgenommen, wenn durch denselben Reiz nacheinander unterschiedliche Stellen der Netzhaut gereizt werden.

Die auf Ebene der Reizempfindung zunächst neutrale, relative Bewegung der Dinge zueinander wird beim Autofahren erst durch Körperempfinden und Gehirn in die visuelle Wahrnehmung umgesetzt, dass Auto und Fahrer sich bewegen, während Bäume und Häuser in der Straße still stehen. Hier spielt die Erfahrung die entscheidende Rolle in der Wertung der Situation: Weil man im Auto sitzt, meint man zu „wissen", dass man sich selbst bewegt, nicht aber Bäume oder Häuser.

Trotzdem kann es auch hier zu optischen Täuschungen in der Wahrnehmung kommen. Ein Beispiel ist die sogenannte Vektion. Darunter versteht man den Effekt, der auftritt, wenn man als Beobachter eine bewegte Szene sieht und den Eindruck bekommt, man selbst würde sich bewegen. Sitzt man beispielsweise in einem Zug, der durch eine Landschaft fährt, „weiß" man, dass sich nur scheinbar die Landschaft bewegt, in Wirklichkeit ist es der Zug, in dem man sitzt.

Sitzt man dagegen in einem stehenden Zug und auf dem Nachbargleis fährt ein anderer Zug an, ist es viel schwerer zu entscheiden, wer sich bewegt. Leicht entsteht der falsche Eindruck, dass sich der Zug, in dem man sitzt, mit derselben Geschwindigkeit in die entgegengesetzte Richtung bewegt. Dies hängt auch damit zusammen, dass das Anfahren von Zügen weniger gut durch andere Sinnesreize wahrgenommen werden kann. Gerade bei modernen Kraftfahrzeugen treten u. a. durch Geräuschdämmung und veränderte Fahreigenschaften ähnliche Phänomene auf.

Ein weiteres Problem der Bewegungswahrnehmung ist die zunehmende Unsicherheit beim Einschätzen des Kollisionszeitpunktes. Nimmt die Geschwindigkeit beispielsweise durch einen Einpark- oder Bremsvorgang ab bzw. steigt die Dauer bis zum erwarteten Zusammentreffen der Fahrzeuge, wird eine genaue Einschätzung des Kollisionszeitpunktes immer schwieriger. Schiff und Detwiler[37] konnten dies aufzeigen, indem sie Trickfilme zeigten und die

Unterschied zwischen realer und geschätzter Kollisionszeit

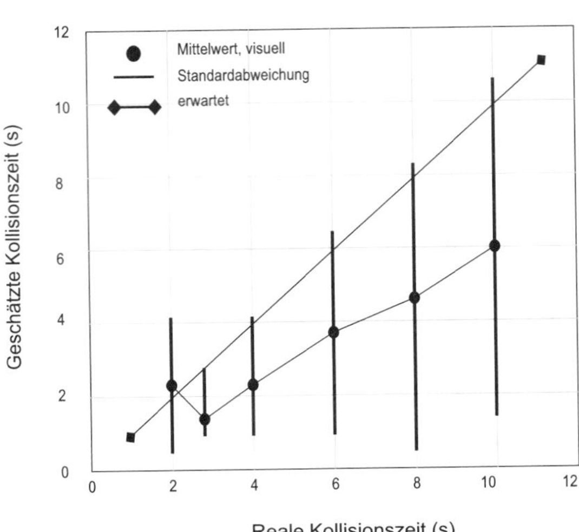

37 Vgl. Schiff, W./Detwiler, M. L. (1979).

Beobachter baten, per Knopfdruck einzuschätzen, wann ein auf sie zukommendes Objekt sie erreichen wird.

Dies lässt den Schluss zu, dass es auch bei langsam ausgeführten Fahrmanövern leichter zu einer falschen Einschätzung des Kollisionszeitpunktes und somit auch zu einer falschen Wahrnehmung eines tatsächlichen Kollisionsereignisses kommen kann. Diese Fehleinschätzung kann zur Folge haben, dass der Unfallverursacher irrtümlicherweise annimmt, es habe noch keine Kollision gegeben. Die Ursache für die durch den Unfall entstandenen Reize werden falsch interpretiert.

Unterschiede hinsichtlich des Kollisionszeitpunktes aufgrund unterschiedlicher visuell wahrgenommener Hintergrundflächen (z. B. große geteerte oder asphaltierte Fläche vs. Parkfläche mit verschiedenen Steinmustern, Pflastersteinen, Fahrlinien etc.) wurden hingegen nicht registriert. Dies führt zu der Annahme, dass im Wesentlichen zweidimensionale optische Informationen genutzt werden, die im auf die Betrachter zukommenden Objekt enthalten sind.

Für die Personenkreise, die sich mit der Frage der Wahrnehmbarkeit einer Kleinkollision auseinandersetzen (z. B. Richter, Anwälte, Sachverständige), ist es demnach von Bedeutung, dahingehende Umstände bei der Kollision zu berücksichtigen und zu beurteilen.

1.3.5 Gestaltprinzipien

Gestaltprinzipien beschreiben Phänomene der Wahrnehmung. Man versteht darunter eine Reihe von Regeln, wie sich in der visuellen Wahrnehmung kleine Teile zu einem Ganzen organisieren. Das erklärt, wie Objekte zu Bildern auf der Netzhaut und damit „wahrnehmbar“ im Abgleich mit den Kategorien innerhalb der neuronalen Verarbeitung werden.

Wenn jedoch dieser Abgleich zwischen neuronaler Verarbeitung und gestaltpsychologischer Betrachtungsweise fehlerhaft, also nicht der Realität entsprechend, gewertet und umgesetzt wird, entstehen ebenfalls Fehlentscheidungen bzw. Über- oder Unterschätzungen in der Bewertung einer Situation.

Wesentliche Gestaltprinzipien[38]

- Prinzip der Prägnanz
- Prinzip der Ähnlichkeit
- Prinzip des guten Verlaufs
- Prinzip der Nähe
- Prinzip des gemeinsamen Schicksals
- Prinzip der Vertrautheit
- Prinzip der gemeinsamen Region
- Prinzip der Verbundenheit von Elementen
- Prinzip der zeitlichen Synchronizität.

Diese Problematik spielt auch bei der visuellen Wahrnehmung von Kleinkollisionen eine Rolle.

Das „Prinzip des gemeinsamen Schicksals" kann beispielsweise mit dem der gemeinsamen Bewegung gleichgesetzt werden. Es handelt sich um Elemente, die sich zu einer Figur zusammenschließen, die sich auf ähnliche oder gleiche Weise bewegen oder die sich überhaupt gegenüber ruhenden Elementen bewegen. Wird durch einen

Beispiel für Seitenkollision

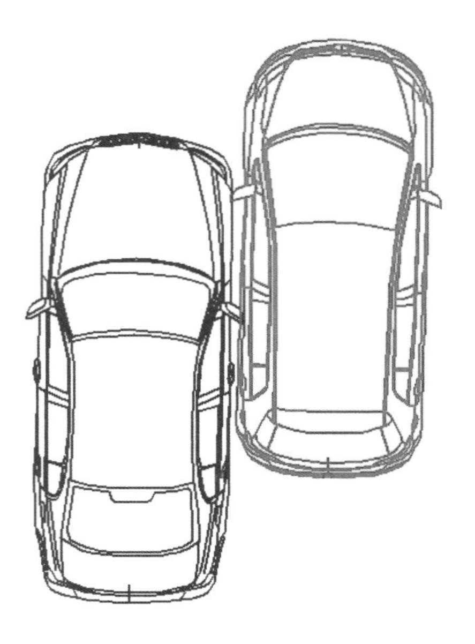

38 Vgl. Goldstein, E. B. (2008).

Anstoß ein anderer Gegenstand gleichförmig zur Bewegung des eigenen Fahrzeuges in Bewegung gesetzt, kann dies dahingehend zu einer Fehlinterpretation führen, dass man meint, es handle sich um einen Teil des eigenen Fahrzeuges.

Für den praktischen Fall bedeutet das: Bewegen sich zwei Fahrzeuge auf gleicher Höhe und bei etwa gleicher Geschwindigkeit auf nebeneinander liegenden Fahrstreifen in einer engen Baustelle (siehe vorstehende Grafik), ist es dem Betrachter aufgrund des parallelen Bewegungsablaufes kaum möglich, eine Kleinkollision visuell zu erfassen, weil eine Richtungsänderung, die die Aufmerksamkeit auf sich ziehen würde, aufgrund der bei solchen Kollisionen eher schwachen seitlichen Kräfte in der Regel nicht erfolgt.

1.3.6 Optische Täuschungen

Der Sehvorgang für sich genommen stellt keine tatsächliche Abbildung der Realität dar, sondern ist eher das Konstrukt des Gehirns auf Grundlage der Informationen, die es erhält. Optische Täuschungen lassen Rückschlüsse über die Verarbeitung von Sinnesreizen im Gehirn zu. Sie beruhen auf der Tatsache, dass die Wahrnehmung subjektiv ist und vom Gehirn beeinflusst wird.

Zu den bekanntesten optischen Täuschungen gehören die „Müller-Lyer-Täuschung“ und die „Ponzo-Täuschung“.[39] Zu welchen Fehleinschätzungen die visuelle Wahrnehmung führen kann, soll anhand einiger Beispiele nachfolgend erläutert werden.

Das „Kaniza-Dreieck“ ist ein Beispiel für die visuelle Wahrnehmung von Objekten, obwohl diese gar nicht vorhanden sind. Der Betrachter glaubt, ein weißes Dreieck zu entdecken, obwohl das Bild nur Linien und Kreissegmente zeigt. Die gedachten Linien sind in der Literatur auch als „kognitive Konturen“ (*cognitive contours*) bekannt geworden.

Durch optische Täuschungen kann es somit zu Fehlwahrnehmungen der tatsächlichen räumlichen Gegebenheiten kommen. In Bezug auf das Verkehrsverhalten kann dies bedeuten, dass der Kontakt mit

39 Vgl. Goldstein, E. B. (2008).

Beispiele für optische Täuschungen

Kaniza-Dreieck

Nicht tatsächlich vorhandene Objekte werden visuell wahrgenommen.

Müller-Lyer-Täuschung

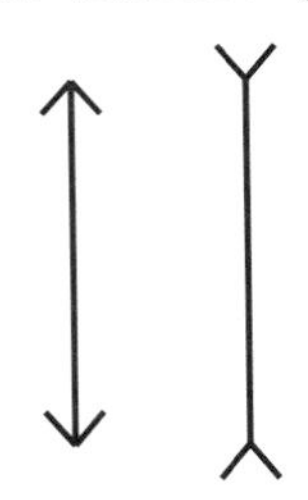

Fehleinschätzung von Längenunterschieden. Beide Linien sind in Wirklichkeit gleich lang.

Ponzo-Täuschung

Fehleinschätzung von Größenunterschieden. Die beiden horizontalen Balken auf den Bahngleisen sind gleich lang (messen Sie nach), aber der obere wirkt länger, da er weiter entfernt zu sein scheint.

einem anderen Fahrzeug dann nicht unbedingt den tatsächlichen Umgebungsbedingungen zugeordnet wird.

Ähnlich wie bei der oben aufgezeigten Fehlwahrnehmung des Kollisionszeitpunktes durch verringerte Geschwindigkeiten kann es zu einer Fehlwahrnehmung bei einer falschen Einschätzung des Abstandes zum Objekt oder einer falschen Interpretation der Gestalt eines Objektes kommen. Auch hier wird ggf. davon ausgegangen, dass eine Berührung nicht stattgefunden haben kann.

Erst durch eine genaue Betrachtung z. B. der äußeren Bedingungen am Unfallort unter verschiedenen Blickwinkeln kann somit beurteilt werden, ob entsprechende visuelle Täuschungen für die Frage der Wahrnehmbarkeit eine Rolle gespielt haben. Für eine entsprechende Beurteilung, ob eine weitergehende Untersuchung notwendig ist, ist eine sorgfältige Fotodokumentation des Unfalls sowie der Unfallumgebung unerlässlich.

Zur Klärung der Frage, ob optische Täuschungen beim Unfallverursacher einer Kleinkollision zu Beeinträchtigungen bezüglich der visuellen Wahrnehmbarkeit und Verarbeitung der Objekt- und Umweltbedingungen geführt haben können, bedarf es dann regelmäßig einer individuellen Untersuchung.

Hierbei ist vor allem der subjektive Informationswert bestimmter Sachverhalte beim Unfallverursacher zu ergründen. Die Wahrnehmung an sich ist auch stark abhängig von der Frage der individuellen Motivation des Fahrers, wahrgenommene Sachverhalte als relevant für sich selbst zu erachten.

➔ Fazit
Die visuelle Wahrnehmung in ihrer Gesamtheit ist von einer Vielzahl unterschiedlichster Faktoren auf physiologischer wie auch psychologischer Ebene abhängig. Das Zusammenspiel zwischen neuronaler Verarbeitung und gespeichertem Wissen macht eine visuelle Wahrnehmung erst möglich, diese muss aber nicht zwangsläufig auch eine Realität abbilden.

Das nachfolgende Diagramm zeigt die Einflüsse auf die visuelle Wahrnehmung in ihrer Gesamtheit.

Gegenüber Fußgängern sind Kraftfahrzeugführer wesentlich spezifischeren Anforderungen ausgesetzt. Aufgrund der höheren Geschwindigkeit und der dadurch entstehenden Vielzahl von Informationen benötigen sie ein größeres Blick- und Wahrnehmungsfeld, um das Fahrzeug den situativen Gegebenheiten anpassen zu können. Die visuelle Aufmerksamkeit befindet sich im stetigen Wechsel zwischen Nah-Sehbereich (etwa Tacho, Einparksituation) und Fern-Sehbereich (z. B. Nutzung des vorausschauenden Verhaltens zur

Einflussparameter auf die visuelle Wahrnehmung

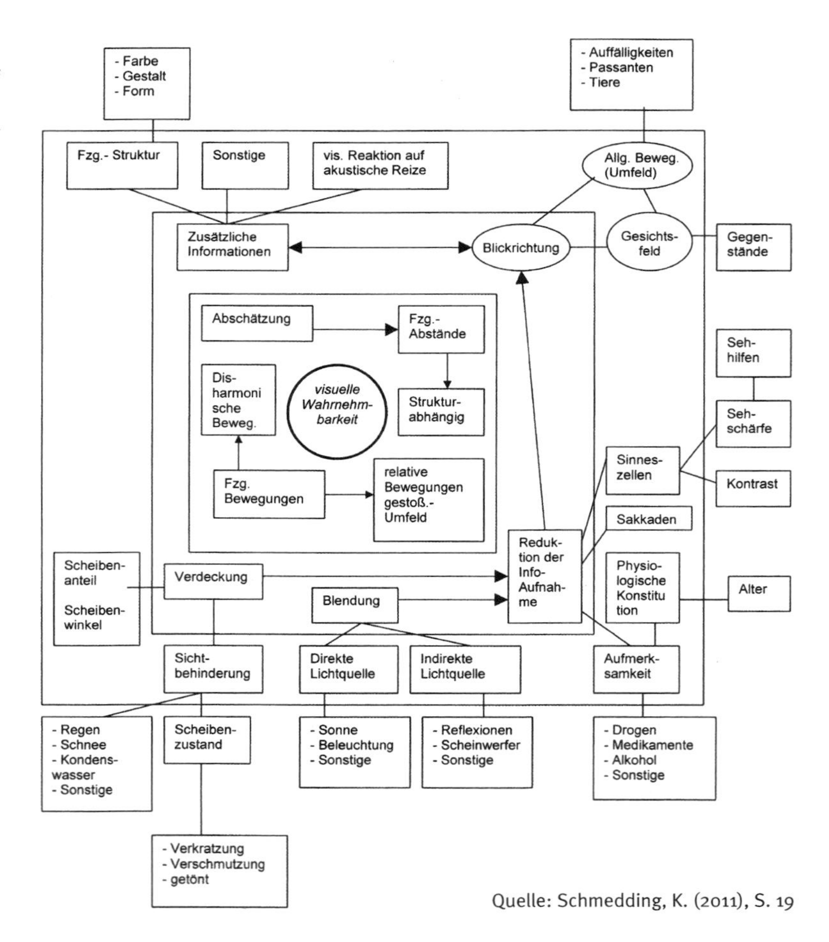

Quelle: Schmedding, K. (2011), S. 19

Verhaltensanpassung von Geschwindigkeit und Abstand). Darüber hinaus wird auch immer wieder der rückwärtige Teil des Verkehrsgeschehens (Spiegelblick, Schulterblick) beobachtet.

Der Kraftfahrer muss somit permanent hohe Anforderungen im Bereich der visuellen Informationsbearbeitung bewältigen. Durch Einschränkungen vor allem im Nah-Sehbereich (z. B. Karosserie, Fensteröffnungen) kommt es speziell bei damit verbundenen Fahrmanövern (z. B. Einparken, langsames Einfahren in eine Straße, Stausituationen) noch zu besonderen Belastungssituationen.

Die Fülle der wahrnehmungsrelevanten Objekte bedingt, dass oft nur kurze Zeitintervalle – Bruchteile von Sekunden – zur Verfügung stehen, um verkehrsrelevante Sachverhalte visuell zu erfassen. Hieraus ergeben sich wie auch durch die sonstigen Belastungen hohe Anforderungen an das Blick- und Wahrnehmungsverhalten. Dies erfordert zwangsläufig eine Selektion.

Führt die Vielzahl der Einflussfaktoren dazu, dass eine der Situation angemessene Selektion nicht mehr erfolgt, wird die Überforderung in der Verarbeitung durch das Gehirn so groß, dass sich nicht nur die Reaktions-, sondern auch die Verarbeitungszeit stark verändern. Durch die schnelle Abfolge von Signalen kommt es zu einer Hemmung bzw. Überlagerung des vorhergehenden Reizes durch einen darauffolgenden.

Verarbeitungsprozesse des Gehirns werden nicht stereotyp und zeitlich festgelegt durchgeführt, sondern passen sich flexibel an. Der Verarbeitungsprozess läuft schneller ab, wenn das Gehirn die eintreffenden Sehinformationen nur mit zuvor festgelegten Erwartungen abgleichen muss. Folglich setzt damit die bewusste Wahrnehmung schneller ein. Liegen keine Vorabinformationen vor und das Gehirn muss einen visuellen Reiz erst völlig neu bewerten, benötigt dieser Prozess entsprechend mehr Zeit.[40]

Durch eine Blick- und Wahrnehmungsschulung kann das Risiko, Reize zu übersehen, verringert werden. Gezielte Übungen und lang anhaltende Erfahrung können ebenfalls einige Fehlerquellen im Bereich visueller Wahrnehmung kompensieren.

Dennoch ist ein Rest an Fehlerpotenzial durch Überforderung nicht auszuschließen. Letztendlich ist die Verarbeitung visueller Wahrnehmung interindividuell unterschiedlich und lässt sich nicht generalisieren.[41]

Hieraus erklären sich falsche Einschätzung und Fehlverhalten im Straßenverkehr, die zu Unfällen führen können oder aber auch zu visuell unbemerkten Kollisionen.

40 Vgl. Melloni, L./Schwiedrzik, C. M./Müller, N./Rodriguez, E./Singer, W. (2011).
41 Vgl. Lamszus, H. (1998).

1.4 Auditive Wahrnehmung

Im Gegensatz zur visuellen Wahrnehmung bedarf es bei der auditiven Wahrnehmung keiner direkten Hinwendung, um akustische Reize und deren Quellen aufzunehmen. Bei der Bemerkbarkeit von Kleinkollisionen spielt die Frage der auditiven Wahrnehmung demnach eine wichtige(re) Rolle, insbesondere wenn der Ort des Anstoßes für den Fahrer verdeckt ist.

Der Gehörsinn ist ein wichtiger Sinn zur Wahrnehmung anderer Fahrzeuge (Motorgeräusche, Warnsignale) wie auch zur Kontrolle von Betriebs- und Bewegungszuständen des eigenen Fahrzeugs. Hinzu kommt, dass Reaktionszeiten auf akustische Signale kürzer sind als auf visuelle.[42] Der auditiven Wahrnehmung kommt auch deshalb eine so wichtige Rolle zu, weil andere Reize bei einer Kleinkollision im Einzelfall gar nicht entstehen. So ist z. B. nicht zu erwarten, dass ein Anstoß mit einem Mittel- oder Oberklassefahrzeug an einen nicht befestigten Papierkorb zu einer vestibulären Wahrnehmung führt.

Das Gehörte erlaubt dem Kraftfahrer zudem, durch die Zeit- und Intensitätsunterschiede des wahrgenommenen Reizes eine Richtungsbestimmung vorzunehmen, die dann oft erst die visuelle Wahrnehmung ermöglicht. Die Lokalisierung auch leiser Geräusche führt durch die Lenkung der Aufmerksamkeit auf den ursprünglichen Ort des Geräusches gleichfalls zu einer verbesserten Wahrnehmung einer Kleinkollision.

1.4.1 Neuronale Verarbeitung auditiver Reize im Gehirn

Das menschliche Ohr lässt sich in drei Bereiche untergliedern, die die akustischen Signale in verschiedenen Arbeitsschritten verarbeiten:

- äußeres Ohr mit Ohrmuschel, äußerem Gehörgang und Trommelfell
- Mittelohr, bestehend aus den Paukenhöhlen und den Gehörknöchelchen Hammer, Amboss und Steigbügel
- Innenohr mit Labyrinth, Hör-(Chochlea) und Gleichgewichtsorgan.

42 Vgl. Meyer-Gramcko, F. (1990).

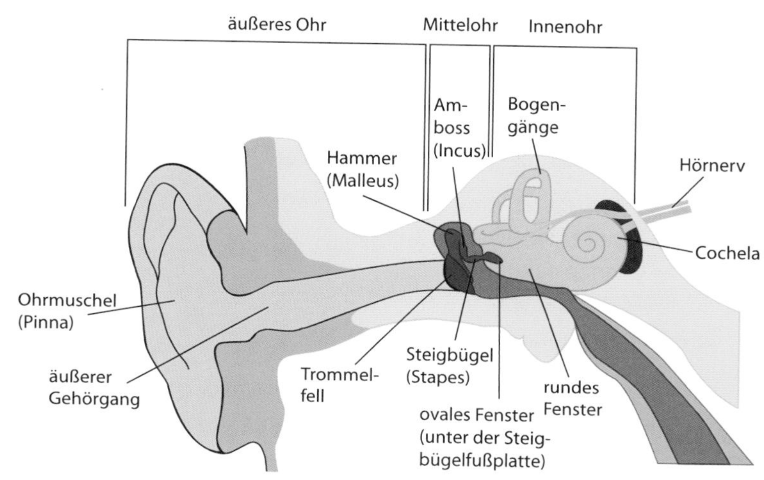

Das Ohr mit seinen drei Abschnitten: äußeres Ohr, Mittelohr und Innenohr
Quelle: Goldstein, Wahrnehmungspsychologie, S. 267

Die eingehenden Schallwellen werden vom Trommelfell über die Gehörknöchelchen bis zum Innenohr weitergeleitet. Die Reizweiterleitung über „glutamaterge synaptische Kontakte“ führt schließlich zum Hörnerv (Nervus acusticus). Im auditorischen Kortex im Gehirn werden in spezifischen Arealen die akustischen Informationen schließlich nach ihren Merkmalen weiterverarbeitet und erkannt, z. B. zur Analyse der Tonhöhe oder zum Erkennen menschlicher Sprache.[43]

Die Sinneswahrnehmung von Schall wird als „auditive Wahrnehmung“ bezeichnet. Sie beschreibt den Vorgang des Hörens und in welcher Form Schall wahrgenommen wird, d. h. die Hörereignisse, die bei bestimmten Schallereignissen entstehen.

Dabei wird das Hören in zwei Teilfunktionen untergliedert:

a) **Periphere Teilfunktion**: Für die Schallaufnahme und -weiterleitung sind das Außen- und das Mittelohr zuständig, das Innenohr wandelt Schallreize in neuronale Impulse um, die vom Hörnerv zum Gehirn weitergeleitet werden.

43 Vgl. Kranich, U./Kulka, K./Reschke, K. (2008).

b) **Zentrale Teilfunktion**: Die Vorverarbeitung und Filterung von auditiven Signalen wird in der zentralen Hörbahn verarbeitet. Die bewusste Auswertung des Gehörten findet als Wahrnehmung in den zentralen Hörzentren des Gehirns statt.

Das menschliche Ohr kann akustische Ereignisse nur innerhalb einer bestimmten Frequenz und eines bestimmten Schalldruckpegels wahrnehmen, der „Hörfläche". Die untere Grenze (Hörschwelle) und die obere Grenze (akustische Schmerzschwelle) liegen innerhalb eines Schalldruckpegels von etwa 130 dB.

Die optimale Empfindlichkeit des menschlichen Ohres liegt zwischen 1 000 und 4 000 Hz. In diesem Bereich bewegt sich auch die menschliche Stimme. Im Unterschied zu den meisten anderen akustischen Reizen ist sie in der Lage, die Aufmerksamkeit erheblich zu binden, wobei Gesprächsinhalte verstärkend wirken.

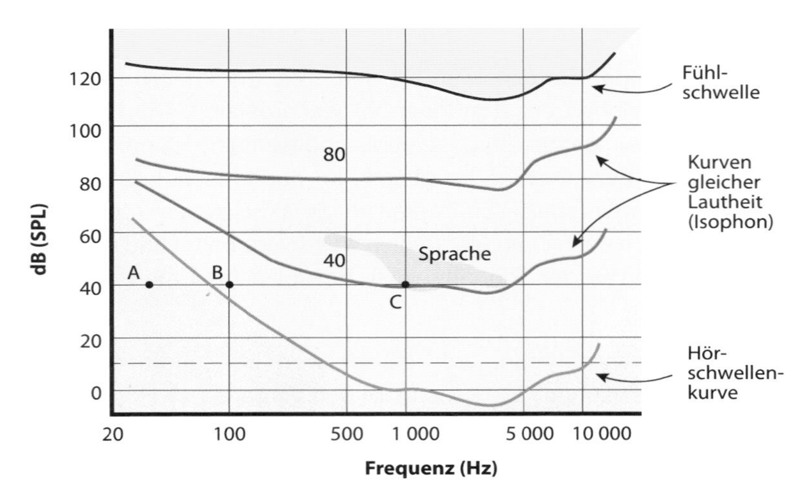

Die Hörschwellenkurve und die Hörfläche. Hören ist zwischen der Hörschwellenkurve und der Fühlschwelle möglich. Töne, die aufgrund bestimmter Kombinationen aus Dezibelwert und Frequenz in den hellroten Bereich unter der Hörschwellenkurve fallen, können nicht gehört werden. Töne im Bereich oberhalb der Fühlschwelle (gelbe Fläche) verursachen Schmerzen. Die Schnittpunkte der gestrichelten Linie mit der Hörschwellenkurve zeigen, welche Frequenzen bei 10 dB SPL gehört werden können

Quelle: Goldstein, E. B. (2008), S. 263

1.4.2 Faktoren zur Beeinflussung der auditiven Wahrnehmung

Die Frage, ob überhaupt und in welcher Stärke wahrnehmbare auditive Reize entstanden sind, wird durch den Unfallanalytiker zu klären sein. Die moderne Bauweise heutiger Pkw mit zumeist aus Kunststoff konstruierten Stoßfängern und einer damit verringerten Geräuschentwicklung bei einem Aufprall oder Anstoß trägt gerade bei Kleinkollisionen, bei denen ihrem Wesen nach keine übermäßigen Kräfte aufeinandertreffen, dazu bei, dass die akustischen Reize nicht besonders hoch sind. Anschließend ist durch den Sachverständigen zu prüfen, ob die betroffene Person i. d. R. in der Lage gewesen wäre, diese wahrzunehmen.

Verschiedenste „objektive" äußere Faktoren können die auditive Wahrnehmung eines Kraftfahrers negativ beeinflussen:

- Ursprungsort des Schalls (innen oder außen)
- Schalldämmung der Karosserie
- Geräuschpegel im Pkw-Innenraum durch Radio, Instrumente etc.

Hinzu kommen Faktoren, die mit dem Kraftfahrzeugführer im Zusammenhang zu sehen sind:

- menschliche Sprache/Unterhaltung/Kommunikation als Ablenkung
- Hörfähigkeit (ggf. altersbedingte Herabsetzung).

Grundlegende Voraussetzung zur auditiven Wahrnehmung ist die Hörfähigkeit des Betreffenden. Sie wird durch verschiedene Bedingungen, u. a. die berufliche Tätigkeit in lautem Umfeld, häufigen Besuch von Discotheken oder Konzertveranstaltungen, Erkrankungen, in jedem Fall auch durch das Lebensalter nicht unerheblich beeinflusst. Die Fähigkeit, hohe Töne zu hören, nimmt im Laufe des Lebens ab, und die erforderliche Lautstärke, um Geräusche wahrnehmen zu können, muss entsprechend zunehmen.

Derzeit werden zwar keine relevanten Zahlen schwererer Unfälle verzeichnet, die klar im Zusammenhang mit einer verminderten Hörfähigkeit des Kraftfahrzeugführers im Alter stehen. In Bezug auf die Wahrnehmbarkeit von Kleinkollisionen kommt dem Alter bzw. der

Gehörminderung und Alter

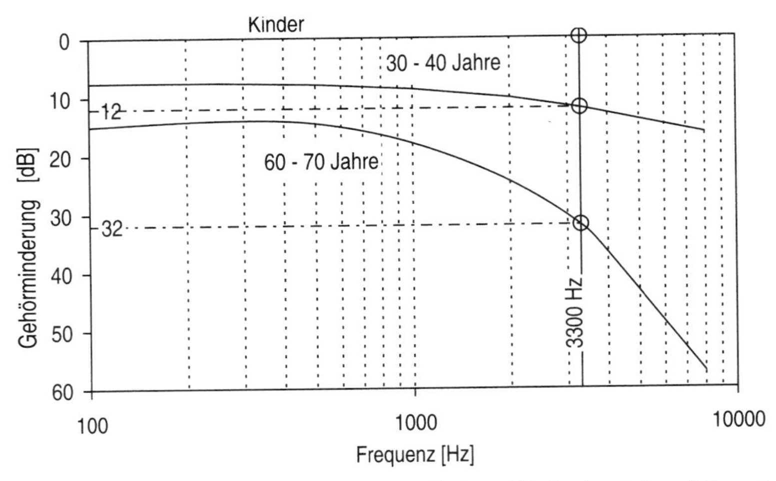

Quelle: Fürbeth, V./Nakas, V./Steinacker, T. (2007), S. 1076

Hörfähigkeit des Fahrers allerdings eine entscheidende Bedeutung zu, weil hier oft der akustische Reiz der einzig wahrnehmbare gewesen wäre.[44] Auf die Altersproblematik wird an anderer Stelle noch ausführlich eingegangen.[45]

Dass der Fahrer im Inneren einer Fahrzeugkarosserie in einem „geschlossenen Raum" sitzt, erschwert die Wahrnehmung eines Geräuschs von außerhalb des Fahrzeugs in doppelter Hinsicht. Zum einen tritt für ihn eine Veränderung des Geräuschs im Frequenz- und Lautstärkebereich ein. Moderne Pkw-Karosserien schlucken in aller Regel aufgrund ihrer Schalldämmung etwa 20 bis 30 dB(A) an Schallwellen.[46] Zum anderen sind Schallwellen in einem Verkehrsraum ohne naheliegende Reflexionsflächen – also hier außerhalb des Fahrzeugs – für einen außen stehenden Unfallzeugen wesentlich besser zu lokalisieren und damit besser wahrzunehmen als für denjenigen, der im Fahrzeuginneren sitzt, wo sich die Schallwellen noch an verschiedenen rauminternen Hindernissen brechen können. Zusätzlich nimmt die Verteilung des Schalls innerhalb des Fahrzeugs Einfluss auf die Wahrnehmbarkeit eines durch eine Kollision erzeugten Geräusches.

44 Vgl. Schmedding, K. (2011).
45 Siehe Kapitel 3, Abschnitt 2.
46 Vgl. Schmedding, K. (2011).

Anhand der folgenden Darstellung wird deutlich, wie unterschiedlich sich der Schall in geschlossenen Räumen ausbreiten kann.

Darüber hinaus wird im Wageninneren bereits ein erheblicher Schallpegel durch fahrzeuginterne Instrumente erzeugt, wie Klimaanlage, Autoradio, Gebläse, Navigationsgeräte, Bordcomputer. Allein durch dieses „Grundrauschen" werden Geräusche von außerhalb des Fahrzeuges teilweise überstrahlt.

Musikquellen im Fahrzeug spielen dabei in zweifacher Hinsicht eine Rolle. Einerseits wird durch die zum Teil hohen Lautstärken das Konzentrationsvermögen direkt beeinträchtigt. Es kommt zu veränderten Fahrverhaltensweisen (erhöhte Geschwindigkeiten,

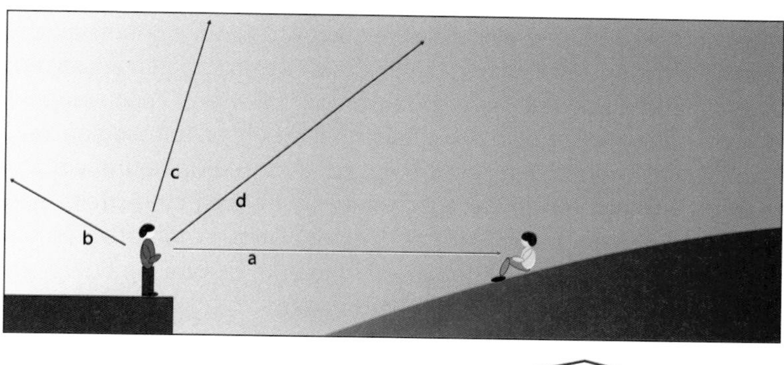

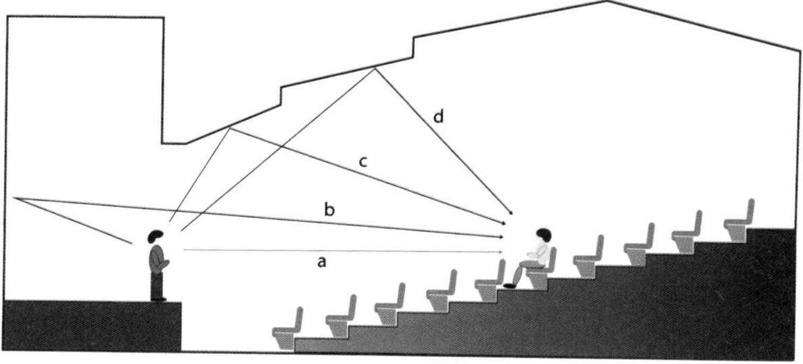

Hören in geschlossenen Räumen. Wenn man ein Schallereignis im Freien hört, so hört man hauptsächlich den Primärschall (Weg a). In geschlossenen Räumen hört man sowohl den Primärschall (Weg a) als auch von Wänden, Boden und Decke reflektierenden Schall (Wege b, c und d)

Quelle: Goldstein, E. B. (2008), S. 307

längere Reaktionszeiten), die wiederum ein erhöhtes Unfallrisiko mit sich bringen. Kommt es dabei zu einer Leichtkollision, ist die Wahrnehmbarkeit im Einzelfall durch den Mangel an Konzentration und Wahrnehmungsfähigkeit nicht mehr gewährleistet.[47] Andererseits kann laute Musik leichte Kollisionsgeräusche schlicht überdecken.

Bei hohen Anforderungen an die Leistungsfähigkeit eines Fahrzeugführers, wie bei Einparkmanövern, kann ein subjektiv störendes Geräusch zu einer nicht unerheblichen Ablenkung führen. Um sich besser konzentrieren zu können, bemühen sich Kraftfahrer häufig, solche Störquellen, wie z. B. laute Musik, auszuschalten.

Eine besondere Rolle in der auditiven Wahrnehmung spielt die menschliche Sprache, weil sie ein hohes Ablenkungspotenzial aufweist. Ob in der Unterhaltung mit einem weiteren Fahrzeuginsassen, ob als Stimme aus dem Radio oder von der CD: Der Mensch reagiert auf menschliche Sprache unmittelbar mit erhöhter Aufmerksamkeit. Radios sind im Auto durchschnittlich mit 3 bis 6 dB(A) lauter als das lauteste vorkommende Geräusch im Pkw-Inneren eingestellt, das entspricht (bei normaler Stadtfahrt) einem Bereich von etwa 70 bis 75 dB(A). Im Einzelfall dürfte diese Lautstärke bereits genügen, um leichte Kollisionsgeräusche zu überdecken.

Fast jedem ist es schon einmal passiert, dass er während einer Fahrt über die Autobahn in ein intensives Gespräch mit seinem Beifahrer verwickelt war. Erst wenn auf einmal eine veränderte Verkehrssituation auftritt, bemerkt man, dass man nicht in der Lage ist, die letzten gefahrenen Kilometer tatsächlich nachzuvollziehen. Man fragt sich z. B., ob man noch mit der erlaubten Geschwindigkeit fährt. Gleichzeitig wird das Gespräch unterbrochen. Ähnliches wird von intensiven Telefonaten berichtet.

Untersuchungen in diesem Bereich verweisen sogar darauf, dass gerade das Benutzen der Freisprechanlage mehr Aufmerksamkeit bindet als das Telefonieren mit einem Handy am Ohr. Dies wird auf einen höheren Grad der Anspannung und somit auf die intensivere kognitive Präsenz zurückgeführt, die durch die bewusst in

47 Vgl. Kranich, U./Kulka, K./Reschke, K. (2008).

Kauf genommene Gefährdung bei gleichzeitigem verbotswidrigem Verhalten des Telefonierens mit dem Handy entsteht.[48]

Auch einige gehörimmanente Bedingungen können die auditive Wahrnehmung zusätzlich erschweren. So ist ein anhaltender Ton schwieriger zu lokalisieren als ein unterbrochener Ton. Tiefe Töne werden für räumlich näher gehalten als hohe Töne. Zwei unterschiedliche, gleichzeitige Töne, deren Frequenz ähnlich ist, können kaum unterschieden werden (Maskierung). Durch lang anhaltende, laute Töne (z. B. laute Musik während der Fahrt) ermüdet das Gehör mit der Zeit und passt sich an die Lautstärke vorhandener Geräusche an (Adaption), wodurch leisere Geräusche schneller untergehen können. Um zu beurteilen, ob diese Faktoren bei der (Nicht-)Wahrnehmung einer Kleinkollision eine Rolle gespielt haben, ist ggf. im Einzelfall zu klären, von welcher Art die Kollisionsgeräusche waren.

Nicht zuletzt können auch Witterungsbedingungen wie Regenschlag, Hagel oder Donner als externe akustische Störquellen dazu führen, dass eine Kleinkollision akustisch nicht wahrgenommen wurde.

Das nachstehende Diagramm verdeutlicht weitere unterschiedliche Einflüsse, die bei der auditiven Wahrnehmung wirksam werden können. Neben den technischen Veränderungen an Fahrzeugen, die durch besondere Werkstoffe zum Aufprallschutz und zur Schalldämmung beitragen, zeigen sich eine Reihe von Faktoren, die die akustische Wahrnehmung eines Unfalls ausschließen können.

Außer medizinischen Aspekten – dazu gehört auch die immer häufiger festzustellende Hörminderung bei jungen Menschen – und denen der sich verändernden Altersstruktur der motorisierten Verkehrsteilnehmer ziehen neue Medien und Fahrerassistenzsysteme Probleme der akustischen Wahrnehmbarkeit nach sich. Auch der veränderte Lebensrhythmus trägt zu höheren Anforderungen bei (Stress etc.).

48 Vgl. Spitzer, M. (2009).

Einflussfaktoren auf die akustische Wahrnehmung

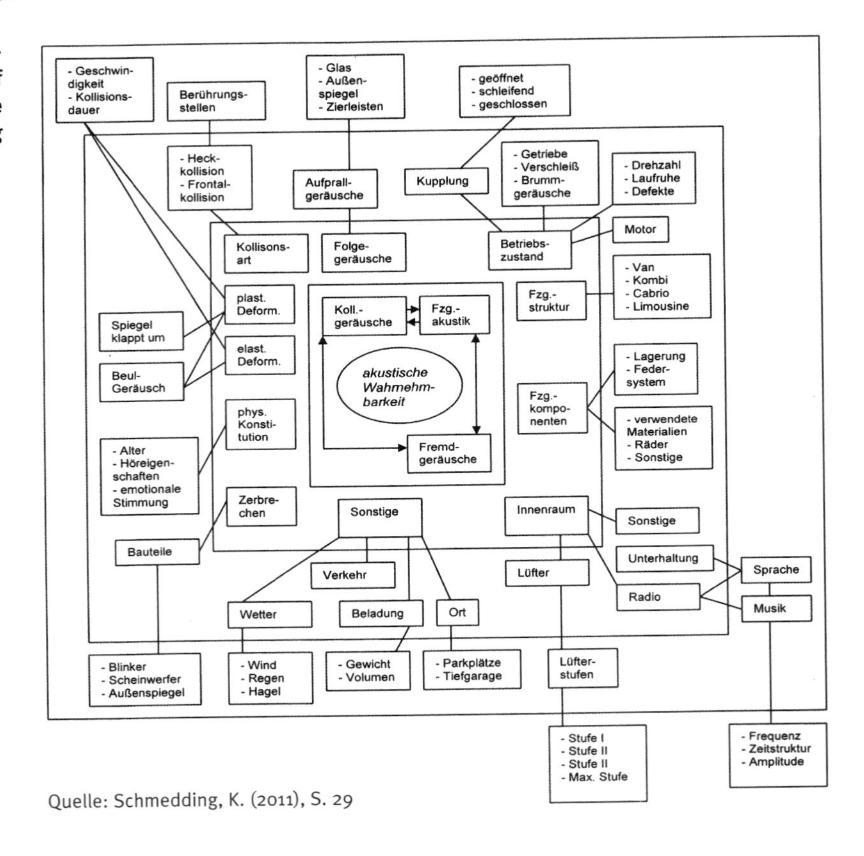

Quelle: Schmedding, K. (2011), S. 29

Somit ist immer mehr auch der Frage nachzugehen, inwieweit psychologische Aspekte wie Überforderung, Ablenkung oder veränderte Aufmerksamkeitsverteilung dazu beigetragen haben, dass Geräusche, die nach objektiven Kriterien hätten wahrgenommen werden können, nicht in das Bewusstsein gelangten.

1.5 Taktile Wahrnehmung

Für die taktile Wahrnehmung spielen Sinnesreize, die über Haut und Glieder an den Organismus weitergeleitet werden, die entscheidende Rolle. Sie erfüllt eine nicht zu unterschätzende Funktion beim Führen von Kraftfahrzeugen, da sie dem Kraftfahrer auf verschiedene Weise Geschwindigkeitsveränderungen oder Fliehkräfte beim Durchfahren von Kurven signalisiert und so hilft, Kurvenwinkel und Kurvenneigung in Bezug zur gefahrenen Geschwindigkeit sowie bei Richtungsänderungen einzuschätzen.

Hinsichtlich der Bemerkbarkeit bzw. Nichtbemerkbarkeit von Kleinkollisionen kommt der taktilen Wahrnehmung jedoch eine eher untergeordnete Bedeutung zu. Eine zuverlässige Beurteilung der taktil wahrnehmbaren Reize bei einer Kleinkollision, insbesondere Schwingungen, wird dem Unfallanalytiker kaum möglich sein, bedingt durch die relativ geringen auftretenden Kräfte gegenüber einer Vielzahl der möglichen Einflussparameter. Um diese in ihrer Gesamtheit beurteilen zu können, fehlen meist auch die dazu erforderlichen technischen Hilfsmittel. Der medizinische Sachverständige wird ebenfalls nur wenig dazu beitragen können, selbst wenn er Aussagen zur Frage der individuellen Bemerkbarkeit einzelner Hautareale machen kann.

1.5.1 Neuronale Verarbeitung taktiler Reize

Oberbegriff für die taktile und die haptische Wahrnehmung ist der „Tastsinn“. Dabei wird der Begriff „taktile Wahrnehmung“ für das passive Berührtwerden, der Begriff „haptische Wahrnehmung“ für das aktive Erkennen von Berührungen verwendet. Durch den Tastsinn ist gewährleistet, dass der Fahrzeugführer eine Vielzahl von Tätigkeiten „blind“ ausüben kann, ohne andere Sinne benutzen zu müssen (Schalten, Benutzen von Reglern etc.).

Die taktile Wahrnehmung ist Bestandteil der sogenannten Oberflächensensibilität. Sie bezeichnet die Wahrnehmung von Reizen über in der Haut liegende Rezeptoren. Diese Rezeptoren werden in Mechano-, Thermo- und Schmerzrezeptoren unterteilt, mit deren Hilfe Druck, Berührung und Vibrationen sowie Temperatur und Schmerz wahrgenommen werden können.

Sie entsteht durch das Auffangen entsprechender Reize durch die in der Haut liegenden Mechanorezeptoren und unterscheidet sich dadurch von den anderen Sinnesorganen, die über den Kopf laufen, wie Hören, Sehen oder Gleichgewichtsempfinden.

Taktile Reize werden individuell sehr unterschiedlich wahrgenommen, je nach Berührungs- bzw. Schmerzempfindlichkeit. Ihre Wahrnehmung hängt vom subjektiven Reizempfinden der einzelnen Person ab.

1.5.2 Faktoren zur Beeinflussung der taktilen Wahrnehmung

Über Räder und Karosserie werden Informationen über Fahrbahnbeschaffenheit und z. B. Seitenwind sowie über Kollisionen weitergegeben. Ähnlich den Schallwellen bei der auditiven Wahrnehmung werden auch hier im Falle einer Kollision Schwingungen des Aufpralls in den Pkw-Innenraum übertragen.

Die Schwingungen verlaufen zum einen über den Sitz und den Rücken des Fahrers bzw. über das Gesäß, zum anderen über die Extremitäten. Die Hände nehmen Reize über das Lenkrad, die Füße über die Pedale wahr. Veränderungen werden über die in der Haut liegenden Mechanorezeptoren an den Organismus weitergeleitet. Besonders empfindlich sind Hände, Finger und Fußsohlen.

Vor allem, wenn eine Kollision nicht zu hören war, stellt sich die Frage, ob sie spürbar war. Durch den Unfallsachverständigen wird zu klären sein, wie stark die Beschleunigung sein muss, damit sie spürbar wahrgenommen wird. Dass dabei neben technischen Aspekten auch psychologische Fragestellungen eine Rolle spielen können, verdeutlichen die bei Zöller[49] benannten Untersuchungskriterien:

- Schwingungen/Vibrationen vs. nicht periodische Beschleunigungen
- Dauer der Beschleunigungswirkung
- Aufmerksamkeit der Person
- Untersuchungsbedingungen und statistische Methode der Schwellenbestimmung.

Zudem ist bei der Prüfung der taktilen Wahrnehmbarkeit einer Kleinkollision von einer individuellen Reizempfindlichkeit auszugehen. Trotz des gleichen Drucks wird dieser von verschiedenen Personen

49 Vgl. Zöller, H. (2007).

sehr unterschiedlich wahrgenommen. Ist der Fahrer beispielsweise lang anhaltend wahrgenommenen Vibrationen ausgesetzt, führt dies in der Regel zu Ermüdungserscheinungen, die die Leistungsfähigkeit herabsetzen können, wodurch das Risiko für Fehlleistungen steigt.

Durch Komfortsitze, Bekleidung und unterschiedliche Verteilung der Hautrezeptoren am Körper können im Grunde nur Aussagen über das Wahrnehmen der Hände getätigt werden. Allerdings zeigen sich gerade bei Einparkmanövern Schwierigkeiten in der Beurteilung wahrgenommener taktiler Reize, da die Hände das Lenkrad klassischerweise nicht durchgehend umfassen.

Auch das Lenkrad selbst kann zu einer veränderten Wahrnehmung führen. Die Ausstattungen sind heute sehr variabel, wobei Multifunktionslenkräder nicht immer gleich, sondern stetig wechselnd angefasst werden.

Kontaktstellen zwischen Fahrer und Fahrzeug sind im Allgemeinen:

- Pedal – Fuß
- Sitz – Gesäß
- Lenkrad – Handinnenflächen
- Lehne – Rücken.

Dabei ist die Intensität der taktilen Wahrnehmung von vielen Faktoren abhängig: Ein warmer Wintermantel dämpft den Reiz mehr als dünne Sommerbekleidung; ein gut gepolsterter Autositz mehr als einer in einfacher Ausführung; Handschuhe vermindern die Wahrnehmung im Verhältnis zu direktem Hautkontakt mit dem Lenkrad.

Zusätzlich sind Fragen des Alters, die allgemeine körperliche Konstitution mit der damit im Zusammenhang stehenden psychophysischen Leistungsfähigkeit des Kraftfahrzeugführers wie auch individuelle emotionale Ergebnisinhalte zu beachten.

→ Fazit

Ebenso wie bei der auditiven Wahrnehmung ist die taktile Bemerkbarkeit im Falle einer Kleinkollision von einer Vielzahl von Faktoren abhängig und kann für sich genommen keine alleinige Beweiskraft haben.

Einflussfaktoren auf die taktile Wahrnehmung

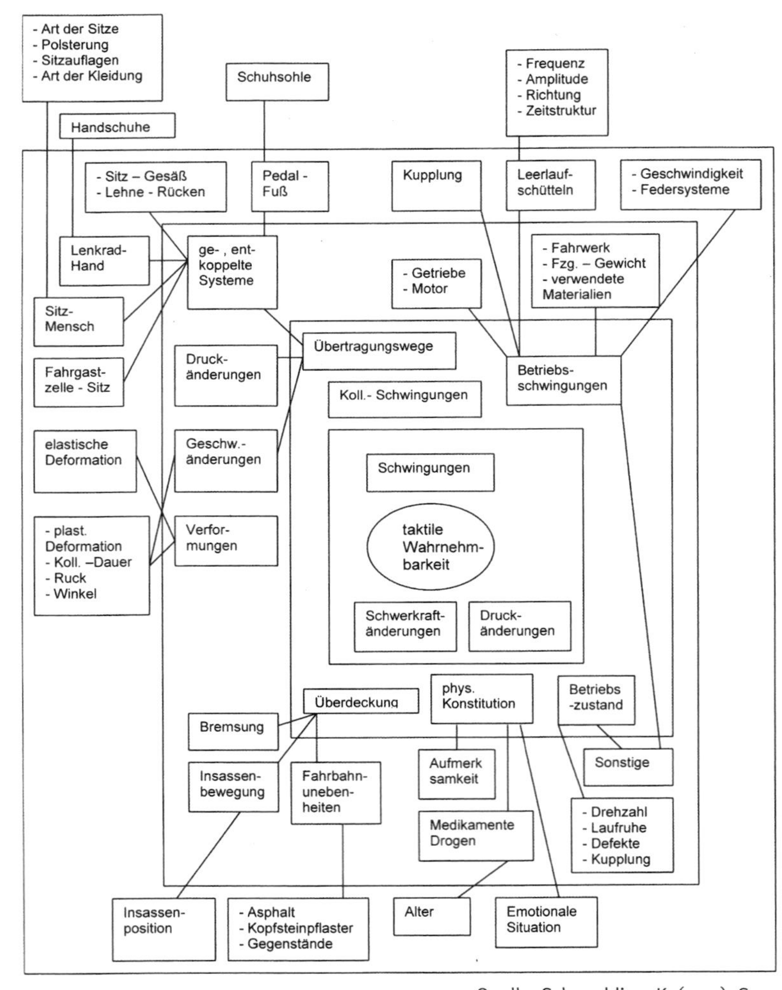

Quelle: Schmedding, K. (2011), S. 31

Zusammenfassend kann festgestellt werden, dass der psychologische Sachverständige bei der Aufklärung zu Fragen der Aufmerksamkeit in Bezug auf die taktile Wahrnehmbarkeit in entsprechend gelagerten Fällen Aussagen treffen kann.

Durch gezielte Explorationstechniken können zusätzlich nicht mehr sicher erinnerliche Handlungsabläufe wieder in das Bewusstsein des betroffenen Kraftfahrzeugführers zurückgerufen werden. Dadurch erweist sich dieser Bereich bei der Beurteilung der taktilen Wahrnehmbarkeit von Kleinkollisionen als klassisches interdisziplinäres Arbeitsfeld.

1.6 Vestibuläre Wahrnehmung (Gleichgewichtsorgan)

Eine Orientierung im Raum ermöglicht das Gleichgewichtsorgan im Innenohr (Vestibulärapparat). Dieses löst Stellreflexe aus, die eine Normalhaltung des Kopfes nach sich ziehen. Teile des Vestibulärapparates wiederum tragen zur Wahrnehmung von Geschwindigkeitsveränderungen in der horizontalen Ebene bei. Einmal erreichte gleichbleibende Geschwindigkeiten hingegen sind hierdurch nicht wahrnehmbar. Der Vestibulärapparat unterstützt den Kraftfahrzeugführer bei der Wahrnehmung von Beschleunigungs- und Verzögerungsvorgängen und somit auch bei der Einschätzung von Geschwindigkeiten, bei denen andere Sinne nur eingeschränkte Informationen vermitteln (z. B. Fahrten bei eingeschränkten Sichtverhältnissen). Durch die ausgesprochen niedrigen Reizschwellen (s. u.) sind sehr geringe Geschwindigkeitsveränderungen registrierbar.

Zudem hat der Vestibulärapparat für das Führen von Zweirädern eine zentrale Bedeutung. Wäre er gestört, könnte das Gleichgewicht nicht gehalten werden. In Einzelfällen können solche Störungen die Nichteignung des Führens von Kraftfahrzeugen nach sich ziehen. Hilfreich ist der Verstibulärapparat besonders beim Durchfahren von Kurven mit Zweirädern.

Während regelmäßige Schwingungen, wie sie durch Vibrationen des Fahrzeuges im Betrieb entstehen, aufgrund der Gewöhnung so gut wie keine Rolle spielen, führen hervorstechende plötzliche Ereignisse wie Kollisionen zu einem deutlichen Reiz des Gleichgewichtssystems. In der Regel kann davon ausgegangen werden, dass es sich bei der dadurch entstehenden vestibulären Wahrnehmung um die verlässlichste Wahrnehmungsform bei Kollisionen handelt, auch wenn für die tatsächliche Wahrnehmung von im Regelfall schwachen Impulsen bei Kleinkollisionen noch weitere Faktoren eine Rolle spielen. Objektive nachweisliche Verdeckungseigenschaften sind hier so gut wie nicht anzunehmen, vorausgesetzt, es sind überhaupt nennenswerte Impulse der Kollision bis zum Fahrer durchgedrungen.

1.6.1 Neuronale Verarbeitung der vestibulären Wahrnehmung

Der Gleichgewichtssinn wird durch das Vestibulärorgan des Innenohrs bestimmt. Dieses liegt im Innenbereich des Felsenbeins und misst Beschleunigungen des Kopfes. Permanent werden entsprechende Informationen an das Gehirn gesendet. Dieser Vorgang verläuft unbewusst, Rückmeldungen dieses Organs sind nur bewusst bemerkbar, wenn es zu Störungen wie z. B. einem Drehschwindel kommt.

Das Vestibulärorgan besteht aus

1. dem Schwerkraftsinn, mit dem jederzeit auch mit geschlossenen Augen eine Orientierung nach oben bzw. unten möglich ist,
2. dem Drehbeschleunigungssinn, der im dreidimensionalen Raum bei Kopfdrehungen die entsprechenden Veränderungen misst. Es handelt sich dabei um die mit Flüssigkeit gefüllten Bogengänge.

Das Gleichgewichtsorgan ist außerdem mit dem Augenmuskel verbunden. Hierdurch wird der sogenannte vestibulookuläre Reflex erklärt: Trotz schneller Kopfbewegungen können sich die Augen stabil auf ein Objekt konzentrieren, wobei die Sehschärfe unverändert bleibt.

Zudem spielt das Gleichgewichtsorgan eine Rolle für die Wahrnehmung von Bewegungen. Ist beispielsweise seine Durchblutung gestört, können Übelkeit, Erbrechen und Stürze aufgrund eines entstehenden Drehschwindels eintreten. Neuere Untersuchungen verweisen darauf, dass der Vestibulärapparat auch mit dem „Gelenksinn" in Verbindung steht, durch den die Winkelstellung der Gliedmaßen rückgemeldet wird. Hierdurch wird eine Koordination von Kopf und Rumpf bei gleichzeitiger Raumwahrnehmung ermöglicht.

Das Gleichgewichtsorgan

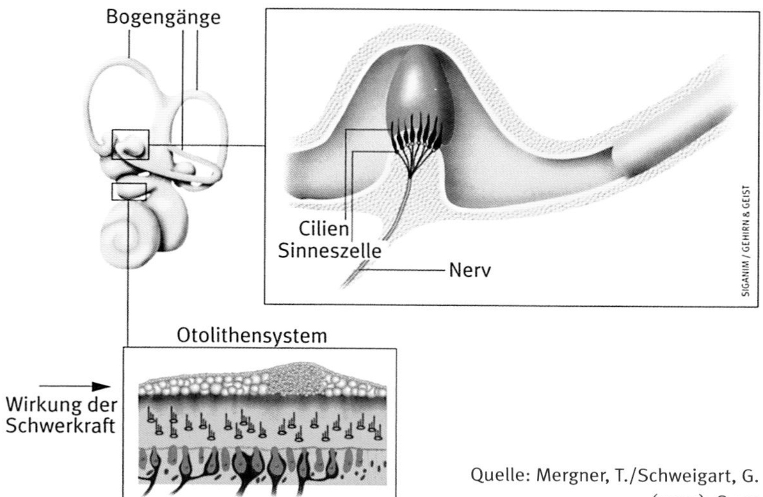

Quelle: Mergner, T./Schweigart, G. (2009), S. 70

Anhand des abgebildeten Schaltplans wird deutlich, wie der vestibuläre Drehsinn mit dem Halsgelenksinn fusioniert. Linksdrehungen werden durch Minuszeichen von Rechtsdrehungen unterschieden.

Die Information aus dem peripheren vestibulären System wird mit weiteren sensorischen Informationen vom visuellen System und Propriozeptoren des Halsbereichs verknüpft. Ausgänge gehen unter anderem zu Augenmuskelkernen und Motoneuronen des Rückenmarks und bilden den Informationen weiterleitenden Schenkel von Reflexbögen.[50]

Vestibulärer Drehsinn und Halsgelenksinn

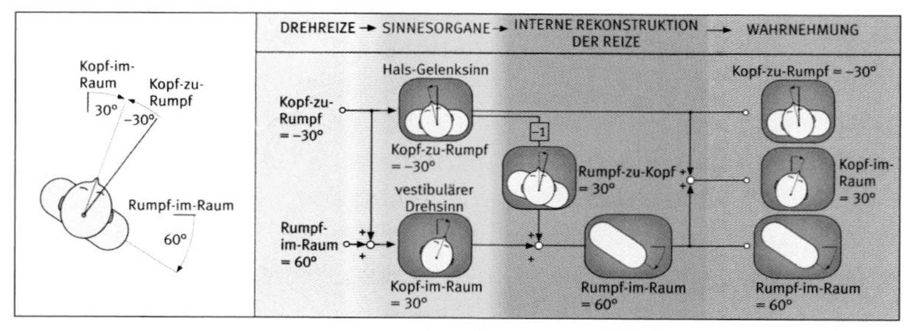

Quelle: Mergner, T./Schweigart, G. (2009), S. 71

50 Vgl. Gründer, S. (2010).

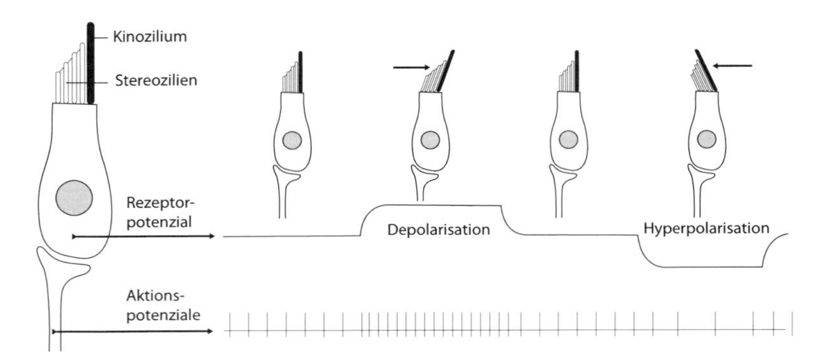

Modulierung der AP-Frequenz der vestibulären Afferenzen durch die Haarsinneszellen. Auslenkung des Zilienbündels Richtung Kinozilium führt zur Depolarisierung, Auslenkung in Gegenrichtung zur Hyperpolarisierung der Haarzellen. Dies moduliert deren Transmitterfreisetzung entsprechend auch die Aktionspotenzialfrequenz der primären Afferenten

Quelle: Gründer, S. (2010), S. 679

Die sogenannten Tranduktionskanäle der Haarzellen sind schon im Ruhezustand beträchtlich geöffnet. In einer Ruhefrequenz von 50–90 sec^2 werden bereits Aktionspotenziale (AP) aktiviert. Dabei findet entweder eine Erhöhung oder eine Erniedrigung der Ruhefrequenz statt (siehe Abbildung). Es gibt sozusagen keine Schwelle, sodass die Haarsinneszellen sehr sensitiv reagieren können.

Der Vestibulärapparat kann somit als außergewöhnlich empfindlich bezeichnet werden. Veränderungen der Beschleunigung zwischen 0,02–0,2 m/s^2 bei Bewegungen auf einer Ebene konnten gemessen werden. In vertikaler Richtung betrugen die Werte 0,04–0,12 m/s^2. Diese im Labor unter Idealbedingungen gemessenen Werte sind jedoch nicht als generelle Anforderung an alle Verkehrsteilnehmer misszuverstehen. Für die reale Teilnahme am Straßenverkehr und auch für die tatsächliche Wahrnehmung von vestibulären Reizen sind höhere Werte anzusetzen und damit die Notwendigkeit stärkerer Reizungen. Je nach Grad der Aufmerksamkeit können Werte von bis zu 3,5 m/s^2 nicht sicher wahrgenommen werden.[51]

---

51 Vgl. Schmedding, K. (2011).

1.6.2 Faktoren zur Beeinflussung der vestibulären Wahrnehmung

Bereits 1992 fand Wolff[52] heraus, dass dem Gleichgewichtssinn für die Frage der Wahrnehmbarkeit von Kleinkollisionen eine bedeutende Rolle zukommt.

Wie aufgezeigt, entsteht durch verschiedene Wahrnehmungskanäle ein Abbild äußerer Reize und Umweltumgebungen. Hierbei ist zu berücksichtigen, dass die Bewegung des Körpers wesentlich besser wahrgenommen werden kann, wenn z. B. der Sehsinn zur Orientierung hinzugenommen wird. Ist dieser jedoch beeinträchtigt, übernimmt die vestibuläre Wahrnehmung einen Großteil der Orientierungsarbeit und greift zur Koordination im Raum auf Erinnerungen zurück. Liegen jedoch falsche Erinnerungen vor oder kommt es zu Abweichungen, mit denen nicht gerechnet wird, sind Fehlleistungen fast vorprogrammiert.

Ein typisches Beispiel für eine „falsche" Erinnerung ist das Treppensteigen bei Dunkelheit. Es beinhaltet hinsichtlich des Gleichgewichtssinns sowohl Bewegungen in vertikaler wie auch horizontaler Richtung. Vom Gleichgewicht her ist der Vorgang des Treppenhinab- oder -hinaufsteigens darauf konditioniert, Stufe für Stufe zu gehen. Dennoch kommt es vor, da in der Dunkelheit der Sehsinn nicht relevant ist, dass man am Ende eines Treppenabsatzes „ins Leere" tritt, weil man eine weitere Stufe erwartet. Dabei gerät man aus dem Gleichgewicht bzw. ins Stolpern.

Personen mit gestörtem Gleichgewichtssinn haben in der Regel kaum Probleme, sich zu bewegen, solange ein Ausgleich über andere Sinne und Mechanorezeptoren (Sehsinn, Gelenksinn) erfolgt. Wird allerdings durch das Besteigen eines Fahrzeugs der Bezug zur ebenen Fläche, dem Boden, aufgelöst, entstehen erhebliche Probleme. Dies verweist darauf, dass der Gleichgewichtssinn auch eine Verbindung mit der Wahrnehmung der Füße auf dem Boden

52 Vgl. Wolff, H. (1992).

hat. Gleichzeitig kann dies als Beleg dafür verstanden werden, dass der Vestibulärapparat erst auf bewegter Unterlage seine primäre Funktion ausübt.

Zu Beeinträchtigungen der vestibulären Wahrnehmung kann es nun kommen, wenn Stöße gegen den Körper oder gegen Objekte gefühlt werden, in denen sich der Betroffene befindet. Hierdurch verändert sich nicht nur die Koordination, sondern auch die Stellung im Raum.

Gerade lang anhaltende Verzögerungen (langer, sanfter Bremsweg) werden vestibulär oftmals schwach, sehr spät oder gar nicht wahrgenommen. Ein Grundproblem ist dabei auch der Grad der Ablenkung als „subjektive Überlagerung". Da diese im Gegensatz zu Laborversuchen bei der aktiven Teilnahme am Straßenverkehr zu keinem Zeitpunkt vorhersagbar ist und permanenten Schwankungen unterliegt, ist davon auszugehen, dass eine ausschließlich unfallanalytische Untersuchung mit dem Ergebnis eines schwachen vestibulären Impulses im Einzelfall nicht zur Klärung der Frage beiträgt, ob dieser auch tatsächlich wahrgenommen wurde.

Aber auch ruckartig verlaufende Kollisionen, von denen man annehmen könnte, dass sie deutlicher und schneller wahrgenommen würden, unterliegen solchen Störfaktoren. Hinzu kommt, dass für den Schuldvorwurf des Sicher-bemerkt-Habens einer Kollision auch eine Fehlinterpretation einer wahrgenommenen ruckartigen Bewegung des Fahrzeuges ausgeschlossen werden muss. Anhand des Beispiels „Fall 1"[53] wird deutlich, dass auch Fehlinterpretationen bei der Nichtwahrnehmbarkeit eine entscheidende Rolle spielen können.

Schmedding[54] konnte im Rahmen seiner Versuchsreihen feststellen, dass Fehlinterpretationen von Kleinkollisionsereignissen sehr wahrscheinlich sind. So gelang es Personen mit ausgeprägter Fahrerfahrung schlechter, eine Kollision von einem Bremsmanöver zu unterscheiden, als Personen mit geringerer Erfahrung. Hier zeigten sich routinierte Fahrzeugführer als eher unsicher in der Differenzierung. Als Erklärungsmodell wird angeführt: *„Wahrscheinlich ist*

53 Siehe Abschnitt 4 „Praktische Hinweise zu Standardfällen von Kleinkollisionen".
54 Vgl. Schmedding, K. (2011).

Einflussfaktoren auf die vestibulär-kinästhetische Wahrnehmbarkeit

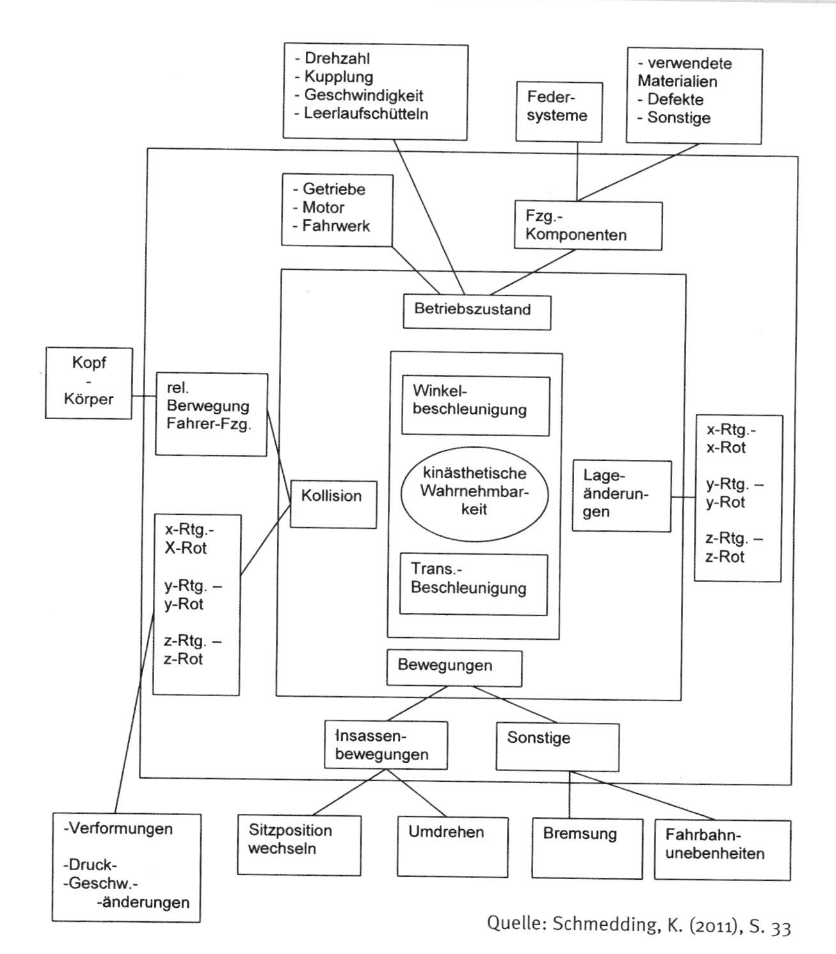

Quelle: Schmedding, K. (2011), S. 33

es eher die ‚offensivere' Fahrweise des routinierten Pkw-Lenkers, die hier ‚wahrnehmungshemmend' ist."[55] Fehlt indessen tägliche Fahrpraxis, kommt es wesentlich häufiger vor, dass abrupte Fahrzeugverlangsamungen registriert werden.

„Auch ist dieser Fahrertyp den zum Teil nicht immer einfachen Rangiermanövern gegenüber unkritischer, d. h. er neigt eher dazu, etwas zu riskieren und wird nicht bei der kleinsten wahrgenommenen

55 Schmedding, K. (2011), S. 57.

Erschütterung gleich das ,Schlimmste' vermuten. Demgegenüber wird ein vorsichtigerer, passiverer Fahrer ein schneller auftretendes Verzögerungsereignis viel deutlicher als Gefahrensignal wahrnehmen, da es schlechter in seinen täglichen Erfahrungsschatz passt und die Möglichkeit eines ,Remplers" in sich birgt."[56]

Weiterhin kann davon ausgegangen werden, dass ein erfahrener Fahrer aufgrund seiner abgespeicherten Erinnerungen vielseitigere Erklärungsmodelle für das Erlebte findet. In Abhängigkeit zu seiner Persönlichkeitsstruktur wird er die für ihn naheliegende und „unproblematische" Erklärung – ein Unfall wird ausgeschlossen – automatisch bevorzugen.

Zudem gibt es eine Reihe von Hinweisen, dass Kleinkollisionen beim Vorwärtsfahren schlechter wahrnehmbar sind als beim Rückwärtsfahren. Eine mögliche Erklärung bietet die taktile Wahrnehmung über die Rückenlehne des Sitzes. Andere Untersuchungsergebnisse verweisen darauf, dass lediglich Verzögerungen, nicht aber Kollisionen beim Rückwärtsfahren schwerer wahrnehmbar sind.

Nach alledem kann jedenfalls davon ausgegangen werden, dass eine differenzierte Wahrnehmung von sich überlagernden Ereignissen (Bremsung/Kollision) schwierig ist.

→ Fazit

Auch die vestibuläre Wahrnehmung ist von einer Vielzahl von Faktoren abhängig, sodass eine physikalisch erwiesene vestibuläre Bemerkbarkeit für sich genommen bei leichten Anstößen noch keine alleinige Beweiskraft für die tatsächliche Wahrnehmung haben kann. Etliche Einflüsse, die nicht den Fahrer betreffen, sind dabei zu beachten.

Zusammenfassend kann somit davon ausgegangen werden, dass Aufmerksamkeit und Ablenkung sowie explorativ zu erfassende Fahrerfahrungen, Erleben und Verarbeiten von „Krisensituationen",

56 Ebd., S. 57 f.

wie sie ein unfallträchtiges Ereignis oder tatsächlich erlebte Kollisionen darstellen, eine nicht unerhebliche Rolle spielen. An dieser Stelle kann vor allem der psychologische Sachverständige wesentlich zur Aufklärung bestimmter Sachverhalte der vestibulären Wahrnehmung beitragen.

Selbst wenn medizinische Ursachen das Gleichgewichtsorgan beeinträchtigen, bliebe im Einzelfall zu klären, ob darüber hinaus weitergehende psychologische Einflussfaktoren für die (Nicht-) Wahrnehmung eine Rolle spielten.

Dies gilt insbesondere bei Kraftfahrern, die bis zu dem in Rede stehenden Vorfall trotz der bekannten medizinischen Beeinträchtigungen ein unauffälliges Verkehrsverhalten an den Tag gelegt haben.

Bleiben in diesem Sinne im Rahmen einer technischen Begutachtung noch Fragen offen, sollten diese demnach durch eine interdisziplinäre Untersuchung geklärt werden.

➔ Fazit

Auch, wenn in Einzelfällen die Frage der Wahrnehmbarkeit einer Kleinkollision aus psychologischer und medizinischer Sicht eine eher untergeordnete Rolle spielen kann, wurde in den einzelnen Kapiteln zu den verschiedenen Formen der Wahrnehmung aufgezeigt, dass deren Komplexität eine eindimensionale Betrachtungsweise verbietet.

Erst durch das Zusammenwirken der unterschiedlichen Fachgruppen (Technik, Medizin, Psychologie) ist eine umfassende Beurteilung über den Einfluss der unterschiedlichen Wahrnehmungen bei einer Kleinkollision möglich.

Es wäre im Sinne der Rechtsstaatlichkeit der falsche Ansatz, von rein physikalischen Werten auszugehen und nicht auch psychologische und medizinische diagnostische Erkenntnisse zur Entlastung des Angeschuldigten heranzuziehen.

1.7 In der Person verankerte Aspekte, Persönlichkeitsanteile und gruppenspezifische Zugehörigkeit

Zu Beginn des 20. Jahrhunderts entstand, geprägt durch Münsterberg, das Konzept der Unfallpersönlichkeit.[57] Unter der Voraussetzung, dass die Fahreignung von bestimmten zeitkonstanten Merkmalen der Persönlichkeit abhängig ist, wurde angenommen, dass Personen mit einem Unfallereignis auch künftig wieder mit überdurchschnittlicher Wahrscheinlichkeit in einen Unfall verwickelt sein würden. Daraus folgende erste Versuche, mit Hilfe psychologischer Methoden das Problem von Verkehrsunfällen zu lösen, begannen bereits 1912.

Marbe entwickelte daraufhin Anfang der 20er Jahre seine Theorie vom „Unfäller", nach der die Anzahl vorhergehender Unfälle einen Schluss auf die Wahrscheinlichkeit eines weiteren Unfalls zulassen sollte.[58] Diese vermeidliche feststehende Eigenschaft eines Unfallrisikos aufgrund festliegender Persönlichkeitsfaktoren wurde als „Unfallneigung" bezeichnet.

Selbst eine große Anzahl von Untersuchungen konnte indes nicht belegen, dass es eine solche „Persönlichkeit" gibt, die für sich allein gesehen für ein häufiger auftretendes Unfallgeschehen verantwortlich sein könnte. Bereits in den 60er Jahren zeigte Undeutsch auf, dass die Unfallhäufigkeit bei Einzelnen ein Zufallsprodukt ist und sich die Annahme einer Unfallneigung nicht belegen lässt.[59]

Dieser Ansatz hat sich somit als unhaltbar erwiesen. So führt Huguenin u. a. aus: *„Für das Unfallgeschehen sind nicht nur allfällig vorhandene überdauernde Determinanten der Person verantwortlich, sondern auch situative Aspekte sowie kurzfristig auftretende Störungen (z. B. Beeinträchtigungen der Fahrtüchtigkeit), Unfälle können daher nicht ausschließlich auf Einstellungs-, Persönlichkeits- oder Leistungsschwächen zurückgeführt werden. Deshalb ist der überdauernde Charakter der Fahreignung oder Nichteignung einzuschränken."*[60]

57 Vgl. Gründl, M. (2005).
58 Vgl. ebd.
59 Vgl. Körkel, E. (1973).
60 Huguenin, R. D. (1979), S. 72.

Daraus folgt, dass das Risiko zu verunfallen für jeden Verkehrsteilnehmer zunächst gleich hoch ist, solange nicht andere Faktoren eine Rolle spielen wie Außenfaktoren oder die Zugehörigkeit zu einer bestimmten Gruppe von Verkehrsteilnehmern, deren „Mitglieder" insgesamt Eigenschaften aufweisen, die ein erhöhtes Unfallrisiko in sich bergen (z. B. ältere Kraftfahrer, Fahranfänger oder Personen mit einer Vielzahl von Straßenverkehrsdelikten).[61]

Dabei ist zwischen psychologischen und nicht-psychologischen (z. B. medizinischen) Auslösern und Bedingungen des Unfallgeschehens zu unterscheiden. Medizinische Ursachen spielen bei mittelschweren und schweren Unfällen in der Regel jedoch eine untergeordnete Rolle, da ca. 90 % aller Unfälle durch menschliches Fehlverhalten bedingt sind.

Die psychologischen Bedingungen, die einen Unfall begünstigen, können bezogen auf die Frage der Unfallgefahr in konstante und variable Bedingungen unterteilt werden. Unter variablen Bedingungen versteht man Leistungs- und Stimmungsänderungen im Zusammenhang mit ihrem in der Person und außerhalb der Person liegenden Umständen, aber auch Faktoren wie Übung, Erfahrungen, Arbeitsdauer, Lebensdauer, Außentemperaturen usw. oder Ermüdung. Zwischen den konstanten und variablen Bedingungen gibt es fließende Übergänge, wobei zeitlich variable Bedingungen eher im Zusammenhang mit einer erhöhten Unfallwahrscheinlichkeit stehen können.

Deutlich wird dies auch, betrachtet man das Entstehungsmodell für Unfälle von Reason. Verschiedenste Risikofaktoren oder Fehler (Löcher) werden durch Hindernisse in ihrer alleinigen Tragfähigkeit für das Auftreten eines Unfalls gehemmt. Erst das zufällige Übereinanderstehen von Löchern kann zum Unfallereignis führen. Bei bestimmten Personengruppen kann davon ausgegangen werden, dass einzelne Hemmschwellen wesentlich durchlässiger sind als bei anderen. Die folgende Darstellung verdeutlicht: Durch vielschichtige Wechselwirkungen kann eine Konstellation entstehen, aus der heraus ein Unfall sehr wahrscheinlich wird.[62]

---

61 Vgl. Schade, F.-D. (2005).
62 Vgl. Reason, J. (1994).

Die Bahn der Unfallgelegenheit nach Reason (1994), S. 256, angepasst auf den Straßenverkehr

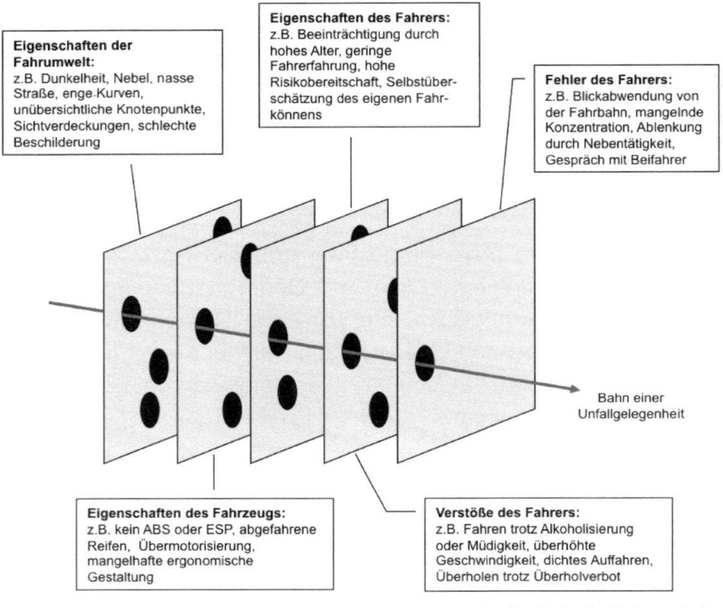

Quelle: Gründl, M. (2005), S. 21

Dieses Modell kann jedoch nicht nur für die Frage des Unfallgeschehens als schlüssig angesehen werden, sondern auch synonym auf die Frage angewendet werden, ob ausreichend „Löcher" vorhanden waren, um die Wahrnehmung einer Kleinkollision zu gewährleisten. Neben visuellen Hindernissen wie z. B. Dunkelheit müssen dazu die Eigenschaften, Fehler und ggf. auch mögliche medizinische Hindernisse des Fahrers und sonstige Außenbedingungen einer genauen Betrachtung unterzogen werden. Aus diesem Grund werden Teilaspekte der in der Person verankerten Eigenschaften untersucht, die eine Zuordnung zu gruppenspezifischen Risikofaktoren zulassen, die bei Unfällen eine Rolle spielen können.

In einer Studie[63] konnte aufgezeigt werden, dass die Art des Umgangs mit Belastungen im Straßenverkehr in einem Zusammenhang mit dem Fahrstil und auftretenden Fahrfehlern steht. Insbesondere wurde deutlich, dass ein konfrontativer Bewältigungsstil

63 Vgl. Strohbeck-Kühner, P./Kief, S./Mattern, R. (2008).

die Konfliktneigung im Straßenverkehr erhöht und die Fahrer für sich selbst auch mehr Stress und Belastungen erleben. Solche Fahrer vermeiden weniger häufig Situationen, die zu Verkehrskonflikten führen. Sie negieren eher eine Auseinandersetzung mit der eigenen Belastung. Sie leugnen häufiger, dass es überhaupt eine Problemsituation gegeben hat. Trotz entsprechend kritischer und wahrnehmbarer Situation fahren sie weiter, als ob nichts passiert sei.

Da diese Daten u. a. im Rahmen einer Fahrverhaltensbeobachtung erhoben wurden, lassen sich aufgrund der faktischen Feststellungen gleichzeitig Parallelen zu der Konfliktsituation „Kleinkollision" ableiten.

Zudem konnte ein Typus von Fahrern identifiziert werden, der als „der Unsichere" bezeichnet wird. Trotz eines relativ hohen Maßes an Selbstreflektion zeigt sich bei Fahrern dieses Typus eine ausgeprägte Vermeidungstendenz. *„Sie halten sich für schlechte und unsichere Fahrer, verschließen vor ihren Fehlern aber die Augen und setzen sich mit diesen nicht auseinander."*[64]

Der Typus „der Überbesorgte" hingegen verfügt über eine hohe Selbstreflektionsfähigkeit, aber nur über geringe Aufgabenzentriertheit. Das wirkt sich insofern aus, als dass weniger auf die konkrete Verkehrssituation geachtet wird, was zu einer geringeren Gefahrenwahrnehmung führt.

➔ Fazit

Durch die Auseinandersetzung mit den Persönlichkeitseigenschaften des Kraftfahrers wird deutlich, dass auch personenbezogene Kriterien, die mittels standardisierter Testverfahren eingegrenzt werden können, bei der Begutachtung des Einzelfalls eine Rolle spielen. In manchen Fällen ist eine weiterreichende interdisziplinäre Diagnostik erforderlich, um spezifische Gründe für eine Nichtwahrnehmung einer Kleinkollision eruieren zu können. Da medizinische Gründe als Unfallursache eine eher untergeordnete Rolle spielen, sind weitere Studien erforderlich, die den Anteil der Varianz zwischen medizinischen und einzelnen psychologischen Aspekten aufklären.

64 Strohbeck-Kühner u. a. (2008), S. 59 f.

2 Medizinische Konstellationen eingeschränkter Wahrnehmungsfähigkeit

2.1 Krankheitsbilder und ihre Auswirkung auf die Wahrnehmung

Im Vordergrund einer medizinischen Begutachtung steht die Frage, ob der Beschuldigte überdauernde gesundheitliche Mängel oder Einschränkungen aufweist, die am Delikttag schon vorlagen, bzw. ob solche gerade am Delikttag bestanden und zur Nichtwahrnehmung eines Kleinkollisionsereignisses geführt haben können. Auch hier gilt, dass dazu gerade bei Kleinkollisionen mit ihren typischerweise geringen auftretenden Kräften schon eine Herabsetzung der Wahrnehmungsfähigkeit ausreichen kann. Ein großer Teil der in Frage kommenden Erkrankungen findet sich in den Begutachtungs-Leitlinien zur Kraftfahrereignung.[65]

Das Risiko, aufgrund von Erkrankungen zu verunfallen, ist im Vergleich zum altersbedingten sowie dem alkoholbedingtem Risiko geringer, bedarf allerdings aufgrund der eingeschränkten Wahrnehmungsfähigkeit einer gesonderten Betrachtung.

Ein guter Überblick über Erkrankungen mit deren jeweiligen Einfluss auf die Fahrtauglichkeit findet sich auch in Madea (2007) „Praxis Rechtsmedizin“ sowie in Madea u. a. (2012) „Verkehrsmedizin“. Andere Erkrankungen (z. B. Aufmerksamkeitsdefizit- und Hyperaktivitätsstörung = ADHS) oder vorübergehende die Wahrnehmung beeinflussende Zustände werden in der jeweils spezifischen Literatur benannt.

Dabei ist immer auch zu prüfen, ob und inwieweit diese körperlichen Einschränkungen zum Unfallzeitpunkt durch den Beschuldigten kompensiert werden konnten. Nur dann kann die Wahrnehmbarkeit zum Unfallzeitpunkt trotz medizinischer Störung als ausreichend gegeben bezeichnet werden.

Im Folgenden werden die wesentlichen Erkrankungen und sonstigen medizinisch relevanten Sachverhalte, die Fahrtüchtigkeit wie auch

65 Vgl. Begutachtungs-Leitlinien zur Kraftfahrereignung (2010).

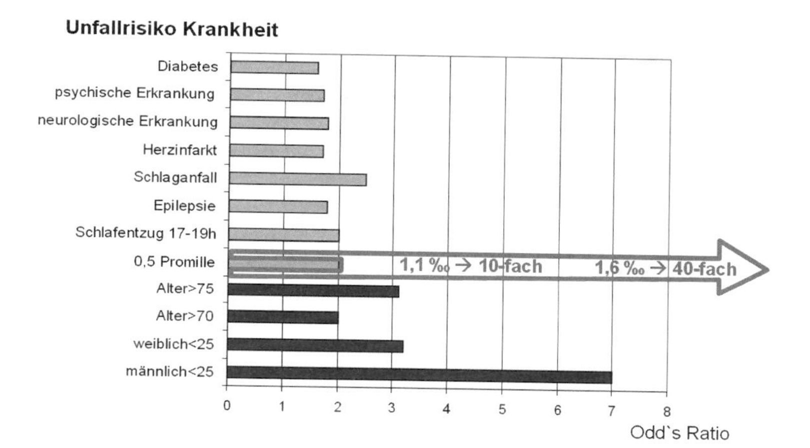

Quelle: Schubert, W. (2012), S. 66

Fahreignung einschränken oder aufheben können, in Bezug auf ihren Einfluss auf die Wahrnehmung behandelt. Hinsichtlich mangelnden Seh- oder Hörvermögens sei aufgrund der Selbstverständlichkeit auf die Ausführungen in den Begutachtungs-Leitlinien zur Kraftfahrereignung[66] und dem dazugehörigen Kommentar[67] verwiesen.

Die übergeordnete Einteilung in kardiologische, neurologische, internistische, HNO-bedingte, psychiatrische und psychologische Krankheitsbilder ist als Zuordnung zu den jeweiligen fachärztlichen Bereichen zu verstehen. Eine eindeutige Abgrenzung ist indes nicht immer möglich, da sich etliche Krankheitsbilder gegenseitig beeinflussen und der Einzelfall deshalb fachübergreifend betrachtet werden muss.

Im Interesse der Wahrheitsfindung empfiehlt es sich daher, als medizinischen Sachverständigen einen Rechts- oder ausgewiesenen Verkehrsmediziner zu wählen, da diese in der Regel über die notwendige Qualifikation und Erfahrung verfügen, um die Einflüsse verschiedener Krankheiten auf die Fahrtüchtigkeit und Wahrnehmung zu beurteilen.

66 Vgl. Begutachtung-Leitlinien zur Kraftfahrereignung.
67 Vgl. Schubert u. a. (Hrsg.) (2005).

Tabelle in Anlehnung an Madea (2007)

Erkrankung	Einfluss auf die Fahrtauglichkeit und Wahrnehmung
1. Sehvermögen	eingeschränkte visuelle Wahrnehmung
2. Hörvermögen	nur, wenn keine weiteren Einschränkungen der Sinnesorgane oder intellektuellen Defizite vorliegen
2.1 Schwerhörigkeit	kann zu plötzlich einsetzendem Orientierungsverlust führen, insbesondere im Hinblick auf
2.2 Störungen des Gleichgewichts	Körperlage und Stellung im Raum, außerdem zu Störungen der Richtungskontrolle
3. Bewegungsbehinderungen	ggf. visuelle Wahrnehmung
4. Herz- und Gefäßkrankheiten	
4.1 Herzrhythmusstörungen	Möglichkeit der plötzlichen Bewusstlosigkeit
4.2 Hypertonie (Bluthochdruck)	Gefahr plötzlichen Herzversagens, Risiko von Hirnblutungen, Netzhautblutungen mit Sehstörungen, Nierenschäden
4.3 Hypotonie (erniedrigter Blutdruck)	schnelle Ermüdung, gelegentlich anfallsartige Bewusstlosigkeit
4.4 Koronare Herzkrankheit	erhöhtes Risiko eines Herzinfarktes, Herzrhythmusstörungen, Angina pectoris, plötzlicher Herztod
4.5 Herzleistungsschwäche durch angeborene oder erworbene Herzfehler oder sonstige Ursache	Gefahr des Kollapses, Verlust von körperlicher und schließlich auch geistiger Leistungsfähigkeit
4.6 Periphere Gefäßerkrankungen	Verschlusskrankheiten mit Ruheschmerz und Gewebsuntergang: Kontroll- und Kraftverlust; Aneurysmen der Hauptschlagadern: Gefahr der Ruptur mit plötzlichem Kollaps

Erkrankung	Einfluss auf die Fahrtauglichkeit und Wahrnehmung
5. Zuckerkrankheit	Gefahr labiler Stoffwechsellagen mit vermehrter Erschöpfbarkeit, Verlangsamung, Vigilanzstörungen, Spätkomplikationen: u. a. Netzhautschäden, periphere Neuropathie
6. Nierenerkrankung	verminderte Leistungs- und Reaktionsfähigkeit, labiles Stoffwechselgleichgewicht mit der Gefahr von Elektrolytentgleisungen, Herzversagen, Vigilanz- oder Sehstörungen
7. Organtransplantationen	Arzneiwirkungen, Funktionsstörungen, psychoreaktive Nebenwirkungen
8. Lungen- und Bronchialkrankheiten	in schweren Fällen Auswirkungen auf den Kreislauf mit plötzlichem Bewusstseinsverlust
9. Krankheiten des Nervensystems	
9.1 Erkrankungen und Folgen von Verletzungen des Rückenmarks	je nach Schwere der Ausfallerscheinungen
9.2 Erkrankungen der neuromuskulären Peripherie	bei periodischen Lähmungen: Gefahr plötzlich einsetzender Aktionsunfähigkeit, bei Myatrophien: Einschränkung der Leistungsfähigkeit
9.3 Parkinson´sche Krankheit, pyramidale Erkrankungen einschließlich zerebraler Störungen	Verlangsamung, Desintegration der Motorik, mögliche organische Psychosyndrome
9.4 Kreislaufabhängige Störungen der Hirntätigkeit	Gefahr von TIA, Apoplexie, Leistungseinbußen bei mikroangiopathischen Veränderungen (SAE), bei durchgemachten Apoplexien: Rückfallgefahr
9.5 Zustände nach Hirnverletzungen und Operationen, angeborene und frühkindlich erworbene Hirnschäden	Gefahr organischer Psychosyndrome, mögliche Komplikationen wie Krampfanfälle, subdurales Hämatom oder Wesensveränderung
9.6 Anfallsleiden	Gefahr plötzlicher Vigilanzänderung

Erkrankung	Einfluss auf die Fahrtauglichkeit und Wahrnehmung
10. Psychische Störungen	plötzliche Bewusstseinsstörungen, Verkennung der Realität
10.1 Organisch-psychische Störungen	Verlangsamung, Mangel an Spontanität, Gedächtnis- und andere kognitive Störungen
10.2 Demenz und organische Persönlichkeitsveränderungen	Antriebsminderung, Verlangsamung, Gedächtnis- und andere kognitive Störungen
10.3 Altersdemenz und Persönlichkeitsveränderungen durch pathologische Alterungsprozesse	in sehr schweren depressiven und in manischen Phasen: Beeinträchtigung der Anpassungs- und Leistungsfähigkeit, gestörter Realitätssinn, Verminderung der Leistungsfähigkeit
10.4 Affektive Psychosen	teilweise völlig eingeschränkte Wahrnehmung
10.5 Schizophrene Psychosen	
11. Alkohol	
11.1 Missbrauch	Verminderung der Reaktionsfähigkeit, Veränderung der Stimmungslage
11.2 Abhängigkeit	zusätzlich psychomotorische Beeinträchtigung
12. Betäubungsmittel und Arzneimittel	Auftreten schwerer geistiger und körperlicher Schäden mit Selbstüberschätzung, Gleichgültigkeit, Reizbarkeit, Entdifferenzierung und Depravation der Persönlichkeit
12.1 Sucht (Abhängigkeit) und Intoxikationszustände	
12.2 Dauerbehandlung mit Arzneimitteln	Gefahr von Verlangsamung und Konzentrationsstörungen, Auftreten von Herzrhythmusstörungen, Blutungen, Schwindel, Kollapszuständen
13. Intellektuelle Leistungseinschränkungen	wenn vorhanden, sind sie gut über andere Leistungsparameter kompensierbar

2.1.1 Kardiologische Krankheitsbilder – Herz- und Gefäßkrankheiten

Die Komplikationen der Herztätigkeit sind vielfältig und auf die unterschiedlichsten Ursachen zurückzuführen. Herz- und Kreislauferkrankungen gehören zu den häufigsten Todesursachen. Der anzunehmende Anteil der Bevölkerung, der im Laufe seines Lebens eine solche Erkrankung erleidet, ist relativ hoch.

Eine ausreichende Durchblutung des Gehirns ist wesentliche Voraussetzung für das volle Wachbewusstsein, die Konzentration, die Reaktionsfähigkeit und die Aufmerksamkeit. Sowohl ihre kurzfristige Beeinträchtigung, wie z. B. durch Herzrhythmusstörungen mit den einhergehenden kurzzeitigen Bewusstseinseintrübungen, als auch langfristige Störungen bei anderen Herzerkrankungen, können die Wahrnehmungsfähigkeit so herabsetzen, dass eine Kleinkollision unbemerkt bleibt.

Von hoher Relevanz bei den koronaren Herzerkrankungen ist der Herzinfarkt, da entweder eine fast sofortige Bewusstseinstrübung eintritt oder in schwächeren Fällen zumindest ein nicht unerheblicher Teil der Aufmerksamkeit des Betroffenen nur noch auf sein Befinden gerichtet ist.

Insbesondere bei Verkehrsteilnehmern mit einem bereits überstandenen Herzinfarkt ist darauf zu achten, ob das Unfallereignis in

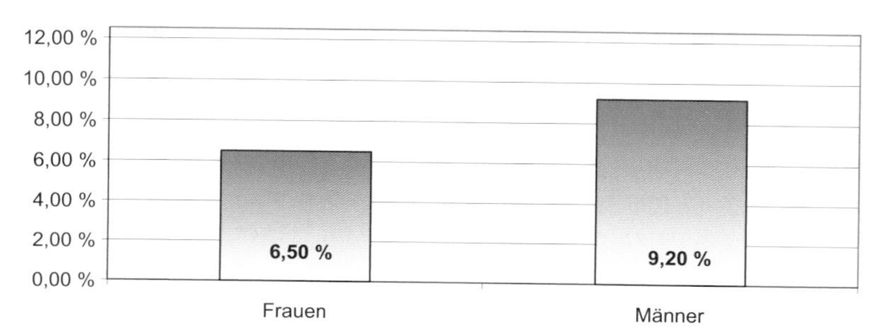

Lebenszeitprävalenz von koronaren Herzerkrankungen bei Männern und Frauen 2009 (Deutschland; ab 18 Jahre; Männer und Frauen; 21262 Befragte; Juli 2008 bis Juni 2009)

Quelle: Robert-Koch-Institut (Hrsg.) (2012)

Zusammenhang mit einem erneuten, ggf. weniger starken Infarkt stand, der nur zu einem teilweisen Zusammenbruch der Leistungs- und Wahrnehmungsfähigkeit geführt hat. Auch Anfälle von „Angina pectoris" (anfallsartiger Schmerz in der Brust infolge von Durchblutungsstörungen des Herzens) können die Wahrnehmungsfähigkeit beeinträchtigen. Eine besondere Gefährdung besteht bei psychischen Anspannungen, wie sie beim Führen von Kraftfahrzeugen auftreten.

Auch bei anderen Herzerkrankungen wie

- Herzrhythmusstörungen,
- angeborenen Herzfehlern,
- Herzleistungsschwäche

besteht immer die Gefahr nicht vorhersehbarer Komplikationen und eines plötzlichen körperlich-geistigen Leistungsabfalls bis hin zum Leistungszusammenbruch infolge einer vorübergehenden Mangeldurchblutung des Gehirns mit entsprechenden Folgen für die Wahrnehmungsfähigkeit.

Regelmäßig ist in diesen Konstellationen auch der Frage nachzugehen, ob die Wahrnehmung des Unfalls der Auslöser für den Anfall war oder der Anfall bereits vorher aufgrund anderer Ursachen entstand, mithin ob der Unfall Auslöser oder seine Nichtwahrnehmung nur Folge des Anfalls war. Denn nur im zweiten Fall kann von einem fehlenden subjektiven Tatbestand im Sinne des Delikts „Fahrerflucht" ausgegangen werden.

2.1.2 Neurologische Krankheitsbilder

Hirnleistungsstörungen und andere neurologische Krankheitsbilder sind nicht immer offensichtlich, können sich aber besonders in Gefahrensituationen erheblich auswirken.[68] Problematisch ist vor allem die Kombination von Leistungsminderungen und fehlender Erkenntnis oder falscher Einschätzung des eigenen Leistungsvermögens – insbesondere wenn die Störungen mangels Intensität (bisher) nicht bemerkt und diagnostiziert wurden – durch den Erkrank-

68 Vgl. Mix, S. u. a. (o. J.).

ten, der seine Defizite dann nicht durch angepasstes Verhalten und angepasste Fahrweise kompensiert.

Einfluss von Hirnleistungsstörungen (z. B. Schlaganfall)

Regelmäßig können sich bei einem Schlaganfall durch die bleibende Schädigung des Gehirns vielfältige Hirnleistungsstörungen einstellen, die das Fahrverhalten erheblich beeinflussen: Störungen der Aufmerksamkeit und der Konzentrationsfähigkeit, Herabsetzung der Reaktionsfähigkeit, Merkfähigkeits- und Gedächtnisstörungen, gravierende Mängel im Denken und Verstehen, Mangel an Einsicht und Kritikfähigkeit, herabgesetzte Fähigkeit zur Bewältigung von Belastungssituationen und auch Auswirkungen von depressiven oder euphorischen Grundstimmungen.

Die Folge ist einerseits ein insgesamt erhöhtes Unfallrisiko, andererseits eine beschränkte Wahrnehmungsfähigkeit gegenüber Kleinkollisionen. Ähnlich den Herzerkrankungen ist aber auch hier die Frage nach Ursache und Wirkung zu stellen.

Parkinson und andere extrapyramidale Erkrankungen

Im Fall von Parkinson oder anderen Erkrankungen, die mit Störungen der Bewegungen einhergehen (extrapyramidal), ist es in vielen Fällen nicht ausgeschlossen, ein Kraftfahrzeug der Gruppe 1 verkehrssicher zu führen, gewisse Leistungseinbußen sind jedoch in Einzelfällen nicht auszuschließen. Neben dem Aussetzen von motorischen Funktionen in unvorhersehbaren Situationen sind in jedem Fall Einflüsse auf die Fokussierung der Wahrnehmung zu erwarten.

Bei Erkrankungen der neuromuskulären Peripherie muss mit einer verminderten Wahrnehmungsfähigkeit des Tastsinns gerechnet werden, da es zu periodischen Lähmungen kommen kann.

Zustände nach Hirnverletzungen oder Hirnoperationen und angeborene oder frühkindlich erworbene Hirnschäden

Neben den Problematiken, die sich durch hirnorganische Leistungsstörungen ergeben, kann es nach Hirnverletzungen, Hirnoperationen oder Hirnschäden auch zu zunächst unbemerkten organisch bedingten Persönlichkeitsveränderungen (u. a. Kritikschwäche) kommen. Dies kann dazu führen, dass die Wahrnehmung einer Kleinkollision ohne nachdrückliches Unfallgeschehen bereits negiert wird. Offenbleiben kann insoweit, ob es sich dabei auch um eine Wahrnehmungsschwäche handelt, da in beiden Fällen der Unfall nicht ins Bewusstsein gedrungen ist und damit ein subjektiver Tatbestand der Unfallflucht nicht erfüllt sein kann.

Um einen solchen Fall zu klären, ist eine subjektive Symptomlosigkeit anamnestisch nicht aussagekräftig. Vielmehr muss durch weitergehende Diagnostik ermittelt werden, ob eine organisch bedingte Persönlichkeitsnivellierung vorliegen kann. Oftmals bedarf es dazu einer eingehenden nervenärztlichen/neurologischen Untersuchung, die auch organische Leistungseinbußen berücksichtigt.

■ Anfallsleiden (u. a. Epilepsie)

In der Regel wird erst durch einen „großen Anfall" mit Unfallfolge bekannt, dass der betroffene Kraftfahrzeugführer überhaupt unter einer Epilepsie leidet. Möglich ist jedoch auch, dass es zunächst nur zu flüchtigen Bewusstseinseintrübungen, sogenannten Absenzen, oder kleinen Anfällen kommt und eine entsprechende Diagnose noch nicht gestellt ist.

Besteht der Verdacht auf eine epileptische Erkrankung, weil es z. B. schon in der Vorgeschichte des Betroffenen zu einem solchen Vorfall kam, bedarf es einer eingehenden medizinischen Untersuchung, um festzustellen, ob und inwieweit ein entsprechender Anfall die Wahrnehmung einer Kleinkollision beeinträchtigt haben kann.

2.1.3 Internistische Krankheitsbilder

■ Arterielle Hypertonie (Bluthochdruck)

Ein zu hoher Blutdruck birgt erhebliche Gefahren für das sichere Führen von Kraftfahrzeugen in sich. Ohne dass die Fahreignung schon grundsätzlich für alle Fahrzeugarten auszuschließen wäre, können diastolische Blutdruckwerte von 100 mm/Hg und mehr zu Störungen führen, die die Wahrnehmungsfähigkeit einschränken oder außer Kraft setzen.

Besonders zu beachten sind hierbei nicht nur akut auftretende Probleme, wie Kreislaufversagen oder Blutungszwischenfälle, sondern auch langfristige, vom Kraftfahrer noch nicht wahrgenommene Netzhautschädigungen.

Arterielle Hypotonie (zu niedriger Blutdruck)

Für einen Teil der Hypotoniker gilt, dass sie leichter ermüden und insgesamt physisch weniger belastungsfähig sind. Vorübergehende anfallartige Bewusstseinsstörungen sind zwar eher selten zu verzeichnen, sollten bei dieser Erkrankung aber dennoch im Rahmen einer medizinischen Begutachtung berücksichtigt werden. Des Weiteren können Hypotonien auch als sekundäre Krankheitszeichen anderer Erkrankungen oder nach Infektionskrankheiten auftreten.

Periphere Gefäßerkrankungen

In der Reihe gefährlicher Gefäßerkrankungen oder Anomalien werden in den Begutachtungs-Leitlinien unter anderem Aneurysmen und Sektionen der Brust- und Bauchschlagader oder der Hirngefäßarterien benannt. Sie können ebenfalls zu plötzlichem Leistungsabfall führen, wenn durch inneren Blutverlust der Kreislauf versagt. Mit dazu gezählt werden Synkopen (plötzlich einsetzende, kurz andauernde Bewusstlosigkeit).

Diabetes (Zuckerkrankheit)

Zurzeit liegen in Deutschland keine verlässlichen Zahlen darüber vor, wie viele Menschen an Diabetes erkrankt sind (Prävalenz). Die bisherigen Erhebungen allerdings zeigen, dass es sich um ein nicht zu unterschätzendes Problem handelt.

Ab dem 70. Lebensjahr ist jeder dritte bis vierte Bürger betroffen, aber auch Menschen zwischen 20 und 40 Jahren leiden zunehmend an der Stoffwechselstörung. Neben der Grunderkrankung treten eine Reihe von Nebenerkrankungen auf, die behandelt werden müssen, vor allem Herz-Kreislauf-Erkrankungen, diabetisches Fußsyndrom, Nieren- und Augenleiden.

Jedes Jahr steigt die Anzahl der Diabetiker um etwa 300 000. Diese Zunahme geht u. a. auf einen echten Anstieg der Neuerkrankungen

Schätzung Diabetesprävalenz

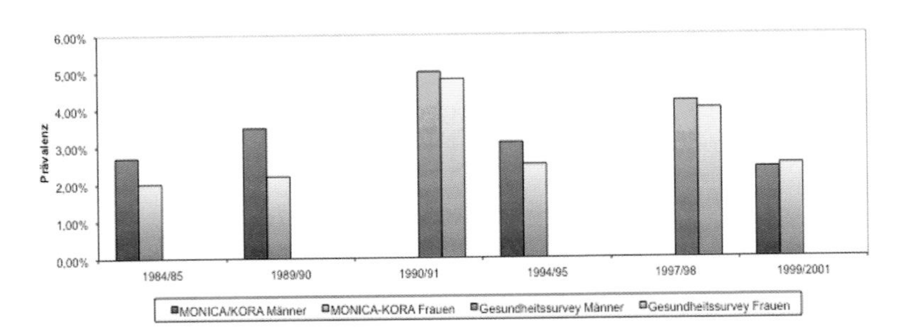

Trends in der Prävalenz eines bekannten Diabetes aufgrund wiederholter repräsentativer Erhebungen Quelle: Schulze, M. B. u. a. (2010), S. 1694

(Inzidenz) zurück. Einerseits sind immer mehr Menschen übergewichtig oder adipös, andererseits steigen die Überlebenschancen mit Diabetes. Im Jahr 2006 wurden etwa 7,1 Millionen Menschen wegen eines Diabetes in Deutschland ärztlich behandelt, neun von zehn der Patienten leiden an Typ-2-Diabetes.[69]

Zum jetzigen Zeitpunkt erweisen sich diese Daten als relativ stabil. Allerdings muss von einer hohen Dunkelziffer ausgegangen werden.[70]

Auch wenn der Diabetiker in der Regel um seine Krankheit weiß, kann es in Einzelfällen vorkommen, dass sich Bewusstseinsveränderungen oder Verhaltensstörungen unvorhergesehen einstellen. Der Betroffene ist dann kaum mehr in der Lage, entsprechende Gegenmaßnahmen zu ergreifen. Bevor es jedoch zu komatösen Zuständen kommt, geht Diabetes mit vermehrter Erschöpfbarkeit, psychischer Verlangsamung und Einfluss auf das Sehvermögen einher. Gerade hier sind Wahrnehmungsprobleme vorprogrammiert. Ohne eine intensive medizinische und/oder psychologische Beurteilung sind Aussagen über die Wahrnehmbarkeit von Kleinkollisionen kaum möglich.

Langfristig kann Diabetes zu einer verminderten taktilen Wahrnehmungsfähigkeit führen, wenn sich durch verminderte Durchblutung in den Extremitäten die Tastempfindlichkeit verringert. Auch können

69 http://www.pharmazeutische-zeitung.de/PZ-Nachrichten (2008).
70 Vgl. Hauner, H. (2012).

Konzentrationsmängel beobachtet werden. Hinzu kommen weitergehende psychische Störungen wie z. B. Depressionen, Angst- und Essstörungen, unzureichende Schmerzverarbeitung oder Alkohol- und Drogenmissbrauch.[71]

2.1.4 HNO-bedingte Krankheitsbilder

Lungen- und Bronchialerkrankungen

Schwere Lungen- und Bronchialerkrankungen können Rückwirkungen auf die Herz-/Kreislauffunktion haben, sodass es zu Störungen kommen kann, die in Einzelfällen die Fahreignung/Fahrtüchtigkeit beeinträchtigen oder ausschließen. Die möglichen Konsequenzen auf die Frage der Wahrnehmbarkeit von Kleinkollisionen sind analog zu ziehen und entsprechend hoch einzuschätzen. Die Begutachtungs-Leitlinien führen zu Lungen- und Bronchialerkrankungen u. a. aus:

„Rückwirkungen auf die Herz-Kreislauf-Dynamik (...) sind durch schwere Erkrankungen der Bronchien und der Lungen zu erwarten, die in fortgeschrittenen Stadien infolge einer Gasaustauschstörung (respiratorische Globalinsuffizienz) sowie durch plötzliche ‚Hustensynkopen' die Fähigkeit, den gestellten Anforderungen bei Teilnahme am motorisierten Straßenverkehr gerecht zu werden, aufheben oder doch erheblich einschränken können. (...) Eine Sonderstellung nimmt der rezidivierende Spontanpneumothorax[72] ein, dessen Auswirkungen auch nur nach einer internistischen Untersuchung zuverlässig beurteilt werden können.“[73]

Schlafstörungen/Schlafapnoe

Müdigkeit bzw. Ermüdung gilt als ein allgemein anerkanntes hohes Unfallrisiko. Ursachen können neben witterungsbedingten Faktoren (z. B. schwüle Hitze) auch körperliche Indispositionen (reichhaltige Mahlzeiten, körperlich anstrengende Arbeiten vor Fahrtbeginn),

71 Vgl. Maier, B. (2012).

72 Spontan auftretendes Krankheitsbild, bei dem die Ausdehnung eines oder beider Lungenflügel behindert ist, was zu einer eingeschränkten Luftzufuhr führt.

73 Begutachtungs-Leitlinien zur Kraftfahrereignung (2010), S. 40.

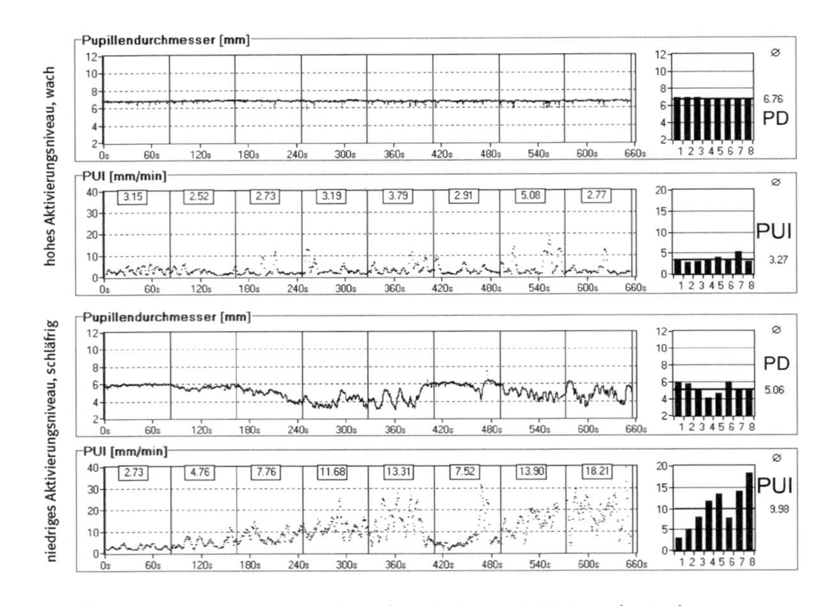

Pupillogramme einer wachen (oben) und einer schläfrigen (unten) Person

Quelle: Willhelm, B. (2009), S. 86

ein bestehendes Schlafdefizit oder auch bereits länger anhaltende Schlafstörungen sein. Zur Aufdeckung, ob nicht krankheitsbedingte Müdigkeit (z. B. Schlafmangel) eine Rolle bei der Nichtwahrnehmbarkeit einer Kleinkollision spielte, bedarf es einer ausgiebigen explorativen Erhebung der allgemeinen Lebensumstände wie auch situativer Gegebenheiten im Vorfeld eines Unfalls.

Anhand der folgenden Pupillogramme ist deutlich zu erkennen, welche Auswirkungen Schläfrigkeit auf das Aktivierungsniveau haben kann.

Bei Patienten mit unbehandelten schlafbezogenen Atmungsstörungen (Schlafapnoe-Syndrom) sind Vigilanzbeeinträchtigungen möglich. Untersuchungen belegen die Abnahme der allgemeinen Aufmerksamkeit sowie der Aufnahmefähigkeit bei ausgeprägtem Schweregrad der Krankheit mit entsprechenden Konsequenzen auch für die Aufnahmefähigkeit von Kleinkollisionen. Die näheren Umstände sind im Einzelfall durch ein medizinisches Gutachten zu klären. Teilweise wird davor gewarnt, dass Patienten mit entsprechendem Krankheitsbild am Straßenverkehr teilnehmen.[74]

2.1.5 Psychiatrische und psychologische Krankheitsbilder

Ilm Allgemeinen gehen kaum absehbare Krankheitszustände wie organische und psychische Hirnstörungen auch mit Bewusstseinsstörungen einher. Von daher kommt es zu Beeinträchtigungen der hirnorganischen Leistungsfähigkeit, die, selbst bei scheinbarer Gesundung, nachhaltig ihren Einfluss auf die Wahrnehmung nehmen können.

Psychische Störungen

Besondere Beachtung gilt hierbei der Demenz. Bereits ab dem 65. Lebensjahr können Demenzerkrankungen mit einer relativen Häufigkeit auftreten.

Fahrtüchtigkeit bei der Alzheimer Erkrankung in Abhängigkeit vom Alter

Altersgruppe	Mittlere Prävalenzrate [%]	Geschätzte Krankenzahl nach Altersstruktur im Jahre 2004
65–69	1,2	62 000
70–74	2,8	101 000
75–79	6,0	180 000
80–84	13,3	285 000
85–89	23,9	190 000
90 und älter	36,6	215 000
65 und älter	7,2	1 033 000

Quelle: Gudelius, C./Mielke, R. (2008), S. 100

74 Vgl. Wilhelm, B. (2008).

Im Anfangsstadium macht sich die Erkrankung kaum bemerkbar, im Verlauf kommt es dann aber vermehrt zu einer Verarmung der Psychomotorik, zur Antriebsminderung, zum Mangel an Initiative und an Spontaneität. Merkstörungen und andere Gedächtnisstörungen sowie kognitive Beeinträchtigungen spielen ebenfalls eine Rolle.

Die Altersdemenz geht oftmals einher mit einer eingeschränkten Leistungs- und Belastungsfähigkeit. Neben Reaktionsschwächungen kommt es zu einer verminderten sensorischen Leistung. Dies führt in Einzelfällen auch zu Fehlreaktionen und Situationsverkennungen. Hinzu kommen ein Mangel an Einsicht und Selbstkritikfähigkeit, wodurch möglicherweise tatsächlich Wahrgenommenes wieder aus dem Bewusstsein gedrängt wird.

Da der Schweregrad und die Ausprägung einzelner Symptome individuell sehr unterschiedlich sind, bedarf es in Verdachtsfällen gerade bei älteren Kraftfahrern einer eingehenden Untersuchung, ob es Belege für eine Demenz gibt, die die Wahrnehmung einer Kleinkollision verhindert haben kann. Dabei ist nicht grundsätzlich davon auszugehen, dass die Fahreignung nicht mehr gegeben ist.

Auch wenn die Wahrnehmungsfähigkeit schon früh eingeschränkt sein kann, ist erst bei Fortschreiten der Erkrankung das sichere Führen von Kraftfahrzeugen nicht mehr mit der hinreichenden Sicherheit gegeben, wie die folgende Tabelle aufzeigt.

Fahrtüchtigkeit bei der Alzheimer Erkrankung

	Ausprägungsgrade der AD		
Prädemenzphase	leicht	mittel	schwer
5–7 Jahre	ca. 2 Jahre	ca. 3 Jahre	ca. 2 Jahre
fragliche Fahrfähigkeit		fahruntauglich	

Quelle: Gudelius, C./Mielke, R. (2008), S. 100

Da der Krankheitsverlauf interindividuell sehr unterschiedlich ausfällt, verbietet sich anhand von statistischen Daten eine Beurteilung der (Wahrnehmungs-)Einschränkungen.

Antidepressiva und Verkehrssicherheit

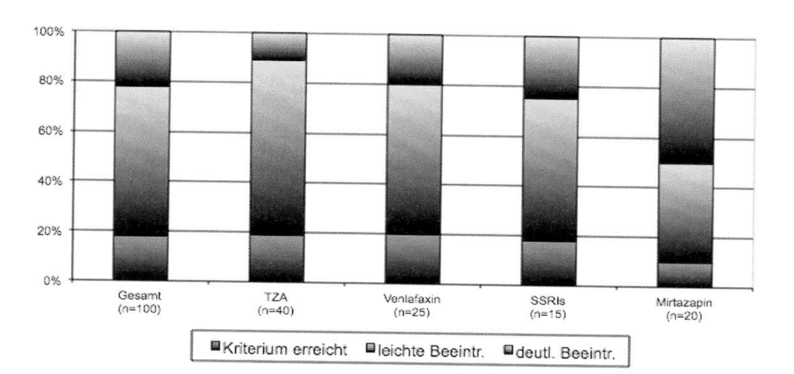

Quelle: Brunnauer, A./Laux, G. (2008 a), S. 51

Hervorzuheben sind auch schizophrene Erkrankungen, bei denen alle psychischen Funktionen im Einzelfall so stark beeinträchtigt sein können, dass eine reale Wahrnehmungsfähigkeit ausgeschlossen ist. Es kommt neben Denkstörungen zu einer Störung der Ich-Funktion und der Realitätsbeziehungen.

Psychotisches Erleben kann zu starken Körpermissempfindungen führen, sodass die Aufmerksamkeit darauf völlig absorbiert wird. Zudem muss mit starken Konzentrationsstörungen gerechnet werden. Beides kann die Wahrnehmungsfähigkeit erheblich einschränken.

Während Kraftfahrer mit depressiver Erkrankung weder in ihrer Intelligenzleistung noch in ihrer Anpassungs- und Leistungsfähigkeit beim Führen eines Kraftfahrzeugs wesentlich beeinträchtigt sind, muss bei manischen Phasen mit erheblichen Beeinträchtigungen gerechnet werden. Manische Phasen gehen u. a. mit dem Verlust normaler sozialer Hemmungen einher. Oftmals zeigt sich ein vermindertes Schlafbedürfnis gepaart mit überhöhter Selbsteinschätzung bis hin zum Größenwahn. Charakteristisch sind weiterhin eine hohe Ablenkbarkeit sowie der Hang zu riskanten Verhaltensweisen. Beim Auftreten dieser Symptome bzw. Symptomfolgen muss mit einer deutlich verminderten Wahrnehmungsbereitschaft oder -fähigkeit gerechnet werden.

Auch durch die Einnahme von Antidepressiva kann die Verkehrssicherheit beeinträchtigt sein, wie die obige Abbildung verdeutlicht.

Sonderfall ADHS

Die Aufmerksamkeitsdefizit- und Hyperaktivitätsstörung (ADHS) entsteht häufig bereits im Kleinkindalter und ist im Erwachsenenalter bei bis zu 60 % der Erkrankten noch als Teilsymptomatik oder komplettes pathologisches Krankheitsbild nachweisbar.[75]

Erwachsene mit ADHS-Syndrom zeigen häufig Aufmerksamkeitsstörungen, ein desorganisiertes Verhalten und affektive Labilität mit Stressintoleranz. Außerdem weisen sie zusätzlich oft eine emotional instabile und dissoziale Persönlichkeitsstruktur auf. Abhängigkeitskrankheiten, affektive Störungen, Angststörungen, Zwangsstörungen sowie posttraumatische Belastungsstörungen können zum Krankheitsbild gehören.

ADHS gehört mittlerweile mit zu den häufigsten psychischen Störungen und gewinnt dadurch auch an Relevanz in Bezug auf die Fahrtüchtigkeit. Bereits seit 20 Jahren ist das erhöhte Risiko für Verkehrsunfälle bei ADHS-Betroffenen bekannt. Es konnte nachgewiesen werden, dass bereits in der Jugend bestehende erhebliche Aufmerksamkeitsprobleme dann im jungen Erwachsenenalter für Verstöße gegen Verkehrsvorschriften verantwortlich sein können. Anhand einer Stichprobe konnten Strohbeck-Kühner u. a. (2008) Belege für ein risikoreicheres Fahrverhalten und ein erhöhtes Unfallrisiko finden (siehe nachfolgende Diagramme).

Auch wenn Betroffene über einen gewissen Zeitraum trotz ihrer Aufmerksamkeitsschwäche aufmerksam und konzentriert sein können, ist festzuhalten, dass Aufmerksamkeits- und Konzentrationsfähigkeit vom persönlichen Interesse des Fahrers abhängen. Die Verminderung der Reaktionsfähigkeit, in erster Linie aber die erhöhte Ablenkbarkeit des Fahrers, treten unvermittelt auf und sind für den Betroffenen nicht immer sofort zu erkennen.

Das Aufrechterhalten von Aufmerksamkeit und Konzentration wird – vor allem in monotonen Situationen – bei fehlenden Reizgebern schwierig. Um andauernd konzentriert zu sein, benötigen Betroffene Abwechslung und sind damit ständig auf der Suche nach Ablenkungsreizen.

75 Vgl. Rösler, M./Römer, K. D. (2012).

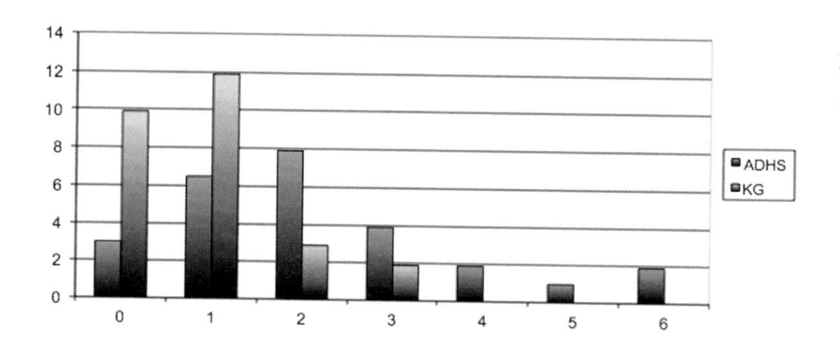

Anzahl der Verkehrsunfälle

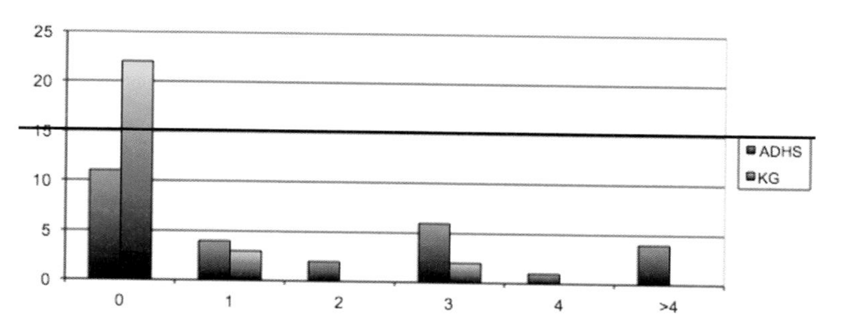

Anzahl der Bußgeldbescheide, die zu Punkten beim Kraftfahrtbundesamt geführt haben

Quelle: Strohbeck-Kühner, P. u. a. (2008), S. 69

Die leichte Ablenkbarkeit führt u. a. schnell zu einem angeregten Gespräch mit dem Beifahrer. Gefahrensituationen werden nicht registriert. Durch die fehlgerichtete Aufmerksamkeit kann es auch zu längeren Reaktionszeiten kommen. Unabhängig von den typischen Unfallformen – Abkommen von der Fahrbahn, verursacht durch mangelnde Aufmerksamkeit oder Ablenkung, überhöhte Geschwindigkeit und/oder gefährliche Fahrmanöver – kann davon ausgegangen werden, dass gerade von Personen mit ADHS in monotonen Situationen Kleinkollisionen aufgrund der Suche nach anderer Ablenkung nicht wahrgenommen werden.

Selektiv auf Reize mit hohem Ablenkungsgrad zu reagieren, stellt durch fehlende Filterfunktionen ein zusätzliches Problem dar. In komplexen Situationen mit Reizüberflutung kann die Orientierung erschwert, wenn nicht sogar unmöglich werden. Wenn ausgerechnet in anspruchsvollen Verkehrssituationen Informationen mit hoher

Relevanz durch andere überdeckt werden, ist die Wahrscheinlichkeit groß, dass wichtige Informationen, wie sie z. B. für die Wahrnehmung von Kleinkollisionen typisch sind, in der Flut von ungefilterten Informationen untergehen.

Bei gesteigerter Unfallgefahr in unbekannten Situationen verringert die ungefilterte Wahrnehmung einer großen Anzahl von Informationen zusätzlich die Wahrnehmungsfähigkeit einzelner Sachverhalte, die auch für die Wahrnehmung von Kleinkollisionen wichtig sind.[76] Hierbei ist zu beachten, dass in vielen Fällen Kleinkollisionen bei komplexen Anforderungen entstehen. Derzeit ist ADHS jedoch noch nicht im Katalog der die Fahreignung ausschließenden Erkrankungen enthalten.[77]

Entsprechend der Ausprägung des Krankheitsbildes und der auftretenden Störungen ist es im Einzelfall zur Klärung der Wahrnehmungsfähigkeit einer Kleinkollision erforderlich, die zu begutachtenden Aspekte klar zu umreißen und ein entsprechendes medizinisch-psychologisches Untersuchungsdesign zu entwerfen.

2.1.6 Alkohol und illegale Betäubungsmittel

Bei Rauschmitteleinfluss ist stets zu klären, ob ein lang anhaltender Konsum (Missbrauch oder Abhängigkeit) die Wahrnehmungsfähigkeit des Betroffenen für Kleinkollisionen körperlich, psychisch oder psychophysisch zu stark eingeschränkt bzw. geschädigt hat. Dies kann selbst während einer der Abhängigkeit nachfolgenden Abstinenz noch der Fall sein. Unabhängig von zivilrechtlichen, verwaltungsrechtlichen oder anderen strafrechtlichen Konsequenzen wäre dann jedoch zumindest der subjektive Tatbestand einer Fahrerflucht ausgeschlossen. Allerdings ist nicht auszuschließen, dass die Fahreignung nicht mehr gegeben ist.

Bei einer aktuellen Alkoholisierung oder aufgrund kürzlich vorangegangenen Alkoholkonsums („Kater") entstehen hingegen direkte körperliche und psychische Veränderungen, die die Wahrnehmung einer Kleinkollision verhindern können.

---

76 Vgl. Krause, J./Krause, K. H. (2005).

77 Vgl. Häßler, F. (2010).

Im körperlichen Bereich stehen Störungen des Seh- und Hörvermögens, aber auch des Gleichgewichts und der Motorik im Vordergrund. Verkehrsmedizinisch relevante Auswirkungen auf die Psyche finden sich schon bei geringen Blutalkoholkonzentrationen (zwischen 0,2 ‰ und 0,5 ‰).

Alkohol nimmt Einfluss auf die „Persönlichkeit" durch Enthemmung und Minderung der Selbstkritik bei erhöhter Risikobereitschaft und der subjektiven Wahrnehmung eines erhöhten Selbstwertgefühls. Zudem kommt es zu einer Schädigung bzw. zum Nachlassen der Aufmerksamkeit, der Auffassungsgabe, der Umsicht und der Besonnenheit. Bei erheblichen Blutalkoholkonzentrationen kann der Fokus der Aufmerksamkeit nicht mehr auf Ereignisse oder Gegenstände gerichtet werden und Einsicht sowie Kritikfähigkeit schwinden.

Ähnliche Phänomene finden sich auch beim Konsum von Betäubungsmitteln. Vor allem Konzentrations- und Aufmerksamkeitsstörungen spielen hier eine Rolle und können sich auch noch einige Zeit nach dem Abklingen des Rausches einstellen. So kann es nach einem drogenfreien Intervall zu wiederkehrenden rauschähnlichen Zuständen kommen. Diese werden „Echo-Rausch" oder „Flash-Back" genannt. Jüngere Erkenntnisse weisen darauf hin, dass mit solchen Phänomenen zu rechnen ist, wenn nicht nur ein Konsum von Cannabis, sondern auch von Halluzinogen (z. B. LSD) vor nicht allzu langer Zeit vorlag.[78]

2.1.7 Medikamenteneinnahme

Das Bundesministerium für Verkehr, Bau und Stadtentwicklung geht davon aus, dass nach wie vor *„ein nicht unerheblicher Teil von Personen unter dem Einfluss von Medikamenten zur Behandlung akuter oder chronischer Leiden am Straßenverkehr teilnimmt"*[79], eine Annahme, die vor dem Hintergrund des hohen Anteils an Menschen, die Medikamente einnehmen, nicht verwundert.

Werden Arzneimittel erstmalig verschrieben oder im Rahmen einer ärztlichen Therapie umgestellt, kann es zu besonderen Problemen

78 Vgl. Mußhoff, F./Madea. B. (2007).

79 Bundesministerium für Verkehr, Bau und Stadtentwicklung (2011), S. 27.

Anzahl Versicherte und Anzahl Versicherte mit Arzneiverordnungen für 2010 nach Alter und Geschlecht

	Alter in Jahren	Anzahl Versicherte	Versicherte mit Arzneimitteln	
Gesamt	0 bis unter 10	701 675	605 560	86,30 %
	10 bis unter 20	871 649	604 894	69,40 %
	20 bis unter 30	1 123 808	673 148	59,90 %
	30 bis unter 40	981 552	628 987	64,08 %
	40 bis unter 50	1 396 065	965 776	69,18 %
	50 bis unter 60	1 336 244	1 053 543	78,84 %
	60 bis unter 70	1 145 927	1 000 066	87,27 %
	70 bis unter 80	983 685	914 864	93,00 %
	80 bis unter 90	452 911	431 798	95,34 %
	90 bis unter 100	78 314	74 609	95,27 %
	100 und älter	2 298	2 113	91,95 %
	0 bis über 100	**9 074 128**	**6 955 358**	**76,65 %**
Männer	0 bis unter 10	362 458	313 855	86,59 %
	10 bis unter 20	456 193	288 709	63,29 %
	20 bis unter 30	531 416	265 181	49,90 %
	30 bis unter 40	419 501	232 022	55,31 %
	40 bis unter 50	547 296	339 901	62,11 %
	50 bis unter 60	516 974	379 537	73,42 %
	60 bis unter 70	436 665	370 996	84,96 %
	70 bis unter 80	370 828	342 483	92,36 %
	80 bis unter 90	141 548	134 518	95,03 %
	90 bis unter 100	15 945	15 071	94,52 %
	100 und älter	306	274	89,54 %
	0 bis über 100	**3 799 130**	**2 682 547**	**70,61 %**

	Alter in Jahren	Anzahl Versicherte	Versicherte mit Arzneimitteln	
Frauen	0 bis unter 10	339 217	292 376	86,19 %
	10 bis unter 20	415 456	316 376	76,15 %
	20 bis unter 30	592 392	407 969	68,87 %
	30 bis unter 40	562 051	396 970	70,63 %
	40 bis unter 50	848 769	625 880	73,74 %
	50 bis unter 60	819 270	674 006	82,27 %
	60 bis unter 70	709 262	629 071	88,69 %
	70 bis unter 80	612 857	572 381	93,40 %
	80 bis unter 90	311 363	297 280	95,48 %
	90 bis unter 100	62 369	59 538	95,46 %
	100 und älter	1 992	1 839	92,32 %
	0 bis über 100	**5 274 998**	**4 273 686**	**81,02 %**

Quelle: BARMER GEK Arzneimittelreport (2011), S. 155

kommen, die zumindest vorübergehend die Fahrtauglichkeit ausschließen. Viele Arzneimittel haben eine teilweise stark sedierende Wirkung, in selteneren Fällen treten Wahrnehmungsstörungen (z. B. Sehstörungen) oder akute psychische Störungen auf, vor allem bei älteren Menschen.

Ein umfassender Überblick über Medikament-Typen mit verkehrsmedizinischer Relevanz findet sich bei Mußhoff und Madea (2007) sowie Grellner und Berghaus (2012):

- Hypnotika und Sedativa dämpfen dosisabhängig das zentrale Nervensystem, sodass etliche fahrrelevante Eigenschaften eingeschränkt sein können. Neben Reaktionsverminderungen können auch Aufmerksamkeitsstörungen beobachtet werden. Ein Teil dieser Medikamente ist auch rezeptfrei erhältlich in vermindert sedierender Wirkung, die durch missbräuchliche vermehrte Einnahme wieder verstärkt werden kann.

- In den letzten Jahren stieg der Anteil eingenommener Psychopharmaka an. Auch durch diese kann es zu einer veränderten Wahrnehmung kommen, da ein Teil der Medikamente zur Gleichgültigkeit gegenüber äußeren Reizen führt. In Bezug auf das psychophysische Leistungsbild variieren die Einflüsse stark.
- Schmerzmedikamente sind die am häufigsten eingenommenen Arzneimittel. Hierbei kommt den opiathaltigen Medikamenten eine besondere Bedeutung zu, da sie vor allem in der Einstellungsphase zu erheblichen Wahrnehmungseinschränkungen führen. Gleiches gilt für freiverkäufliche Präparate wie z. B. Ibuprofen.
- Inwieweit Kombinationspräparate, bei denen es zu Stimmungsschwankungen kommen kann, einen Einfluss auf die Wahrnehmungsfähigkeit haben, ist im Einzelnen bisher nicht ausreichend untersucht worden.
- Psychostimulanzien, zu denen auch Koffein-Tabletten zählen, rufen neben den erwünschten positiven „Wach-Effekten" gegebenenfalls auch einen Konzentrationsmangel hervor. Eine insgesamt herabgesetzte Leistungsfähigkeit ist nicht auszuschließen. Hierzu gehört auch eine verringerte Aufmerksamkeitsleistung bei gleichzeitiger Enthemmung und erhöhter Risikobereitschaft.
- Anti-Epileptika sind grundsätzlich zwar dazu geeignet, das sichere Führen von Kraftfahrzeugen zu gewährleisten. Bei einer nicht optimalen Einstellung der Dauermedikation kann die Wahrnehmung durch die zentral dämpfende und sedierende Wirkungsweise allerdings eingeschränkt sein.
- Antihistaminika (Allergie-Medikamente) entfalten ebenfalls eine teilweise stark sedierende Wirkung. Ist zusätzlich Koffein enthalten, um die Sedierung auszugleichen, sind bei Nachlassen der Wirkung des Koffeins plötzliche und erhebliche Leistungsabfälle nicht auszuschließen.
- Mittel gegen Blutdruck-Erkrankungen entfalten gerade bei Behandlungsbeginn eine sedierende Wirkung, sodass auch hier mit einer Einschränkung der Wahrnehmungsfähigkeit gerechnet werden muss.
- Werden Erkrankungen am Auge durch Medikamenteneinsatz behandelt, so ist darauf zu achten, inwieweit die visuelle Wahrnehmungsfähigkeit eingeschränkt wird.

- Eine dämpfende und sedierende Wirkung wird auch Medikamenten zugeschrieben, die bei lokalen Muskelverspannungen, Entzündungen oder nach Verletzungen eingesetzt werden. Bei einer langfristigen Anwendung von Muskelrelaxantien besteht zudem ein erhöhtes Abhängigkeitsrisiko.
- Auch Lokalanästhetika und Narkosemittel zur ambulanten Anwendung (z. B. Zahn-OP), werden oftmals unkritisch gesehen oder in ihrer Wirkung unterschätzt. Neben der Medikamentenwirkung ist zu beachten, dass auch der operative Eingriff selbst durch Stress oder Angst zu einer Wahrnehmungshemmung führen kann, erst recht, wenn zur Stressreduktion eine Selbstmedikation des Patienten stattfindet (ähnlich wie Alkoholkonsum gegen Flugangst).

Bereits in den 50er Jahren setzte sich die „Deutsche Gesellschaft für Verkehrsmedizin (DGVM)“ mit dem problematischen Einfluss von Medikamenten auf die Fahrsicherheit auseinander.[80] Trotz hinsichtlich der Beeinträchtigung der Fahrtüchtigkeit heute deutlich verbesserter Medikamente sind die Beeinflussungen durch sowohl ärztlich verordnete, selbst verabreichte, frei verkäufliche als auch missbräuchlich eingenommene Medikamente für das allgemeine Unfallgeschehen nicht unerheblich.

Es ist davon auszugehen, dass schätzungsweise 1,4–1,5 Mio. Menschen von Medikamenten mit Suchtpotenzial abhängig sind. Dies verteilt sich in erster Linie auf Benzodiazepinderivate mit ca. 1,1–1,2 Mio. und weitere 300 000–400 000 Abhängige von anderen Arzneimitteln.[81]

Alle psychotropen oder psychoaktiven Arzneimittel, also jene, die Einfluss auf die Psyche und das Bewusstsein haben, sind zwar rezeptpflichtig, schätzungsweise ein Drittel bis die Hälfte aller Schlafmittel und Tranquilizer vom Benzodiazepin- und Barbitursäure-Typ, der zentral wirkenden Schmerzmittel, der codeinhaltigen Medikamente oder auch der Psychostimulanzien werden jedoch nicht wegen akut medizinischer Probleme, sondern zur langfristigen Suchterhaltung und Vermeidung von Entzugserscheinungen verordnet.[82]

---

80 Vgl. Kauert, G. (2008).
81 Vgl. Deutsche Hauptstelle für Suchtfragen e.V.
82 Vgl. Deutsche Hauptstelle für Suchtfragen e.V.

Die 20 meistverkauften Schlafmittel nach Packungsmengen im Jahre 2010 (rp = rezeptpflichtig) (Gesamtabsatz 28 Mio. Packungen, Gesamtindustrieumsatz 122 Mio. Euro)

Rang	Präparat	Wirkstoff	Absatz 2010 in Tsd.	Missbrauchs-/Abhängigkeitspotenzial
1	Hoggar N	Doxylamin	2 138,0	eher nicht*)
2	Vivinox Sleep	Diphenhydramin	1 166,2	eher nicht*)
3	Zolpidem ratiopharm (rp)	Zolpidem	1 028,9	++ (bis +++)
4	Zopiclon CT (rp)	Zopiclon	978,6	++ (bis +++)
5	Zopiclon ratiopharm (rp)	Zopiclon	854,5	++ (bis +++)
6	Zopiclon AL (rp)	Zopiclon	849,9	++ (bis +++)
7	Schlafsterne	Doxylamin	637,7	eher nicht*)
8	Zolpidem AL (rp)	Zolpidem	624,3	++ (bis +++)
9	Stilnox (rp)	Zolpidem	523,8	++ (bis +++)
10	Betadorm	Diphenhydramin	519,8	eher nicht*)
11	Lendormin (rp)	Brotizolam	449,9	+++
12	Zolpidem 1A Pharma (rp)	Zolpidem	444,9	++ (bis +++)
13	Zolpidem Stada (rp)	Zolpidem	397,3	++ (bis +++)
14	Noctamid (rp)	Lormetazepam	393,2	+++
15	Radedorm (rp)	Nitrazepam	344,7	+++
16	Flunitrazepam ratiopharm (rp)	Flunitrazepam	339,3	+++
17	Zopiclon Stada (rp)	Zopiclon	321,4	++ (bis +++)
18	Rohypnol (rp)	Flunitrazepam	289,6	+++
19	Planum (rp)	Temazepam	285,4	+++
20	Zopiclodura (rp)	Zopiclon	277,7	++ (bis +++)

*) Diese „eher-nicht-Einschätzung" bezieht sich auf den „bestimmungsgemäßen Gebrauch". Bei missbräuchlichem hoch dosierten Dauerkonsum von Diphenhydramin und Doxylamin (z. B. › 200 mg) kann es aber zu Toleranzentwicklung und Entzugssyndromen kommen.

Quelle: BARMER GEK (2011), S. 11

Die 15 meistverkauften Tranquilizer nach Packungsmengen im Jahre 2010 (Gesamtabsatz 9,9 Mio. Packungen, Gesamtindustrieumsatz 29,5 Mio. Euro)

Rang	Präparat	Wirkstoff	Absatz 2010 in Tsd.	Missbrauchs-/ Abhängigkeitspotenzial
1	Diazepam ratiopharm	Diazepam	1 334,8	+++
2	Tavor	Lorazepam	1 238,6	+++
3	Lorazepam ratiopharm	Lorazepam	722,8	+++
4	Bromazanil Hexal	Bromazepam	714,7	+++
5	Oxazepam ratiopharm	Oxazepam	613,2	+++
6	Adumbran	Oxazepam	435,5	+++
7	Lorazepam neuraxpharm	Lorazepam	339,4	+++
8	Oxazepam AL	Oxazepam	282,6	+++
9	Lorazepam dura	Lorazepam	269,1	+++
10	Bromazep-CT	Bromazepam	242,4	+++
11	Tranxilium	Dikalium-dorazepat	193,9	+++
12	Lexotanil 6	Bromazepam	190,2	+++
13	Normoc	Bromazepam	177,1	+++
14	Faustan	Diazepam	170,6	+++
15	Diazepam Stada	Diazepam	164,2	+++

Quelle: BARMER GEK (2011), S. 14

Neben der verordneten Medikation muss zudem von einer bedarfsgerechten sowie missbräuchlichen Selbstmedikation ausgegangen werden, wenn z. B. starke Histaminika lediglich zur Prophylaxe oder gegen Flugangst eingenommen werden. Dies gilt nicht nur für frei verkäufliche Medikamente, die die Fahrsicherheit beeinträchtigen können, sondern auch für Medikamente aus früheren Verschreibungen oder solche, die Familienmitgliedern verordnet worden sind. Oftmals ist dem Verkehrsteilnehmer dabei ein möglicher Einfluss dieser Medikamente auf seine Wahrnehmungs- und Reaktionsfähigkeit im Straßenverkehr gar nicht bewusst. Langanhaltender Missbrauch von Medikamenten kann zudem wie bei Rauschmitteln zu einer Schädigung der psychophysischen Leistungsfähigkeit führen (u. a. Verminderung der Konzentrationsfähigkeit, der Aufmerksamkeit und körperlichen Belastbarkeit).

Eine nicht unerhebliche Anzahl von Personen nimmt zudem gleichzeitig mehrere Medikamente ein, die manchmal von verschiedenen Ärzten verschrieben wurden, ohne dass die Wechselwirkungen dem behandelnden Arzt oder Patienten immer bekannt sind. Durch eine solche Mehrfach-Medikation sind unerwünschte und unerwartete Nebenwirkungen, wie z. B. Aufhebung der gewünschten therapeutischen Wirkung oder ein „Hangover", nicht auszuschließen. Bei einer Vielzahl der benannten Medikamentengruppen ist außerdem davon auszugehen, dass ein Beikonsum von Alkohol das Risiko im Straßenverkehr aufgrund von Wahrnehmungseinschränkungen zusätzlich erhöht.

Generalisierte Aussagen über den Einfluss einer Medikamenteneinnahme sind nicht einfach. Neben der Frage, über welchen Zeitraum hinweg welche Menge eines bestimmten Medikamentes eingenommen wurde, spielen Alter, Geschlecht, Körperbau, psychische und physische Verfassung sowie mögliche andere Erkrankungen im Einzelfall eine weitergehende Rolle. Aber auch die Art und Weise der Verstoffwechselung kann von Bedeutung sein. Grundsätzlich gilt, dass dazu der Beikonsum von anderen Medikamenten, Alkohol oder Drogen in jedem Fall erfasst werden muss.

Allein schon die hohe Auftretenswahrscheinlichkeit macht es nach alledem notwendig, zu prüfen, ob eine medikamentös bedingte Intoxikation die Wahrnehmungsfähigkeit für eine Kleinkollision eingeschränkt oder möglicherweise aufgehoben haben kann, selbst wenn die Nachweisführung nicht leicht sein sollte. Dies gilt auch für ärztlich überwachte medikamentöse Dauerbehandlungen.

2.1.8 Andere vorübergehende Einschränkungen der Wahrnehmung

Neben dem Vorgenannten können noch weitere vorübergehende Faktoren die Wahrnehmung einer Kleinkollision verhindert haben.

In Bezug auf die akustische Wahrnehmungsfähigkeit können Entzündungen, vorübergehende Einschränkungen des Hörvermögens (z. B. Discobesuche, Konzertveranstaltungen), aber auch banale Ursachen wie der Verschluss der Ohren („Ohrenschmalz") eine Rolle spielen.

Ob und inwieweit der schon bei Roßkopf (siehe dort) ausgeführte Schock Ursache einer Nichtwahrnehmung sein kann, ist im Einzelfall zu klären. Das Erleben eines Schocks entsteht bei plötzlich und unerwartet auftretenden starken aversiven Reizen oder Erlebnissen. Für einen solchen Fall werden Außenreize zwar teilweise völlig ausgeblendet, und die in der Folge gezeigten Reaktionen des Betroffenen sind zumeist durch spezifische Verhaltensweisen gekennzeichnet (Absenzen, Affektstarre, unzusammenhängendes Reden, amnestisches Syndrom). Allerdings fehlen Kleinkollisionen typischerweise die notwendigen starken aversiven Erlebnisinhalte, wie es beispielsweise bei schweren Unfällen mit Tötungsfolge der Fall sein kann. Somit müssten diese Reize bereits vorher erlebt worden sein und der Betroffene bereits im Schockzustand die Kleinkollision erlebt haben.

Eine nicht situationsspezifische Verarbeitung von Erlebnisinhalten ist im Einzelfall aber auch bei Kleinkollisionen nicht auszuschließen. Um dies zu klären, bedarf es einer exakten Analyse der gezeigten Verhaltensweisen und Erlebnisinhalte im Vorfeld und im Anschluss eines Unfallereignisses.

→ Fazit

Eine Reihe von überdauernden wie auch vorübergehenden Erkrankungen oder Einschränkungen haben Einfluss auf die Wahrnehmungsfähigkeit. Es bedarf einer eindeutigen Abklärung, ob und welche Sachverhalte am Unfalltag mit welcher Wahrscheinlichkeit tatsächlich von Bedeutung waren. Hierbei ist immer zu beachten, dass nicht nur die Erkrankungen als solche, sondern auch ihre Behandlung zu Beeinträchtigungen führen können. Faktoren wie Multimorbidität oder Einnahme verschiedener Medikamente und anderer Rauschmittel, gepaart mit der psychischen oder physischen Verfassung, sind zu berücksichtigen, um die tatsächliche Wahrnehmungsfähigkeit im Unfallzeitpunkt zu ermitteln.

2.2 Spezielle Wahrnehmungsproblematiken älterer Kraftfahrer bei Kleinkollisionen

Die Gruppe älterer Kraftfahrer gerät – ohne dass sie eindeutig definiert ist – durch die mediale Diskussion über den demografischen Wandel auch immer mehr in den Vordergrund von Forschungsaktivitäten. Vorrangig ist die Frage, wie eine möglichst „lebenslange Mobilität" zu gewährleisten ist. Die Möglichkeit der individuellen Mobilität mit Hilfe eines Kfz erleichtert den Alltag erheblich und schafft so insbesondere ein Gefühl von Unabhängigkeit. Das Selbstbild älterer Kraftfahrer wird daher durch das Verfügen über einen gültigen Führerschein, nicht zuletzt auch als Ausweis eigener Kompetenzen, geprägt. Trotz der älter werdenden Gesellschaft passen sich die Bedingungen im Straßenverkehr kaum den Erfordernissen dieser Bevölkerungsgruppe an. Bemühungen um eine veränderte Verkehrsgestaltung betreffen oftmals die Problematik der Geschwindigkeitsanpassung. Der ältere Kraftfahrer weist aber gerade in diesem Bereich ein deutlich geringeres Unfallrisiko auf als andere Altersgruppen. Ältere Kraftfahrer verunfallen hingegen häufig in komplexen Verkehrssituationen wie z. B. bei Abbiegevorgängen oder beim Einparken.

Bisher stehen für ältere Kraftfahrer jedoch noch keine spezifischen Beurteilungskriterien zur Kraftfahrereignung zur Verfügung. Auch in Bezug auf die Frage der Wahrnehmungsfähigkeit von Leichtkollisionen finden sich keine gezielten Untersuchungen, welche Wahrnehmungsschwellen für ältere Kraftfahrer anzunehmen sind. Eine Vielzahl der praktischen Versuche wird mit relativ jungen Personengruppen

Bevölkerung nach Altersgruppen in Deutschland

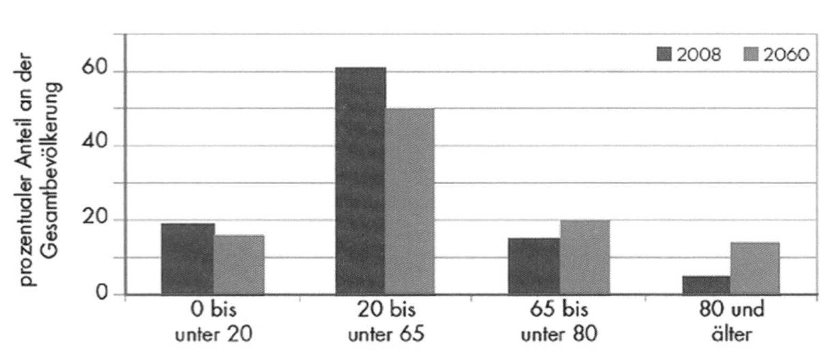

Quelle: DEKRA Verkehrssicherheitsreport 2011, S. 30

absolviert. Nur zufällig kommt es in manchen Studien zu einem Vergleich zwischen älteren und jüngeren Kraftfahrern.

Es ist jedoch anzunehmen, dass die Wahrnehmungsfähigkeit älterer Menschen durch eine Vielzahl von Einflussfaktoren negativ beeinflusst werden kann, die im Einzelfall systematisch zu untersuchen sind. Hierbei spielen nicht Erkrankungen eine zunehmende Rolle, sondern eher der Umgang mit diesen (z. B. Eigenkritikfähigkeit). Durch den Alterungsprozess werden demzufolge zunehmend starke Adaptionsleistungen abverlangt.

2.2.1 Allgemeine Statistik bei älteren Kraftfahrern

Aufgrund des demografischen Wandels werden im Jahr 2030 in Deutschland die 65-Jährigen und Ältere etwa 29 % der Bevölkerung ausmachen. Im Jahr 2060 ist nach derzeitigem Stand davon auszugehen, dass bereits jeder Dritte mindestens 65 Jahre alt sein wird. Analog wird sich auch der Anteil älterer Menschen im Straßenverkehr entwickeln.

Anhand der vorstehenden Grafik ist dennoch deutlich zu erkennen, dass ältere Kraftfahrer weniger häufig verunfallen. Eine diesbezügliche Veränderung ist auch bei zunehmender Zahl älterer Kraftfahrer im Straßenverkehr nicht zu erwarten. Allerdings verändert sich die Auftretenswahrscheinlichkeit bestimmter Arten von Unfällen mit steigendem Alter. Damit einher geht auch ein erhöhtes Verletzungsrisiko.

Auch aufgrund von Veränderungen in Infrastruktur und Freizeitverhalten, ist anzunehmen, dass es in Zukunft immer mehr Personen

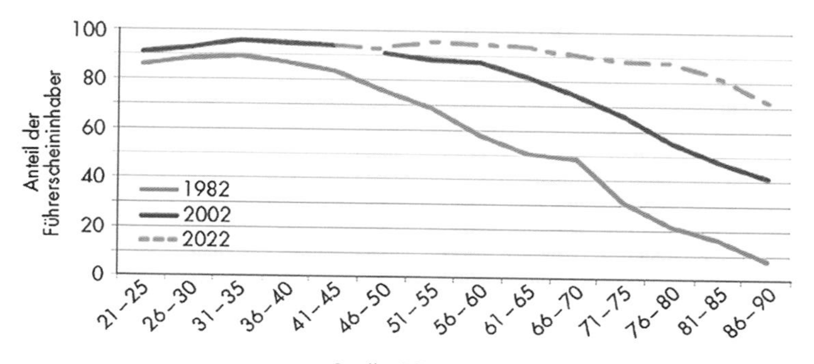

Führerscheinverfügbarkeit in Deutschland nach Altersgruppen

Quelle: DEKRA Verkehrssicherheitsreport (2011) S. 31

Verunglückte Kraftfahrer pro 1 Mio. km Verkehrsleistung in Deutschland

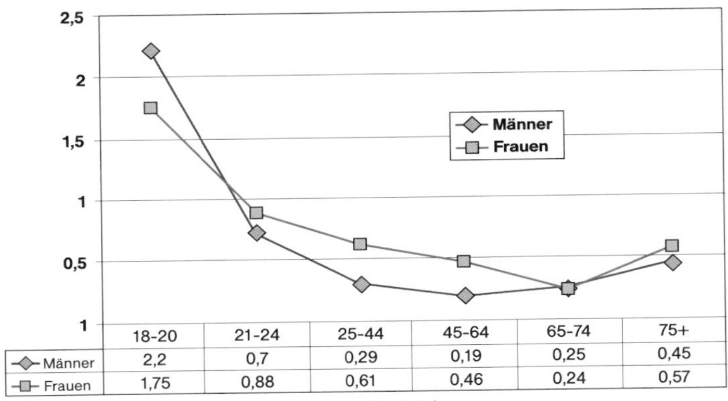

	18-20	21-24	25-44	45-64	65-74	75+
Männer	2,2	0,7	0,29	0,19	0,25	0,45
Frauen	1,75	0,88	0,61	0,46	0,24	0,57

Quelle: Hautzinger, H., Tassaut-Becker, B., Hamacher, R. (1996) Verkehrsunfallrisiko in Deutschland, Berichte der Bundesanstalt für Straßenwesen M 58, Bundesanstalt für Straßenwesen, Bergisch Gladbach, Vortrag Prof. Dr. H. J. Kaiser, DVR-Presseseminar 19.5.2011

geben wird, die auch im höheren Alter nicht auf das Autofahren verzichten wollen. Hinzu kommen andere Faktoren, wie steigende berufsbedingte Mobilität und große räumliche Entfernungen zu anderen Familienmitgliedern.

Schon in den 60er Jahren wurde nachgewiesen, dass 70-Jährige eine doppelt so hohe Unfallfrequenz aufweisen wie 30- bis 60-Jährige[83], neuere Daten bestätigen dies für Unfälle mit Personenschaden. Nach wie vor kann davon ausgegangen werden, dass für ältere Kraftfahrer bei einer differenzierten Betrachtung etwa ab dem 75. Lebensjahr ein gesteigertes Unfallrisiko vor allem unter der Berücksichtigung der zurückgelegten Fahrleistung besteht.[84]

Mit steigendem Alter sind Unfälle in erster Linie aus Situationen heraus zu registrieren, in denen dem Kraftfahrer komplexe geistige Informations-Verarbeitungsprozesse abgefordert werden (Vorfahrt- und Abbiegeunfälle). Dies lässt den Schluss zu, dass Senioren nicht nur in solchen Situationen ein allgemein erhöhtes Unfallrisiko haben.

Durch die veränderten kognitiven Verarbeitungsprozesse kommt es auch in anderen Verkehrssituationen wie z. B. beim Einparken zu einem erhöhten Unfallrisiko.

83 Vgl. Henninghausen, R. (2008).
84 Vgl. Schubert, W. (2012).

Verunglückte nach Altersjahren bei Straßenverkehrsunfällen 2010 je 100 000 Einwohner

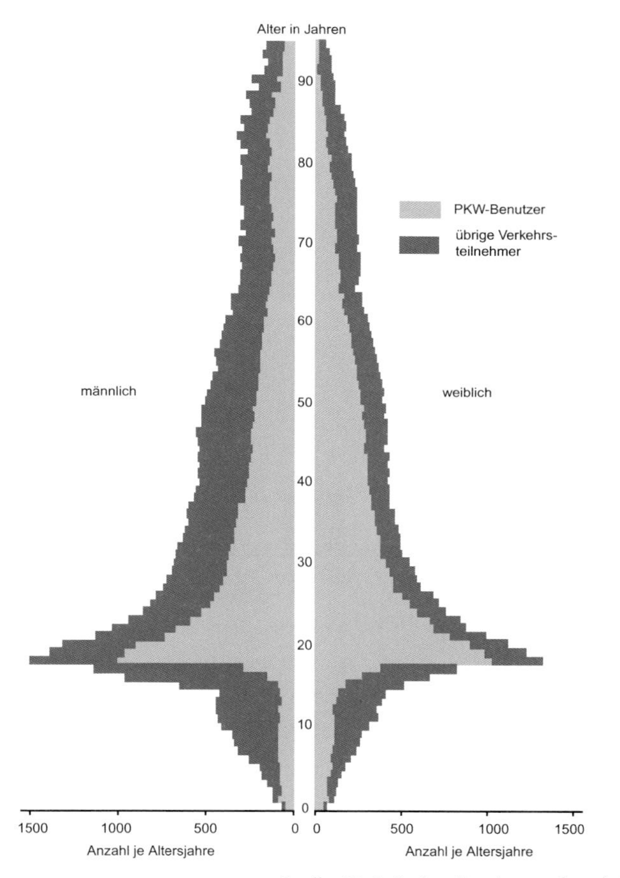

Quelle: Statistisches Bundesamt (2010), S. 16

Dafür fanden sich Hinweise im Rahmen einer Indepth-Studie[85] der DEKRA Unfallforschung. Auf Basis von 141 Unfällen älterer Kraftfahrer konnte festgestellt werden, dass es sich bei einem Großteil der Unfälle um Kleinkollisionen wie z. B. „Rempler" beim Ein- und Ausparken handelte. Diese fanden vorwiegend auf Parkplätzen statt.

In 57 % der Unfälle wurde das Fahrzeug vorwärts bewegt. Das Ereignis lag demnach überwiegend im Bereich des Blickfeldes,

85 Vgl. Engelhaaf, M. u. a. (2008).

Hauptursachen von Unfällen je 1 000 Beteiligte

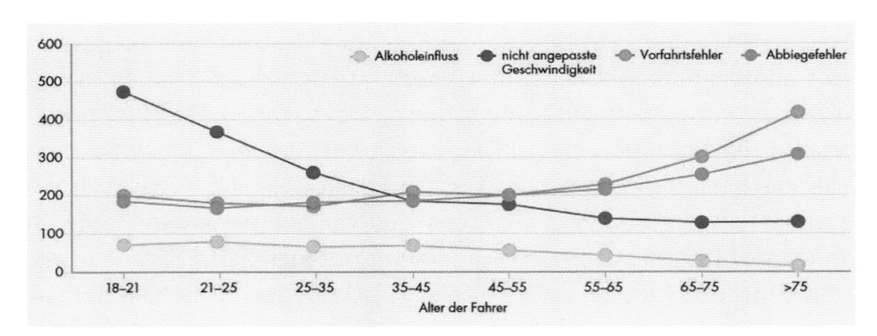

Unfalltypen

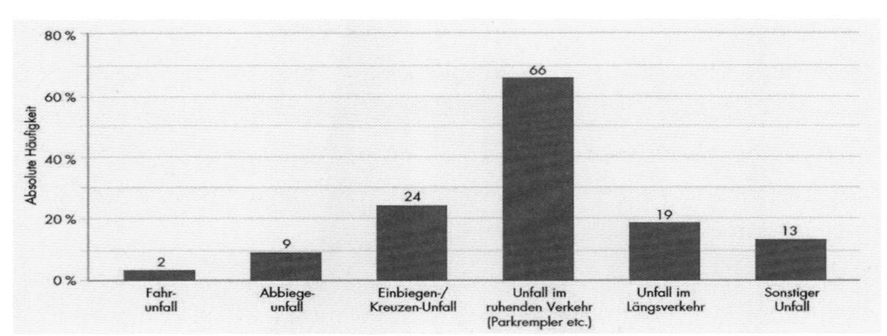

Quelle: DEKRA Verkehrssicherheitsreport (2008), S. 14 (oben), S. 16

sodass es unter der Voraussetzung normaler sensorischer Fähigkeiten erkenn- und vermeidbar gewesen wäre.

Weitere 37 % der Unfälle ereigneten sich beim Rückwärtsfahren, welches für ältere Personen oft eine besondere Anstrengung darstellt. Aber auch Kreuzungs- und Einbiegeunfälle waren erwähnenswert häufig vertreten. Hingegen waren Unfälle durch Geschwindigkeitsüberschreitungen nicht zu verzeichnen. Bei älteren Kraftfahrern besteht lt. Schadensdaten der Versicherer eine höhere Wahrscheinlichkeit für Unfälle mit reinem Sachschaden.[86]

2.2.2 Schwierigkeiten älterer Kraftfahrer beim Bemerken von Kleinkollisionen

Die Auswertung der Unfallakten der vorgenannten Studie zeigte außerdem, dass es bei Kleinkollisionen älterer Kraftfahrer überproportional häufig zu einem Verlassen des Unfallortes kam.

86 Vgl. Kubitzki, J./Janitzek, T. (2010).

Leichte Kollisionen beim Aus- oder Einparken werden sehr oft gerade von älteren Verkehrsteilnehmern nicht bemerkt. Zum einen ist ihr Wahrnehmungsvermögen altersbedingt eingeschränkt: Sie sehen oder hören nicht mehr so gut. Zum anderen nehmen mit steigendem Alter die Einschränkungen der körperlichen Mobilität zu. Gerade beim Führen von Kraftfahrzeugen kommt es durch motorische Schwierigkeiten oftmals zu erhöhten Gefahrenpotenzialen: Durch körperliche Einschränkungen ist der ältere Kraftfahrer oft nicht mehr in der Lage, einen Schulterblick auszuüben. Das ausschließliche Benutzen der Spiegel führt nicht nur zum Übersehen von Hindernissen, auch die richtige Einschätzung von Entfernungen ist nicht mehr gegeben.

Dazu kommt, dass Geräusche oder Erschütterungen bei einer leichten Kollision teilweise nicht mehr eindeutig zugeordnet werden können. Irrtümlicherweise werden diese oft Ereignissen wie „Überfahren des Bordsteins" o. ä. zugeschrieben.

Die allgemeine Aufmerksamkeits- und Konzentrationsleistung älterer Kraftfahrer kann gegenüber der Aufmerksamkeits- und Konzentrationsleistung jüngerer verringert sein. Ist sie jedoch hinsichtlich der augenblicklichen Verkehrssituation sehr hoch, so werden geringe Kollisionen in der Regel auch von älteren Kraftfahrern sowohl akustisch wie taktil unproblematisch wahrgenommen.

In einer realen Unfallsituation liegt die Wahrnehmungsschwelle des Autofahrers jedoch wesentlich höher als in einer Testsituation, weil er geistig unvorbereitet ist. Dies gilt es bei der Beurteilung zu berücksichtigen. Allerdings nimmt die Gedächtnisleistung mit zunehmendem Alter ab. Neu auftretende Informationen können vorhergehende in Vergessenheit geraten lassen. Der ältere Kraftfahrer vergisst dann, wahrgenommene Sachverhalte, die im Zusammenhang mit einer Kleinkollision stehen. Auch Ablenkungen, wie sie z. B. bei Gesprächen mit Insassen entstehen, oder andere Stressfaktoren, ausgelöst durch psychisch-emotionale Momente (z. B. vorhergegangener Streit, Zeitdruck etc.), haben einen höheren Einfluss auf die Wahrnehmung älterer Kraftfahrer. Solche Aspekte sind im Rahmen medizinischer und psychologischer Untersuchungen zu berücksichtigen.[87]

87 Vgl. Löhle, U. (2009).

2.2.3 Hauptursachen für Unfälle älterer Kraftfahrer

Psychologische Ursachen

Einen generellen Zusammenhang zwischen dem biologischen Alter und der Leistungsfähigkeit und somit einem sicheren Fahrverhalten herzustellen, ist kaum möglich. Dennoch zeigt sich, dass mit zunehmendem Alter bestimmte Einschränkungen immer häufiger auftreten. Insbesondere verursachen Leistungsdefizite Problemsituationen an Kreuzungen, beim Abbiegen und Einparken, auch wenn ältere Kraftfahrer meist langsamer und mit größerem Abstand zum vorausfahrenden Fahrzeug fahren, wodurch das Unfallrisiko wieder vermindert wird.

Häufig auftretende Leistungseinbußen sind:

- Längere Orientierung der Aufmerksamkeit auf irrelevante Reize.
- Verlängerter Zeitraum, um die Aufmerksamkeit wieder zurück auf die fahrrelevanten Situationsmerkmale zu richten.
- Verminderte Leistungen bei der visuellen Informationssuche, wobei Erfahrung und Wissen nur einen Teil der Probleme verringern können.
- Erheblich verminderte Fähigkeit, gleichzeitig unterschiedliche Wahrnehmungen zu verarbeiten und verschiedene Aufgaben zu lösen, was in komplexen Verkehrssituationen Fahrfehler nach sich zieht.
- Fehlerverarbeitung und/oder das Gedächtnis sind häufiger verlangsamt oder gestört.
- Beobachtete Zeitintervalle werden zunehmend subjektiv falsch eingeschätzt, was insbesondere beim Linksabbiegen an Kreuzungen häufig zu Unfällen führt.[88]

Auch kognitive Einschränkungen führen zunehmend zu typischen Fehlverhaltensweisen. Ihnen wird oftmals zu wenig Beachtung geschenkt, weil sie durch ihre Vielfalt und Komplexität instrumentell schwer zu erfassen sind.

88 Vgl. Falkenstein, M./Poschadel, S. (2008).

Während Funktionen wie Wissen und Planung kaum beeinträchtigt sind, finden sich eine Reihe von Einschränkungen bei anderen Gedächtnisfunktionen, die das Arbeitsgedächtnis und das episodische Gedächtnis betreffen.[89]

Folgende Funktionen werden zum Fahren benötigt:

- Vorbereitung auf Wahrnehmung und Aktionen
- Räumliche Aufteilung und Wechsel von Aufmerksamkeit
- Suche von Zielreizen
- Abschirmung gegen Ablenkung
- Wechsel von Aufgaben
- Mehrfachtätigkeit
- Hemmung spontaner Fehlreaktionen
- Überwachung eigener motorischer Aktionen.

Da das Führen eines Fahrzeugs eine Mehrfachtätigkeit darstellt, ist eine Kompensation von Defiziten ab einem bestimmten Moment nicht mehr hinreichend möglich.

In Einparksituationen könnten Suchdefizite Älterer z. B. dazu führen, dass es durch den Suchprozess zu einer übermäßig starken Beanspruchung kommt. Notwendige Reaktionen, wie z. B. das Bremsen, werden verzögert ausgeführt oder unterbleiben gänzlich.

Auch das Durchfahren eines Engpasses, wie es beim Einparken erforderlich ist, stellt eine Abweichung von sonstigen Routineaufgaben dar. Hierbei müssen weitere Informationen verarbeitet werden, was sich als so komplex erweisen kann, dass diese scheinbar einfache Fahraufgabe nicht mehr hinreichend sicher bewältigt wird. Andere wichtige sensorische Informationen, wie Verzögerungen, Geräusche, Bewegungen, werden einfach ausgeblendet. Die Wahrnehmung einer Kleinkollision kann dadurch durchaus verhindert werden.

89 Vgl. Falkenstein, M./Sommer, S. M. (2008).

Ein typisches Beispiel, vom Autor auf dem Parkplatz eines Einkaufszentrums beobachtet:

Ein älterer Kraftfahrer versucht, vorwärts in eine Parktasche einzufahren. Das rechts geparkte Fahrzeug steht leicht schräg in der Parktasche, sodass es mit dem hinteren Kotflügel in den freien linken Parkraum hineinragt. Der ältere Fahrer berührt beim Einparken das bereits geparkte Fahrzeug mit dem Stoßfänger. Das parkende Fahrzeug bewegt sich leicht. Das Fahrzeug des Einparkenden kommt zum Stillstand. Die Beifahrerin macht den Fahrer gestikulierend auf seinen Fehler aufmerksam. Trotzdem setzt der Fahrer sein Einparkmanöver weiter fort, ohne vorher das eigene Fahrzeug neu auszurichten. Hierbei wird das gegnerische Fahrzeug erneut so stark berührt, dass es sich deutlich sichtbar bewegt. Nachdem das Einparkmanöver abgeschlossen ist, geht die Beifahrerin mit dem Fahrer zum geschädigten Fahrzeug, um ihm den Schaden (leichte Kratzer) zu zeigen. Dieser äußert sich dahingehend, er sei nicht mit dem anderen Fahrzeug kollidiert, die Kratzer können nicht von ihm verursacht worden sein.

Erkenntnisse über entsprechende Leistungseinbußen können durch psychometrische Tests gewonnen und Abweichungen bei der Reaktionsfähigkeit, aber auch der Aufmerksamkeit und Auffassungsgabe sowie der Wahrnehmungsfähigkeit festgestellt werden.

Diese Probleme entstehen bei älteren Personen – obwohl die Genauigkeit, mit der die Aufgaben ausgeführt werden können, hoch ist – durch die Verlängerung der Bearbeitungszeit. Signifikante Unterschiede bestehen dann auch hinsichtlich der Auslassungsfehler zwischen älteren und jüngeren Kraftfahrern, wenn die Verarbeitungsgeschwindigkeit so stark vermindert ist, dass Informationsinhalte ausgeblendet werden.

Auch wenn die Erfahrung – vor allem die Fähigkeit, aus der Flut von Reizen aufgrund bestimmter Hypothesen die richtigen Signale auszuwählen – bei älteren Kraftfahrern noch zu einer weitgehenden Kompensation einer sich verringernden Leistungsfähigkeit führt, muss davon ausgegangen werden, dass der Anteil von Personen, die nicht mehr über ausreichende Fähigkeiten verfügen, mit steigendem Alter zunimmt. Im Rahmen von Eignungsuntersuchungen zeigt sich, dass ab etwa dem 55. Lebensjahr das Leistungsvermögen abnimmt. Eine Erfahrungs-Kompensation findet in der Regel bis zum 60. Lebensjahr noch in vollem Umfang statt. Danach wird diese Möglichkeit zunehmend geringer. Von Person zu Person gibt es dabei jedoch gravierende Unterschiede, da das kalendarische und das biologische Alter im Einzelfall erheblich differieren.[90]

Hinzu kommen altersbedingte Persönlichkeitsveränderungen, die durch eine unkritische Haltung gegenüber der eigenen Leistungsfähigkeit geprägt sein können. Die kritische Auseinandersetzung mit dem individuellen Fahr- und Fehlverhalten nimmt ab. Negative körperliche und psychische Alterungsprozesse oder krankheitsbedingte Einschränkungen werden teilweise nicht unerheblich ausgeblendet, um ein positives Selbstwertgefühl zu bewahren. In Einzelfällen kommt es zu nicht unerheblichen Selbstwahrnehmungsverzerrungen bis hin zur Wahrnehmungsvermeidung.

Wie Richter u. a.[91] ausführen, werden physiologische und mentale Veränderungen, die das Altern mit sich bringt, nicht rechtzeitig erkannt oder es wird diesen keine Beachtung geschenkt. Dadurch geraten ältere Kraftfahrer immer wieder in Situationen, in denen ihre Leistungsfähigkeit an Grenzen stößt. Wird diese Grenze völlig ausgeblendet, muss davon ausgegangen werden, dass nicht nur die sich daraus ergebenden Gefahren, sondern auch Unfallereignisse, wie sie Kleinkollisionen darstellen, völlig aus dem Bewusstsein verdrängt werden.

Im Rahmen der Einzelfallbewertung ist es somit erforderlich, auch das individuelle Selbstbild des Betroffenen zu eruieren. Aufgrund der Persönlichkeitsanteile kann dazu sogar der Einsatz von spezifischen

90 Vgl. Pöthig, D. (2011).
91 Vgl. Richter, J. u. a. (2011).

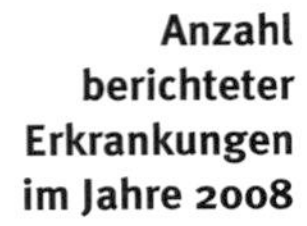
Anzahl berichteter Erkrankungen im Jahre 2008

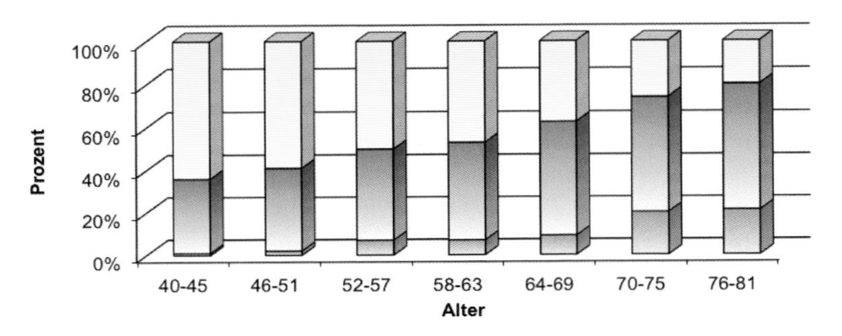

Quelle: Deutscher Alterssurvey (2010)

Persönlichkeitstests sinnvoll sein. Weinand hat diese bereits 1997 bei der Überprüfung von Kompensationsmöglichkeiten älterer Kraftfahrer als wichtigen Baustein neben psychophysischen Leistungstests, einer Fahrverhaltensbeobachtung und der Exploration genannt.[92]

Medizinische Ursachen

Eines der am häufigsten auftretenden medizinischen Probleme im Alter ist eine Verminderung der Sehleistung. Sehschärfe und Kontrastempfindlichkeit sinken, gleichzeitig steigt die Blendempfindlichkeit, und es können Schwierigkeiten beim Erkennen peripherer Zielreize auftreten.

Zudem wirken sich Stimuli, die die Aufmerksamkeit vom Zielstimulus ablenken, negativ aus, vor allem, wenn der Zielstimulus in diesen eingebettet ist. Bei einer Einparksituation wäre der zu beachtende Abstand zum Spiegel des Nachbarfahrzeugs ein typisches Beispiel.

Einschränkungen des zu nutzenden Gesichtsfeldes (Youthful Field Of View) können auch als ein Aufmerksamkeitsdefizit Älterer, nämlich das Problem, schnell Informationen aus dem seitlichen visuellen Umfeld zu erkennen, angesehen werden, sodass sich hier medizinische und psychologische Aspekte überlappen.[93]

92 Vgl. Weinand, M. (1997).
93 Vgl. Falkenstein, M. (2008).

Zudem steigt im Alter die Zahl anderer Erkrankungen, die die Auffassungsgabe und Wahrnehmungsfähigkeit beeinträchtigen können (z. B. Bluthochdruck, Herz-Kreislauf-Probleme, Tagesschläfrigkeit oder Altersdiabetes), oftmals bei gleichzeitiger Abnahme des Hörvermögens. Nicht zuletzt steigt auch die Zahl der Vielfacherkrankungen.

Auch die steigende Medikamentengabe bei steigender Multimorbidität beeinträchtigt die Wahrnehmungsfähigkeit. Etwa 15–20 % der in Deutschland verschriebenen Medikamente können die Fahrtüchtigkeit beeinträchtigen. Nach Schätzungen der Deutschen Verkehrswacht wird sogar jeder vierte Verkehrsunfall direkt oder indirekt von Wirkungen, Nebenwirkungen oder unvorhergesehenen Wechselwirkungen von Medikamenten beeinflusst.[94]

➔ Fazit

Aller Wahrscheinlichkeit nach werden ältere Kraftfahrer künftig häufiger bei Kleinkollisionen mit Fahrerflucht in Erscheinung treten. Aufgrund der hierbei entstehenden Besonderheiten käme jedoch im Sinne der Einzelfallgerechtigkeit, der Rechtssicherheit und der Rechtsgleichheit eine Abhandlung als „Standardfall“ eher einer Vorverurteilung denn einer sach- und fachgerechten Bewertung gleich.

Grundsätzlich bedarf es im Falle älterer Kraftfahrer auch bei Strafverfahren im Zusammenhang mit der Deliktart „unerlaubtes Entfernen vom Unfallort“ eines Umdenkprozesses mit Hinwendung zur Frage nach den Kompensationsmöglichkeiten und noch vorhandenen Funktionen. Kann damit sicherer zwischen nicht mehr vorhandenen Funktionen und dennoch bestehender Fahrtauglichkeit und gegebener Fahreignung differenziert werden, verringert sich auch die Gefahr, dass selbst nach einem Freispruch eine interdisziplinäre Fahreignungsuntersuchung erforderlich wird.

94 Vgl. Brunnauer, G. Laux (2008).

3 Diagnostisches Vorgehen im Rahmen einer psychologischen Untersuchung zur Wahrnehmungsfähigkeit

3.1 Diagnostische Methoden des psychologischen Sachverständigen

Eine psychologische Begutachtung zur Wahrnehmung erfolgt im Regelfall im Rahmen einer Beweiserhebung für ein Strafverfahren, womit sie besonderen normativ-institutionellen und prozessualen Rahmenbedingungen unterliegt.[95] Sie ist insofern teilweise ähnlich, aber nicht identisch mit der Medizinisch-Psychologischen Untersuchung (MPU) im verwaltungsrechtlichen Verfahren zur Feststellung der Fahreignung.

Auch wenn in der klassischen forensisch-psychologischen Diagnostik die Begutachtung der Wahrnehmungsfähigkeit bei Kleinkollisionen bisher selten Berücksichtigung fand, sind die Grundvoraussetzungen der Tätigkeit des psychologischen Sachverständigen bei diesen Fragestellungen denen der forensisch-psychologischen Diagnostik gleichzusetzen. Das methodische Vorgehen, das bisher in diesem Bereich entwickelt wurde, ist auch für den Tatbestand Unfallflucht bei Kleinkollisionen anwendbar.

Zur Diagnostik kann eine Vielzahl psychologischer Methoden infrage kommen, die der Sachverständige einzelfallorientiert auswählen muss. Hierbei ist die Fragestellung das bindende Element zwischen rechtlichen und psychologischen Aspekten. Hinter dem Einsatz der verschiedenen diagnostischen Methoden steht immer das Bestreben, durch ein standardisiertes Ablaufschema dem Einzelfall gerecht zu werden und die Fragestellung des Gerichts zu beantworten.

Als Grundlage kann das reflexive Modell forensisch-psychologischer Begutachtung nach Greuel genutzt werden.

Neben den dargestellten übergeordneten Ebenen ist, bezogen auf die einzelnen psychologischen Untersuchungsmethoden und die

95 Vgl. Greuel, L./Heubrock, D. (2006).

Reflexives Modell forensisch-psychologischer Begutachtung

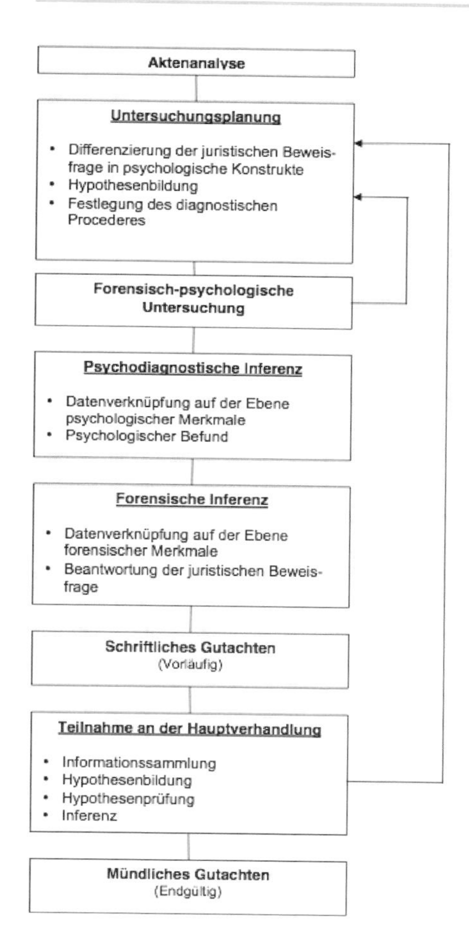

Quelle: Greuel, L. (2001), S. 262

Hypothesenbildung, eine vielfache Wechselbeziehung festzustellen. Während des Untersuchungsprozesses können die ursprünglichen Hypothesen nicht nur überprüft werden, sondern es entstehen im diagnostischen Prozess ggf. weitergehende Hypothesenkonstrukte, die dann durch andere Untersuchungsverfahren oder bereits geplante Untersuchungsverfahren bestätigt oder verworfen werden müssen. Dementsprechend ist eine permanente Überprüfung des Methodenrepertoires erforderlich. Dieser Prozess setzt sich bis zur mündlichen Verhandlung vor Gericht fort. Im Einzelfall tauchen selbst hier weitere, bisher unbekannte Aspekte auf.

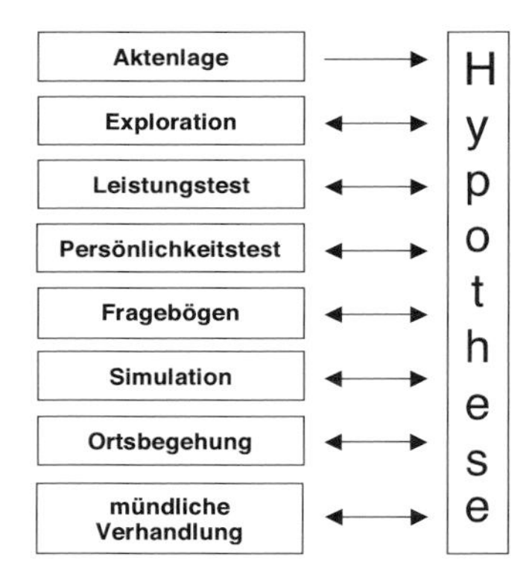

Durch das systematische Bilden von Hypothesen und ihre Überprüfung entwickelt sich das Untersuchungsgeschehen bis zur endgültigen Entscheidungsreife in Bezug auf die Beantwortung der Fragestellung. Erst wenn die Fragestellung aus psychologischer Sicht sinnvoll beantwortet werden kann, wobei entsprechende Erklärungsmodelle dargelegt werden müssen, kommt es zu einer abschließenden Beurteilung und zur Gutachtenerstellung. Hierbei ist es notwendig, die psychologisch erhobenen Daten und Befunde in den rechtlichen Kontext einzugliedern. Diesen Vorgang bezeichnet man als forensische Inferenz.

Zu beachten ist, dass der psychologische Sachverständige immer nur Wahrscheinlichkeitsaussagen in Bezug auf die vorher festgelegten Hypothesen treffen kann. Der psychologische Begutachtungsprozess stellt somit einen reflexiven Prozess systematischer Hypothesenprüfung dar.

Die Notwendigkeit des Einsatzes eines psychologischen Sachverständigen im Rahmen eines interdisziplinären Gutachtens wird auch von Himmelreich (2010) betont. Der Autor fordert, dass bei bestimmten Konstellationen sowohl ein Verkehrspsychologe, ein medizinischer Psychologe als auch ein Rechtsmediziner tätig werden sollten. *„Aufgabe dieses Sachverständigen ist es, die vom technischen Sachverständigen gemachten Angaben zu den objektiv auftretenden Anstoßmerkmalen im Hinblick auf eine tatsächliche Bemerkbarkeit für den Angeklagten unter Berücksichtigung aller relevanten Parameter zu interpretieren. Hierzu zählen insbe-*

sondere die individuelle körperliche und geistige Konstitution des Angeklagten, seine Fähigkeit zur Sinneswahrnehmung und seine Fähigkeit, diese Sinneswahrnehmungen bewusst einem Anstoßereignis zuzuordnen."[96]

Durch eine deutlichere Differenzierung der Methoden wird offenkundig, welche medizinischen und/oder psychologischen Sachverhalte zu untersuchen sind, um dann in der Verzahnung eines interdisziplinären Gutachtens zu einem zufriedenstellenden Gesamtergebnis zu kommen.

In diesem Zusammenhang ist darauf hinzuweisen, dass der oftmals verwendete Begriff „biomechanische Gutachten" häufig fälschlich auch für psychologische Sachverhalte eingesetzt wird. Biomechanische Gutachten sind medizinische Gutachten, die Belastungen klären sollen, denen der menschliche Organismus bei Verkehrsunfällen ausgesetzt ist bzw. war, insbesondere zum Hals-Wirbel-Syndrom (HWS) oder anderen Verletzungen. Die Aufgabe des medizinischen Sachverständigen besteht darin, festzustellen, wie wahrscheinlich die diagnostizierten Verletzungen tatsächlich auf den Unfall zurückzuführen sind.[97]

Diese begriffliche Ungenauigkeit zeigt, dass die Aufgabenverteilung zwischen den Disziplinen nicht überall erkannt wird. Während der medizinische Sachverständige im Zusammenhang mit Kleinkollisionen Hör- und Sehfähigkeit sowie andere körperliche Wahrnehmungsparameter messen und mit den Ergebnissen des technischen Sachverständigen abgleichen kann, ist es dem psychologischen Sachverständigen zudem möglich, jenseits dieser Messmethoden andere Ursachen in seine Betrachtung einzubeziehen und aufzuklären.[98] Dabei gilt es zu vermeiden, dass durch eine missverständliche Begriffswahl schon im Vorfeld der Auftragsvergabe für den Gutachter Schwierigkeiten entstehen, die die Beantwortung der Fragestellung erschweren.

Wie bei den bereits regelmäßig durchgeführten psychologischen Begutachtungsmethoden in der forensischen Diagnostik, etwa zur

96 Himmelreich, K. (2010), S. 46.
97 Vgl. Buck, J. u. a. (2009).
98 Vgl. Himmelreich (2010) sowie Demuth, C. (o. J.).

Glaubhaftigkeit von Zeugenaussagen oder Schuldfähigkeit, besteht trotz der Allgemeingültigkeit bestimmter psycho-diagnostischer Verfahren, die schon jetzt hohen Qualitätsanforderungen gerecht werden, regelmäßiger Forschungsbedarf im Bereich der verkehrsverhaltensrelevanten Diagnostik zur weiteren Verbesserung der Aussagequalität.

3.2 Aktenanalyse

Durch die Aktenanalyse bekommt der psychologische Sachverständige Hintergrundinformationen über das Unfallgeschehen und personenspezifische Daten des Unfallverursachers. Hieraus leitet sich eine erste Hypothesenbildung ab. Voraussetzung für eine gesicherte Beantwortung der Fragestellung ist daher, dass Sachverhalte der Akte hinreichend und in Verbindung mit der Fragestellung dahingehend geprüft werden, welche Verhaltensweisen und Verhaltensbedingungen durch die Fragestellung angesprochen sind.

Parallel dazu muss die vorgegebene Fragestellung mit den Inhalten der Akte vereinbar sein. Sollte dies nicht der Fall sein, ist eine Rücksprache mit dem Auftraggeber (in der Regel der Richter) zur Klärung der Fragestellung erforderlich, damit der Untersuchungsauftrag fach- und sachgerecht ausgeführt werden kann.

Eine selbstständige Ausweitung der Fragestellung ist jedoch zu unterlassen. Deswegen sollen auch nur Befunde erhoben und im Gutachten wiedergegeben werden, die für die Beantwortung der Fragestellung relevant sind. Dabei ist zu berücksichtigen, dass, auch wenn der Mensch als bio-psycho-soziale Einheit zu verstehen ist, ein einzelnes Verfahren bereits deutliche und ausreichende Hinweise darauf geben kann, ob eine Kleinkollision wahrgenommen werden konnte. Bei eindeutiger Befundlage kann ein Gutachten demnach weniger umfangreich sein.

3.3 Verkehrspsychologisches Untersuchungsgespräch

Informationen können in verschiedenen Formen des psychologischen Untersuchungsgesprächs gesammelt werden. Zu unterscheiden ist hier zwischen Interview, Exploration und Anamnese.[99] Während das Interview es vor allem dem Untersuchten ermöglicht, dem Gutachter seine Ansichten zu einem in Frage stehenden Problem mitzuteilen oder sich selbst darzustellen, liegt bei der Exploration die Aktivität eher beim Sachverständigen, der den Betroffenen nach Gefühlen, Stimmungen, Denkinhalten und anderem befragt. Die Anamnese ermöglicht hingegen eine Sammlung und Systematisierung sowie eine diagnostische Verarbeitung von Informationen zu den gegenwärtigen, aber auch früheren körperlichen Zuständen, Verhaltensweisen und Erlebnissen einer Person.[100]

Der Wert der Exploration als diagnostisches Instrument wird inzwischen als relativ hoch eingeschätzt, deswegen wird sie neben den anderen genannten Methoden zur mündlichen Erfassung von Sachverhalten vorrangig eingesetzt. Sie wird als unverzichtbares Instrument zur Datenerhebung angesehen.[101]

Die Definition der psychologischen Exploration als Untersuchungsmethode findet sich bei Wagner und Kranich: *„Unter der psychologischen Exploration in der Fahreignungsbegutachtung versteht man interviewbasierte Erhebungstechniken, die dazu dienen, ausgehend von aktenkundigen Anknüpfungstatsachen, entscheidungsrelevante Informationen über die subjektive Erlebniswelt des untersuchten Kraftfahrers und die Entwicklung relevanter verkehrsbezogener Verhaltenselemente seit dem anlassbezogenen Fehlverhalten zu gewinnen.“*[102]

Unter Berücksichtigung der Ausgangslage bei dem unerlaubten Entfernen vom Unfallort kann davon ausgegangen werden, dass die Exploration somit ein geeignetes Instrument darstellt, um die Fragestellung zu beantworten.

Insbesondere die Exploration bietet demnach die Möglichkeit, in Form eines autobiografischen Berichtes Gedächtniseffekte anzuregen. Gerade im episodischen Gedächtnis finden sich Ereignisse, Episoden und Tatsachen aus dem eigenen Leben, wie z. B. Erinne-

99 Vgl. Dorn, J. (2008).
100 Vgl. Kessler, B. H. (1988).
101 Vgl. u. a. Barthelmes, W. (1990); Kunkel, E. (1990); Alt, M./Petermann, T. (2006).
102 Wagner, T./Kranich, U. (2011).

rungen an Verkehrsunfälle, kritische Ereignisse im Straßenverkehr oder auch sonstige besondere Ereignisse, wie z. B. eine Gerichtsverhandlung.

In der Regel werden Unfallerlebnisse sehr lebhaft erinnert. Somit wären sie einer Exploration gut zugänglich. Wird hingegen angegeben, der Unfall habe gar nicht stattgefunden, so kann von einer lebhaften Erinnerung nicht ausgegangen werden. Die Aufgabe des Sachverständigen besteht dann darin, den zu begutachtenden Sachverhalt und dessen Umstände wieder lebhaft ins Gedächtnis zu rufen. Hierzu müssen dem Gutachter unerwünschte Nebeneffekte, die die Qualität des Gutachtenergebnisses in Frage stellen können, bewusst sein. Der Gutachter muss demnach über grundlegende Kenntnisse auf einer Reihe von psychologischen Gebieten (allgemeine Psychologie, klinische Psychologie etc.), aber auch über Grundkenntnisse der Medizin, Fahrzeugtechnik und Rechtswissenschaften verfügen.

Im Rahmen des psychologischen Untersuchungsgesprächs sollte die Datenerhebung so lange vorangetrieben werden, bis aus der Sicht des Sachverständigen eine Entscheidung getroffen werden kann. Dabei ist zu prüfen, ob und inwieweit die erhobenen Daten verwertbar sind. Durch den Abgleich mit allen Informationsquellen (Aktenlage des Ereignisses, medizinische Befunde, Leistungsbefunde, Fragebogendaten, Informationen von Fremdbefunden, Aktenlage etc.) wird eine ausreichende Explorationstiefe sichergestellt. Dies erfordert einen ständigen Prozess und das Wissen um die bereits vorhandene Datenlage. Dabei gehört es auch zur Aufgabe des Gutachters, Widersprüche aufzudecken und diese ggf. zu relativieren.

3.4 Gegenstand der Exploration

■ Persönlichkeit

Bei der Erörterung von Persönlichkeitsmerkmalen geht es nicht um das Erfassen der Gesamtpersönlichkeit. Im Vordergrund stehen hier Aspekte, die sich im Laufe eines Lebens auch ändern können. Es handelt sich um ein *„aus dem Verhalten (einschließlich dem berichteten Erleben) erschlossenes, bei jedem Menschen einzigartiges, relativ überdauerndes System von Dispositionen, das sich allmählich aufbaut, verändert und in Wechselwirkung mit situativen Merkmalen jeglichem aktuellen psychischen Geschehen und Verhalten des Individuums zugrunde liegt.“*[103]

Verhaltensanalyse

Mit Hilfe verschiedener Handlungssysteme berücksichtigt die Exploration als diagnostisches Instrument den Einzelnen mit seinen persönlichen Eigenarten in Bezug zu seiner subjektiven, individuellen Umwelt. Die im Einzelfall relevanten wechselseitigen Wirk-

Exploration im Kontext verkehrspsychologischer Eignungsdiagnostik

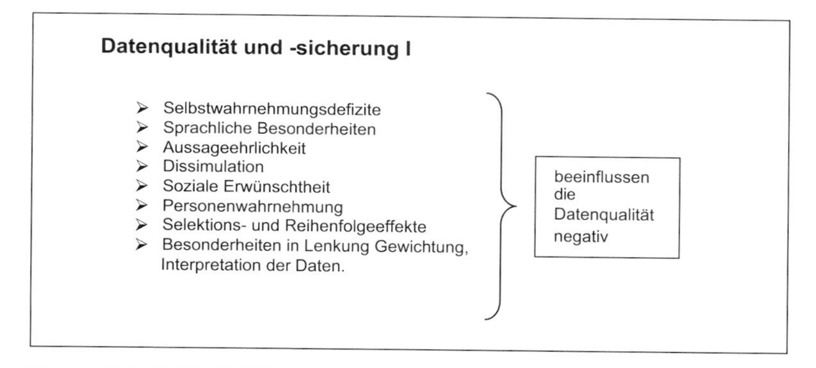

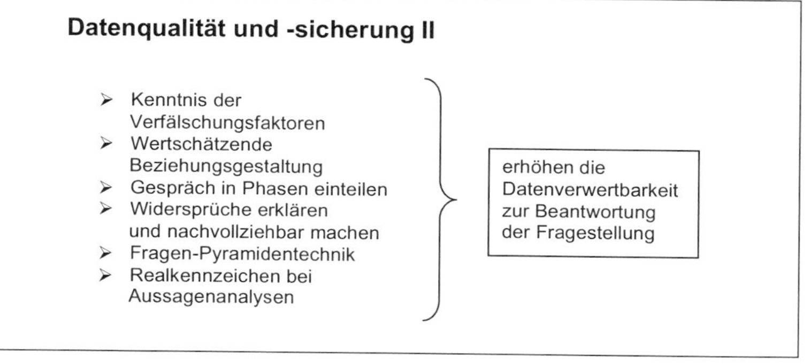

Quelle: Kranich, U. (2011)

103 Lösel, F. (1988), zitiert nach Uzelmann, H. D. (1996), S. 1.

beziehungen zwischen Individuum und Umwelt werden einer genaueren Betrachtung unterzogen. Die Verhaltensanalyse findet statt nach

- Art und Umfang des gezeigten Verhaltens,
- den Bedingungen in den entsprechenden Situationen,
- intervenierenden Variablen sowie
- der Lerngeschichte, die dem Verhalten möglicherweise vorausging.

Wichtig ist hierbei, die Einflussfaktoren, die auf die Qualität der Explorationsdaten einwirken, sicher zu kennen, damit Verfälschungseffekte analysiert werden können und korrigierend dagegen eingegriffen werden kann. Eine zusammenfassende Darstellung zur Datenqualität und -sicherung findet sich in den beiden vorstehenden Abbildungen.

3.5 Psychophysische Testverfahren

Neben dem Aktenstudium und der Exploration haben sich psychophysische Leistungstests inzwischen als Standardrepertoire in der verkehrspsychologischen Begutachtung etabliert. Ihre Bedeutung für den psychologischen Sachverständigen im Rahmen der Unfallanalytik führt Berg aus:

„Beispiel eines Unfalls. Der Großvater schaut nach links: da ist etwas. Er schaut nach rechts: alles frei, er fährt los. Hat er das linke Fahrzeug nicht gesehen, nicht wahrgenommen oder vergessen? Antwort auf solche durchaus verkehrsrelevanten Fragen können theoriegeleitete validierte Testverfahren geben, wenn sie nachweislich Funktionen der Wahrnehmung, der Aufmerksamkeit oder des Arbeitsgedächtnisses erfassen. Auch dann, wenn sie nicht mit zahlreichen Variablen des Fahrverhaltens als solche hoch korrelieren. Heute hält die moderne Psychologie umfangreiches Wissen über die Prozesse bereit, auf die die Leistungsdiagnostik zugreift. Wahrnehmung, Aufmerksamkeit, Arbeitsgedächtnis, räumliches Vorstellen sind am Wissensstand validierbare Testgegenstände. Heute sind wir in der Lage, dieses Wissen zu nutzen, um Testverfahren theoriegeleitet zu validieren.“[104]

---

104 Berg, M. (2008), S. 50 f.

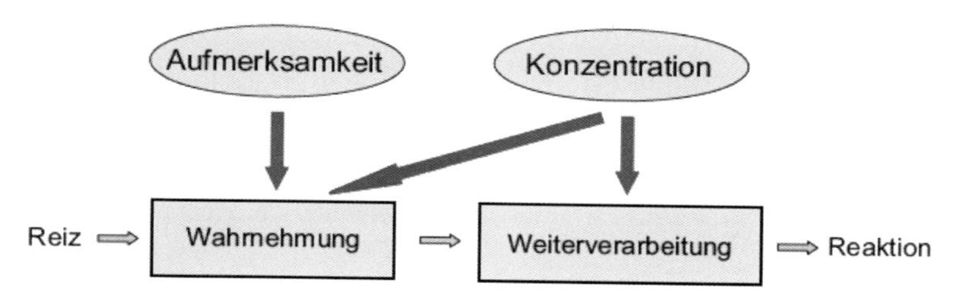

Quelle: Amelang, M./Schmidt-Atzert, L. (2006), S. 184

Unabhängig von den medizinischen und sonstigen psychologischen Befunden sollte in einem solchen Fall der Annahme bzw. Hinweisen auf psychofunktionale Leistungseinschränkungen nachgegangen werden.

Für die Frage der Wahrnehmungsfähigkeit spielt eine wichtige Rolle, ob bei dem Betroffenen eine Minderung der optischen Orientierung, der Konzentrationsfähigkeit, der Aufmerksamkeit, der Reaktionsfähigkeit und Belastbarkeit vorliegt. Aufmerksamkeit beeinflusst die Wahrnehmung unmittelbar, während die Konzentration für die Weiterbearbeitung der selektierten Reize mit verantwortlich ist. Als „konzentrierte Aufmerksamkeit" nehmen beide Einfluss auf die Wahrnehmung sowie auf die Handlungsplanung bzw. Psychomotorik einer Reaktion.[105]

Die psychophysische Leistungsfähigkeit beschreibt Funktionen des zentralen Nervensystems, die beim Navigieren und Agieren sowie für das Bedienen eines Fahrzeugs erforderlich sind. Wenngleich körperliche Kraft und Beweglichkeit bei solchen Testverfahren keine große Rolle spielen, werden durch die Tests psychophysische Voraussetzungen, wie etwa die sensomotorische Koordination, aber auch andere Steuerungsfunktionen der motorischen Reaktionsfähigkeit erfasst bzw. gemessen.

Für einen in der Regel ausreichenden Überblick in Bezug auf die Wahrnehmungsfähigkeit von Kleinkollisionen eignen sich Testverfahren, die üblicherweise in der Fahreignungs-Begutachtung angewendet werden (siehe nachfolgende Tabelle).

105 Vgl. Amelang, M./Schmidt-Atzert, L. (2006).

	Testsysteme			Andere Testverfahren		
	Computergestützt			Computergestützt		Paper-and-Pencil-Tests
	ART 90 ART 2020	WTS	Corporal	Combi-Test	Andere	
Belastbarkeit	RST 3	DT	STE 1–7	Mehr-fachreak-tion	WDG	
Orientierungsleistung	LL 5 TT 15	LVT TAVT	STE 5–7		LVT TAVT 2	
Konzentrationsleistung	Q 1	TAVT DT COG	STE 4	Konzen-tration	LVT	d2 nach Bricken-kamp
Aufmerksamkeits-belastung	FAT Q1	COG LVT TAVT	STE 3	–	APG nach Müller LVT TAVT 2	d2 nach Bricken-kamp
Reaktionsfähigkeit	RST 3 DR 2	DT	STE 1–2	Einfach-reaktion	WDG	

Quelle: Schubert, W. u. a. (Hrsg.) (2005), S. 56

Diese Testverfahren sind standarisiert und entsprechen den wissenschaftlichen Gütekriterien, insbesondere der Gültigkeit (Validität), Zuverlässigkeit (Reliabilität) und Objektivität (Konkordanz). Eingeschränkt verwertbar ist der in der Tabelle benannte d2-Test nach Brickenkamp. Für ihn liegen keine Validierungen zu fahreignungsspezifischen Fragestellungen vor. Einzelfallbezogen können aber auch andere Verfahren, die lediglich einen kleinen Teilbereich der psychophysischen Leistungsfähigkeit messen, in Betracht kommen.

Im Vordergrund aller Tests stehen Fragen der visuellen Auffassungsgeschwindigkeit und Flexibilität, der Konzentrations- und Aufmerksamkeitsleistung, der Merkfähigkeit, der visuellen Strukturierungsfähigkeit, der Stresstoleranz und reaktiven Dauerbelastbarkeit, der Wahrnehmungs- und Orientierungsleistung im visuellen

Bereich sowie der nonverbalen Intelligenzleistungen, der diffusen und fokussierten sowie selektiven und verteilten Aufmerksamkeit bei Wahlreaktionen.[106]

Mittels dieser Testverfahren kann aufgedeckt werden, inwieweit psychophysische Leistungsmängel Einfluss auf die Wahrnehmung einer Kleinkollision hatten. Geprüft wird u. a., ob

- die optischen Informationen in ihrem Bedeutungsgehalt nicht ausreichend schnell und sicher wahrgenommen wurden,
- die Zielorientierung im jeweiligen optischen Umfeld, d. h. im Verkehrsraum, nicht sicher oder gar nicht gelang oder nur mit einem deutlich erhöhten Zeitaufwand,
- die Konzentration zeitweilig oder dauernd gestört ist, sodass die zur Diskussion stehende Wahrnehmung während der Kleinkollision aufgrund von Ablenkungen oder Fehldeutungen verkannt wurde,
- die Aufmerksamkeitsverteilung unzulänglich ist bzw. war, weil nur ein Teilbereich der für den Kraftfahrer bedeutsamen Informationen erfasst und/oder bei Situationswechsel, z. B. nach einer Phase der Monotonie, neue Informationen der Aufmerksamkeit entgegen standen,
- die Aufmerksamkeitsbelastbarkeit zu gering ist, sodass es unter Stress oder nach länger andauernder Beanspruchung zu fehlerhaften Wahrnehmungen, Interpretationen oder Reaktionen kam,
- notwendige motorische Reaktionen zu spät einsetzen und/oder stark verzögert ausgeführt werden, was eine Fehlinterpretation des Wahrgenommenen begünstigen kann,
- Reaktionen unsicher erfolgten, eventuell vorschnell und situations-unangemessen oder ob sie unpräzise, motorisch ungeschickt, „überschießend“ oder überhastet ausgeführt wurden, sodass die Wahrnehmung eingeschränkt war,
- die psychischen Leistungen in dem Sinne, dass die erforderliche Ausgewogenheit zwischen Schnelligkeit und Sorgfaltsleistung fehlte, instabil ist.

106 Eine ausführliche Beschreibung der Darbietungsform und Aufgaben gängiger Testverfahren findet sich ebenfalls im Kommentar zu den Begutachtungs-Leitlinien, Kapitel 2.5 „Anforderungen an die psychische Leistungsfähigkeit“, S. 42–64.

Anforderungsbereiche (FeV)	Aufmerksamkeitsfunktion basierend auf aktuellen kognitiven Modellen
Visuelle Wahrnehmung; Reaktionsfähigkeit	Alertness; allgemeine Reaktionsbereitschaft; darüber hinaus allgemeine sensorische Verarbeitung
Orientierung	Selektive, visuell-räumliche Aufmerksamkeit, d. h. Verschiebung des räumlichen Aufmerksamkeitsfokus
Konzentration	Selektive nicht-räumliche Aufmerksamkeit; Interferenzanfälligkeit; Ausblenden irrelevanter Informationen
Aufmerksamkeit	Exekutive Aufmerksamkeit (Geteilte Aufmerksamkeit; Umstellungsfähigkeit)
Belastbarkeit	Aufmerksamkeitsintensität (längerfristige Aufmerksamkeitszuwendung)
Reaktionsfähigkeit	Alertness; allgemeine Reaktionsbereitschaft
Reaktionsfähigkeit; Konzentrationsfähigkeit	Selektive nicht-räumliche Aufmerksamkeit; Inhibition unerwünschter Reaktionen; Reaktionsselektion; motorische Präzision
Konzentrationsfähigkeit	Selektive Aufmerksamkeit; speed-accuracy tradeoff (Balance zwischen Geschwindigkeit und Sorgfalt)

Neben neueren, differenzierteren kognitiven Ansätzen, wie sie in der obigen Tabelle[107] dargestellt werden, spielen die Anforderungen an Testnormierung und Dokumentation der Testgütekriterien sowie die Berücksichtigung maximal möglicher Abweichungen und Konfidenzintervalle eine Rolle. In einigen Testverfahren wie z. B. beim Corporal wird solchen Entwicklungen bereits Rechnung getragen.[108]

107 Vgl. Poschadel, S. u. a. (2009).

108 Vgl. Berg, M./Schubert, W. (1999); Schubert, W./Berg, M. (2001) sowie Schubert, W. u. a. (2005).

Die Messungen bestimmter psychophysischer Leistungsparameter können auch Aufschluss über andere zu diagnostizierende Bereiche geben. Kieschke verweist darauf, dass die Erprobung implizierter Maße, die über Reaktionszeitmessungen Rückschlüsse auf Persönlichkeitsmerkmale gestatten, im Sinne der Methodenentwicklung zukünftig eine Rolle spielen werden.[109]

Nach alledem stellt die Überprüfung der psychophysischen Leistungsfähigkeit eine wichtige Methode für den psychologischen Sachverständigen dar. Unzureichend ist es jedoch, die Ergebnisse eines bestimmten Testverfahrens lediglich mit Vergleichswerten einer Normgruppe in Bezug zu setzen. Vielmehr muss aus dem Gutachten zusätzlich klar hervorgehen, dass die ermittelten Testwerte in konkreter Beziehung zu dem infrage stehenden Verhalten bzw. dem Nicht-Wahrnehmen stehen. Auch muss begründet werden können, warum die gemessenen Testwerte als bedeutsam zu bezeichnen sind.

3.6 Persönlichkeitstest

Die Entwicklung der Rechtsprechung und der damit im Zusammenhang stehenden Fahreigungsbegutachtung hat dazu geführt, dass psychometrische Persönlichkeitstests im Rahmen verkehrspsychologischer Fragestellungen allgemein kaum eingesetzt werden. Dabei könnten Persönlichkeitsfragebögen durchaus dazu beitragen, die Exploration in Problembereichen der verkehrspsychologischen Datenerhebung zu verbessern, da es sich in der Regel um Verfahren handelt, die ein geringeres Verfälschungsrisiko in sich tragen. Grundsätzlich birgt die psychometrische Persönlichkeitsdiagnostik via Fragebogen „Beschreibungs- und Vergleichspotenziale“ in sich, die es künftig besser zu nutzen gilt.[110]

Persönlichkeitstests messen in abgeschwächter Form klar umrissene Teilbereiche der Person. Allerdings ist zu beachten, dass die einzelnen Fragen nicht immer allen Personen völlig gerecht werden. Persönlichkeitstests erlauben kaum Aussagen über die gesamte Person sowie eine Beschreibung der Person und deren Sicht von sich selbst. Ein erreichter Testwert ermöglicht lediglich eine Aussage über

109 Vgl. Wannse, R. (2006).
110 Vgl. Kieschke, U. (2008).

die Ausprägung einer Eigenschaft, beispielsweise der Aggressivität. Wie die Person selbst zu dieser Eigenschaft und deren Ausprägung steht, bleibt hingegen offen. Von daher muss sich der psychologische Sachverständige bewusst werden, welche spezifischen Persönlichkeitstests zur Anwendung kommen sollen.

Bei entsprechender Hypothesenbildung erweisen sich solche Verfahren auch im Rahmen der Sachverständigentätigkeit als sinnvoll und nützlich. Hinweise darauf, dass Persönlichkeitstests von zunehmender Bedeutung sind, finden sich auch im Kommentar zu den Begutachtungs-Leitlinien.[111]

3.7 Allgemeine Fragebögen

Mit Unterstützung anlassbezogener schriftlich zu beantwortender Fragebögen werden biografische und persönliche Daten zur allgemeinen und berufsbezogenen Lebenssituation erfragt. Diese dienen dazu, einen ersten Eindruck zu erhalten und mögliche Rahmenbedingungen kennen zu lernen, die gemäß fachwissenschaftlicher Erfahrungen für die Beantwortung der Fragestellung in Bezug auf das Unfallgeschehen von Bedeutung sein können (z. B. Fahrleistung, Anlass der Fahrt etc.). Die Ergebnisse werden nur dann aufgeführt, wenn sie für den Ausgang des Gutachtens von Bedeutung sind.

3.8 Ortsbegehung

Sollte die Aktenanalyse keinen ausreichenden Eindruck durch Fotodokumentationen und Beschreibungen des Unfallortes erlauben, ist es auch für den psychologischen Sachverständigen unerlässlich, sich durch eine Ortsbegehung einen Überblick über die örtlichen Gegebenheiten zu verschaffen. Dies kann vor allem dann wichtig werden, wenn z. B. über Fahrbahnbeschaffenheit, räumliche Begrenzungen oder Beleuchtungen keine ausreichenden Informationen in der Akte enthalten sein sollten. Des Weiteren wird eine Ortsbegehung dann sinnvoll, wenn der Sachverständige sich aufgrund der unklaren oder widersprüchlichen Beschreibungen des zu Untersuchenden einen persönlichen Eindruck verschaffen muss, gegebenenfalls auch gemeinsam mit dem zu Begutachtenden.

111 Vgl. Utzelmann, H. D./Brenner-Hartmann, J. (2005).

3.9 Simulation

Wie bei der technischen Unfallanalytik kann es im Einzelfall auch hier erforderlich sein, den Unfall nachzustellen, um die Fragestellung des Auftraggebers eindeutig zu beantworten. Hierbei ist jedoch immer daran zu denken, dass es sich bei der Simulation niemals um „Realität" handelt, sondern um eine experimentelle Laborsituation. Die daraus resultierenden Schwierigkeiten, z. B. veränderte Schwellenwerte, Beeinflussung durch die Beobachtung selbst sowie die bereits bestehende „gerichtete Aufmerksamkeit", sind bekannt und finden auch ihren Niederschlag in der Literatur für technische Sachverständige.[112]

3.10 Abbruch der Untersuchung

Die Untersuchung sollte in dem Moment beendet werden, wenn dem psychologischen Sachverständigen eine Entscheidung zu den eingangs aufgestellten Hypothesen unter Berücksichtigung der vorliegenden Befund- und Anknüpfungstatsachen sowie die Beantwortung der Fragestellung des Auftraggebers gelungen ist. Die Fragestellung kann dann eindeutig beantwortet werden, da die zur Beantwortung notwendigen Hypothesen hinreichend überprüft wurden.

Zum Abbruch der psychologischen Untersuchung muss es in jedem Fall kommen, sobald feststeht, dass die Angabe der Nichtwahrnehmung eine reine Schutzbehauptung darstellt.

→ Fazit

Das vorhergehende Kapitel verdeutlicht, dass die Verkehrspsychologie über ein weit gefächertes Methodenspektrum verfügt, das in der Unfallanalytik eine wertvolle Ergänzung zu technischen und medizinischen Untersuchungsmethoden anbietet. Durch die spezifischen Verfahrensweisen ist eine eindeutigere Bestimmung, ob der Beschuldigte eine Kleinkollision wahrgenommen hat, möglich. Durch gezielte Forschungsarbeit und Qualitätssicherung wurden hohe Standards gesetzt, was dazu führen wird, dass die Methoden des psychologischen Sachverständigen im Bereich der Unfallanalytik zunehmend an Akzeptanz und Bedeutung gewinnen werden.

112 Vgl. auch Kapitel 2 „Technische Aspekte zur Bemerkbarkeit von Kleinkollisionen".

4 Praktische Hinweise zu Standardfällen von Kleinkollisionen

4.1 Fall 1: „Rückwärts ausparken" – multiple Erklärungsansätze für Wahrnehmungshemmung

Das nachfolgende Beispiel zeigt, welche Rolle medizinische und psychologische Aspekte bei der Wahrnehmung von Kleinkollisionen spielen können, und warum sowohl auf der juristischen als auch der gutachterlichen Seite ein umfassendes Wissen zur Gesamtthematik notwendig ist.

Der Verursacher eines Unfalls wurde im Mai 2010 wegen unerlaubten Entfernens vom Unfallort zu einer Geldstrafe verurteilt. Zudem wurde ein Fahrverbot für die Dauer von einem Monat verhängt. Gegen dieses Urteil wurden Rechtsmittel eingelegt, und der Fall nahm in der Berufungsverhandlung eine überraschende Wende.

■ Sachverhalt nach Aktenlage

Der Beschuldigte befuhr gegen 15:05 Uhr ein Parkhaus. Beim rückwärtigen Ausparken aus einer Parklücke stieß er mit seiner linken Stoßstange gegen einen Kleinwagen, an dem ein Fremdschaden in Höhe von 1.242,– € entstand. Der Beschuldigte fuhr einen VW Caravelle, Schaltwagen.

Der Beschuldigte fuhr normalerweise im Rahmen seiner Auslieferungstätigkeit für eine Apotheke mit einem Kleinstfahrzeug der Marke Daihatsu Cuore. An diesem Tag fuhr er erstmalig den VW-Bus Caravelle.

Nach dem Einstellen des Sitzes und des Rückspiegels startete er bei geschlossenen Fenstern das Fahrzeug, wobei das Radio mit normaler Lautstärke eingeschaltet war. Er begann damit, das Fahrzeug rückwärts aus der Parktasche zu manövrieren. Bei der Kleinkollision mit einem Pkw der Marke VW Lupo kollidierte die vordere linke Fahrzeugecke des VW Caravelle zunächst mit der rechten Fahrzeugseite des VW Lupo und drang mit zunehmendem Lenkeinschlag in das Fahrzeug ein, bis es zu einer Verhakung mit dem hinteren Stoßfänger

Unfallablaufskizze

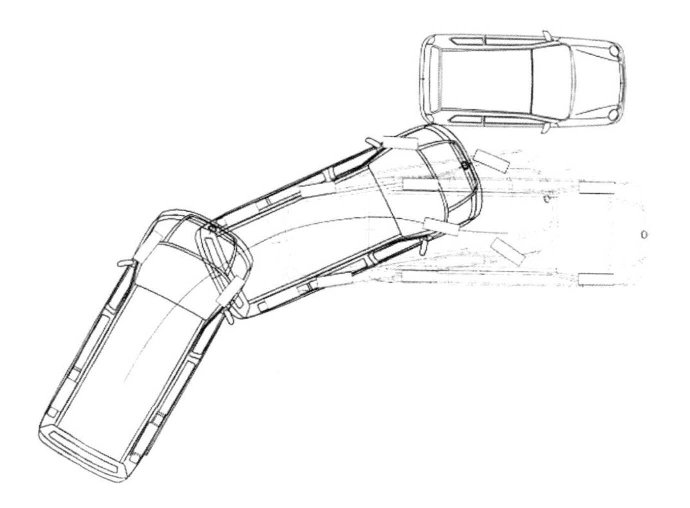

des VW Lupo kam. Während des Parkvorgangs riss dieser Stoßfänger schließlich aus seinen Befestigungspunkten an der rechten Seite des VW Lupo aus.

Nachdem der Beschuldigte den rückwärts erfolgenden Ausparkvorgang mit gleichbleibend niedriger Geschwindigkeit ohne Unterbrechung ausgeführt hatte, schlug er sein Lenkrad nach links ein

Schadensbild des Stoßfängers

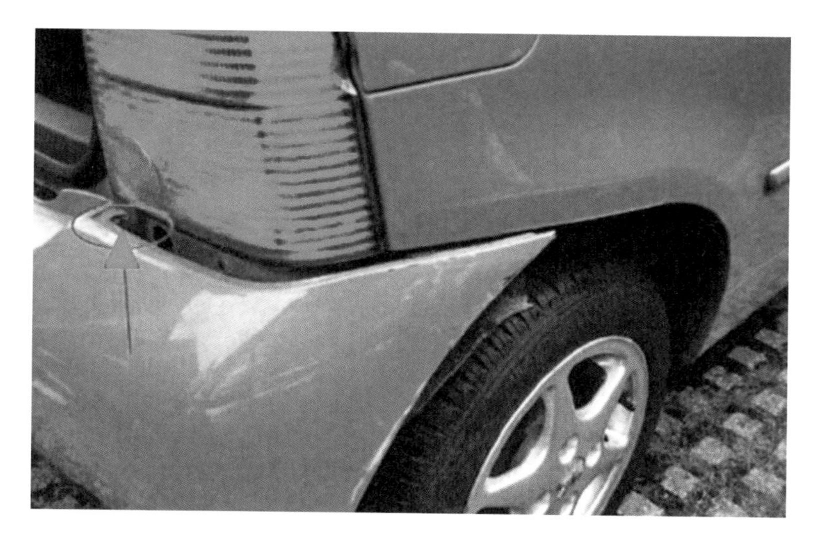

und entfernte sich in unauffälliger Geschwindigkeit vom Unfallort, ohne zugunsten des Geschädigten die Feststellung seiner Person, seines Fahrzeuges und der Art seiner Beteiligung durch seine Anwesenheit und durch die Angabe, dass er an dem Unfall beteiligt war, ermöglicht zu haben.

Der Beschuldigte äußerte sich dahingehend, dass er am Tattag erstmalig mit dem VW Caravelle zwecks Auslieferung von Medikamenten unterwegs gewesen sei. Bei dem Ausparkvorgang habe er nicht gehört, gesehen oder anderweitig bemerkt, dass es zu einer Kollision mit dem VW Lupo gekommen war.

Ein beauftragter technischer Unfall-Sachverständiger kam zu dem Schluss, der Beschuldigte habe während des Ausparkvorgangs aufgrund der Sitzposition die Unfallstelle visuell nicht wahrnehmen können. Allerdings sei es bei der Kollision durch das plötzliche Nachlassen des Widerstands des Stoßfängers beim Abreißen zu einem taktil wahrnehmbaren Rucken des Fahrzeuges VW Caravelle gekommen. Außerdem sei die Kollision auch akustisch bemerkbar gewesen. Mittels Simulation mit vergleichbaren Fahrzeugen sei er als Sachverständiger zu dem Ergebnis gekommen, dass die Kollision durchaus bemerkbar gewesen sei.

Die Abweichung der Frequenz des Kollisionsgeräusches von der Frequenz der normalen Fahrzeugbetriebsgeräusche hingegen konnte nicht exakt gemessen werden, da es an entsprechenden Versuchen mit dem verfahrensgegenständlichen Fahrzeugtyp fehlt. Eine dementsprechende Untersuchung würde zudem wesentlich von der nicht mehr exakt zu klärenden Frage abhängen, mit welcher tatsächlichen Geschwindigkeit sich das kollidierende Fahrzeug bewegt hatte.

Der Rechtsanwalt des Beschuldigten bat nunmehr darum, auch in Anbetracht des hohen Alters seines Mandanten (Jahrgang 1935), eine „biomechanische Begutachtung" durchführen zu lassen. Es solle geprüft werden, ob tatsächlich eine Individualbemerkbarkeit des Unfalls vorgelegen habe. Insbesondere sei die Frage der „haptischen Wahrnehmbarkeit" aufzuklären. In den Einlassungen des Rechtsanwaltes wurde auch auf das „individuelle Hörvermögen des Schädigers" abgehoben.

Bildung der Ausgangshypothese und Klärung der Fragestellung

Nach Akteneingang und Analyse der Sachverhalte kamen die beauftragten medizinischen und psychologischen Sachverständigen zu dem Schluss, dass es nicht ausreiche, ausschließlich ein biomechanisches Gutachten zu erstellen. Durch diese Vorgabe wäre die Hypothesenbildung von vornherein auf medizinische Sachverhalte begrenzt gewesen. Bereits aufgrund der Aktenanalyse wurde aber schon deutlich, dass andere Ursachen für das Nichtwahrnehmen der Kollision in Frage kommen konnten (altersbedingte Leistungsminderungen, Probleme in der Handhabung mit dem Fahrzeugtyp und daraus folgende Überforderung und Nichtwahrnehmung etc.). Aus Sicht der beauftragten Sachverständigen bedurfte es daher einer Veränderung des ursprünglichen Auftrags, sodass sowohl medizinische wie auch psychologische Aspekte untersucht werden konnten.

Fragestellung und Auftrag wurden daher nach Rücksprache mit dem Gericht präzisiert. Durch eine sowohl medizinische wie auch psychologische Begutachtung sollte jetzt festgestellt werden, ob körperliche oder psychophysische Mängel die Wahrnehmung des Unfalls verhindert haben.

Diagnostische Möglichkeiten

Auf Basis der veränderten Fragestellung und der Hypothese, dass altersbedingte psychophysische Mängel die Wahrnehmung des Unfalls verhindert haben könnten, wurden neben einer ausführlichen medizinischen Untersuchung psychophysische Leistungstests sowie eine Exploration als Methoden der Wahl bestimmt. Im Rahmen der psychologischen Exploration sollte vor allem auch geklärt werden, inwieweit noch eine hinreichende Kritikfähigkeit in Bezug auf die eigene Leistungsfähigkeit vorhanden ist.

Begutachtungsergebnisse

Im Ergebnis der medizinischen Untersuchung wurde festgestellt, dass bei dem Beschuldigten zwar Erkrankungen vorlagen, die zu einer Wahrnehmungsverminderung führen konnten, allerdings ergaben sich keine Hinweise darauf, dass dies auch tatsächlich der Fall gewesen war.

Auf eine Audiometrie wurde verzichtet, da keine exakten Vergleichswerte vorlagen. Das allgemeine Hörvermögen wurde für das sichere Führen von Kraftfahrzeugen als noch ausreichend angesehen. Eine regelmäßige Medikamenteneinnahme war als mögliche Ursache für eine Nichtwahrnehmung nicht ersichtlich. Einschränkungen der Sehfähigkeit, die als erheblich hätten bezeichnet werden müssen, waren nicht erkennbar. Die Tagessehschärfe, das periphere Sehen und das Stereo-Sehen waren unauffällig. Auch eine Farbsehstörung konnte ausgeschlossen werden.

Im Rahmen der psychologischen Untersuchungen fanden sich keine Hinweise auf Leistungseinbußen, die eine Wahrnehmung der Kleinkollision ausgeschlossen hätten. Auch wenn der Beschuldigte relativ langsam auf die Aufgabenreize reagierte, zeigte er doch eine außergewöhnlich sichere, nahezu fehlerfreie Bearbeitung der Aufgaben. Die Verarbeitungsgeschwindigkeit war aber noch nicht so stark vermindert, dass mit Sicherheit davon ausgegangen werden konnte, dass wesentliche Informationsinhalte ausgeblendet wurden.

In der Gesamtschau konnte somit trotz des hohen Alters und der verminderten Reaktionszeiten noch immer von einem ausreichenden Leistungsvermögen ausgegangen werden. Sowohl der medizinische wie auch der psychologische Sachverständige kamen deshalb in ihrem Gutachten zu dem Schluss: *„Es gibt keine Belege, die gegen eine individuelle Wahrnehmungsfähigkeit zum Zeitpunkt des Unfalls sprechen.“*

■ Neue Erkenntnisse im Laufe der Verhandlung

Am Verhandlungstag berichtete dann eine Zeugin, der Beschuldigte habe bei dem Ausparkvorgang, den sie über einen längeren Zeitraum hinweg beobachten konnte, bereits mit dem Starten des Fahrzeugs VW Caravelle Probleme gehabt. Das Fahrzeug habe sich mehrfach ruckartig bewegt, als hätte der Beschuldigte Probleme mit der Gangschaltung und der Kupplung gehabt.

Dies war bisher nicht aktenkundig und vom Beschuldigten bei der Begutachtung durch den psychologischen Sachverständigen auch nicht erwähnt worden. Daraufhin bat der Richter den psychologischen Sachverständigen um eine Stellungnahme, ob dieser bisher nicht benannte Aspekt dazu hätte beitragen können, dass der Beschuldigte den Unfall möglicherweise nicht wahrgenommen hatte.

Der Sachverständige wies darauf hin, dass die durchgeführte psychologische Untersuchung in Anbetracht der konkreten Fragestellung auf andere Aspekte, nicht aber auf den genannten, weiter eingegangen war. Allerdings seien neben den untersuchten Sachverhalten im vorliegenden Einzelfall solche denkbar, die durchaus zu einer Wahrnehmungshemmung bzw. Nichtwahrnehmung hätten führen können.

Eine solche Abgrenzung des Sachverständigen war an dieser Stelle zwingend erforderlich, da entsprechende Schlussfolgerungen ohne weitere Untersuchung als ungeprüfte Hypothesen zu betrachten waren.

■ Ablenkung durch Außeneinflüsse und Fehlinterpretationen

Der psychologische Sachverständige führte aus, dass der Beschuldigte nicht nur seinen Blick, sondern auch seine Aufmerksamkeit beim Ausparkvorgang nach hinten gewendet habe, um mit dem für ihn ungewohnt langen Fahrzeug beim rückwärtigen Ausparken nicht mit anderen Fahrzeugen zu kollidieren. Dabei hatte er die ihn beobachtende Zeugin, die auf seinen jetzt frei werdenden Parkplatz wartete, im Fokus.

Auch wenn aus psychischer und gesundheitlicher Sicht grundsätzlich keine Einschränkungen vorlagen, die eine Wahrnehmung hätten verhindern können, bestand die Möglichkeit, dass der Beschuldigte aufgrund der stark nach hinten gerichteten Aufmerksamkeit eine Veränderung der Fahrzeugbewegung nicht wahrnahm. Aufgrund der Aussage der Zeugin könne nunmehr nicht ausgeschlossen werden, dass das erneute Rucken durch den Anstoß als weitere Schwierigkeit mit dem Gaspedal bzw. der Kupplung und somit mit dem Gesamtumgang des Fahrzeugtyps interpretiert wurde.

Aspekte der Persönlichkeit

Die neuen Erkenntnisse zum Tathergang machten es erforderlich, einen Aspekt in der Persönlichkeit des Beschuldigten ebenfalls neu zu bewerten: seinen auffallend hohen Erfahrungsschatz als Taxifahrer bzw. Kurierfahrer.

Wissenschaftliche Erkenntnisse verweisen darauf, dass Fahrer mit großem Erfahrungsschatz eher Schwierigkeiten haben, zwischen verschiedenen, gleichzeitig oder kurz hintereinander auftretenden Ereignissen (z. B. Bremsen, Rucken und Kollision) hinreichend sicher zu differenzieren. Zudem gehörte ein Unfall trotz seiner enormen Fahrleistung in der Vergangenheit bisher nicht zum Erfahrungsschatz des Beschuldigten, und das Verursachen eines Unfalls entsprach auch nicht seinem Selbstbild als Kraftfahrer und Personenbeförderer. Vielmehr erlebte sich der Beschuldigte bisher als sicheren Kraftfahrer, der auch in der Lage ist, der Verantwortung bei der Beförderung von Personen gerecht zu werden. Aus dieser Selbsteinschätzung heraus wird ein Unfallereignis als solches nicht als persönliche Realität erfasst, sondern in der Eigeneinschätzung von vornherein ausgeschlossen.[113]

Weitere besondere Aspekte

Zudem muss gerade auch bei älteren Personen im Bereich der Verarbeitungskapazität verschiedener Informationen in kurzer Reihenfolge mit Verzögerungen gerechnet werden. Werden bestimmte Aspekte nicht innerhalb weniger Sekunden tatsächlich „realisiert", findet oftmals keine Speicherung statt. Zwar fanden sich im Rahmen der psycho-diagnostischen Untersuchung keine Hinweise auf ausgeprägte Leistungseinschränkungen bei dem Beschuldigten. Ob allerdings bei der jetzt offenkundig gewordenen Komplexität der Ereignisse noch weitere Informationsinhalte ausgeblendet wurden, hätte einer zusätzlichen Überprüfung bedurft, indem beispielsweise die Anforderungen erhöht worden wären.

Die stark gebundene Aufmerksamkeit des Fahrers auf das eigene wie auch auf das hinter ihm stehende Fahrzeug konnte also auch

113 Siehe hierzu Abschnitt 1.6.2 und 1.7.

dazu geführt haben, dass tatsächlich alle Kollisionsgeräusche aufgrund der o. g. Beanspruchung völlig ausgeblendet worden waren. Selbst die menschliche Stimme, die die Aufmerksamkeit am stärksten bindet, wird zum Teil von Fahrzeugführern völlig ausgeblendet. Beim Hören von Hörbüchern erleben es Fahrzeugführer, dass Teile des Vorgelesenen von ihnen überhaupt nicht erfasst werden können, weil sie durch eine stark beanspruchende Verkehrssituation abgelenkt waren.

Aspekte des nachgeordneten Verhaltens

Auch das (Fahr-)Verhalten des Beschuldigten während des Ausparkvorgangs sprach aus Sicht des psychologischen Sachverständigen eher dafür, dass die Kollision nicht wahrgenommen worden war.

Er fuhr langsam aus der Parklücke heraus, ohne zu irgendeinem Zeitpunkt seine Geschwindigkeit zu verringern und ließ damit an keiner Stelle erkennen, dass er versuchte, sich im Sinne einer „kopflosen" Reaktion unerkannt zu entfernen. Vielmehr fuhr er offensichtlich ohne weitergehende Überlegungen und wenig hektisch vom Unfallort fort.

Gesamtbewertung durch den Richter

Den Ausführungen des psychologischen Sachverständigen, die erst im Rahmen der mündlichen Verhandlung durch die Fragen des Richters zur Sprache kamen, folgte dieser für den vorliegenden Fall und sah es als nicht mit hinreichender Sicherheit erwiesen an, dass der Beschuldigte tatsächlich während oder nach Abschluss des Ausparkvorgangs von der Kollision Kenntnis genommen hatte.

Unter zusätzlicher Berücksichtigung des Gesamteindrucks, den der Beschuldigte in der Gerichtsverhandlung hinterlassen hatte (auffallend besonnen, gelassen und gesetzt), wurde er von dem Vorwurf des unerlaubten Entfernens vom Unfallort freigesprochen.

Dieser Fall zeigt ein mögliches Ablaufschema der Sachverständigentätigkeit, insbesondere hinsichtlich möglicher „Überraschungen" in der mündlichen Verhandlung und sich daraus ergebender notwendiger Neubewertungen auch vorher schon bekannter Aspekte. Außerdem ist hier gut zu erkennen, dass eine umfassende Bewertung aus wahrnehmungs- und persönlichkeitspsychologischer Sicht hinsichtlich der tatsächlichen Wahrnehmung einer Kleinkollision zu einem ganz anderen Ergebnis kommen kann als das objektive technische Messverfahren.

Die Frage, ob der Beschuldigte geeignet war, ein Kraftfahrzeug sicher zu führen, wurde zu keinem Zeitpunkt erörtert. Eine diesbezügliche Stellungnahme der Sachverständigen verbot sich schon allein aufgrund der vorgegebenen Fragestellung. Unabhängig davon hätten sich bei einer retrospektiven Betrachtung aus den vorliegenden Erkenntnissen keine eindeutigen Hinweise darauf ergeben, dass eine Nichteignung die Wahrnehmung beeinträchtigt haben könnte.

→ Fazit

Der vorliegende Fall zeigt, dass die Komplexität verschiedener Sachverhalte oftmals erst im diagnostischen Prozess zu Tage tritt. Von daher sollte der Auftraggeber eines entsprechenden Gutachtens von vornherein bestrebt sein, die Fragestellung zwar konkret auf den Einzelfall abzustimmen, sie jedoch so offen wie möglich zu formulieren und hinsichtlich der Notwendigkeit einer interdisziplinären Begutachtung zu überprüfen. Dies verhindert, dass diagnostisch wertvolle Informationen nicht zum Tragen kommen. Des Weiteren entbindet der Auftraggeber den Sachverständigen von vornherein des Konfliktes, möglicherweise relevante Sachverhalte unterdrücken oder Auskünfte über fachfremde Sachverhalte geben zu müssen.

Trotzdem sollte der Sachverständige immer darauf achten, sich auf die konkreten Inhalte der Fragestellung zu beziehen, wobei ausschließlich wissenschaftlich begründbare Schlussfolgerungen für die Beantwortung dieser Fragestellung herangezogen werden dürfen.

4.2 Fall 2: „Spiegelkollision" – eindeutige Ursachenzuschreibung für Wahrnehmungshemmung

Eine 71-jährige Frau fuhr einen Kleinbus, wobei es zu einer Kollision mit dem Seitenspiegel an einem parkenden Fahrzeug kam. Aufgrund von Zeugenaussagen und den Einschätzungen des unfallanalytischen Sachverständigen wurde davon ausgegangen, dass die Führerin des Kraftfahrzeuges trotz einer bekannten Hörminderung den „lauten Knall" wahrgenommen haben musste.

Im weiteren Verfahrensverlauf wurde eine medizinische und psychologische Begutachtung in Auftrag gegeben. Durch die medizinische Untersuchung konnten keine Sachverhalte ermittelt werden, die die Nichtwahrnehmung des „lauten Knalls" hätten erklären können.

Im Rahmen der psychologischen Untersuchung gab die Fahrerin an, sie habe eine Gruppe von behinderten Erwachsenen befördert. Diese seien während der Fahrt sehr unruhig und laut gewesen, sodass sie sich sogar genötigt sah, zumindest so weit sie sich erinnern konnte, sich während der Fahrt nach hinten umzudrehen. Erst durch einen Anruf habe sie erfahren, dass es zu einem Zusammenstoß gekommen sein solle.

Im psychologischen Untersuchungsgespräch zeigte sich die Beschuldigte zum Teil als deutlich vermindert in ihrer Kritikfähigkeit, vor allem als es darum ging, ihre zum Teil unterdurchschnittlichen psychophysischen Leistungskennwerte für die Bereiche „verteilte Aufmerksamkeit" und „fokussierte Aufmerksamkeit" mit ihr zu besprechen.

Durch eine Fahrverhaltensbeobachtung sollte nun geprüft werden, ob sich diese auffälligen Testwerte auch bei der realen Teilnahme am Straßenverkehr negativ auswirken. Dabei zeigte sich wiederholt deutlich, dass die Beschuldigte keine ausreichende Verkehrsbeobachtung ausübte. Anweisungen wurden zum Teil trotz Nachfrage nicht befolgt und bisweilen ein ungewöhnliches, nicht zu erklärendes Verhalten an den Tag gelegt (anstatt rechts abzubiegen, Gas geben und geradeaus weiterfahren, ohne sich zu vergewissern, dass kein vorfahrtberechtigter Verkehr quert).

Letztendlich kam es zum Eingriff des Fahrlehrers, um ein Fahren in den Gegenverkehr zu verhindern. Die Beschuldigte bewertete im Anschluss das Ergebnis ihrer Fahrverhaltensbeobachtung als „gut“ und „super“. Sie verspüre keine Müdigkeit. Zwei Fehler, die sie selbst wahrgenommen habe (mehr habe es nicht gegeben), seien durch persönliche Routine entstanden.

Zusammenfassend konnte somit mit erhöhter Wahrscheinlichkeit davon ausgegangen werden, dass die Beschuldigte die Spiegelkollision aufgrund von Ablenkung und Leistungsmängeln, gepaart mit erheblicher Kritikfähigkeitsverminderung, tatsächlich nicht wahrgenommen hatte. Das Verfahren zum unerlaubten Entfernen vom Unfallort nach § 142 StGB wurde eingestellt.

Das Gericht hatte dabei zwar keine Aussage zur Fahreignung getroffen, in einem anschließenden Verwaltungsverfahren zur Fahreignung der Beschuldigten konnte diese jedoch in der Fahreignungsuntersuchung die Bedenken der Fahrerlaubnisbehörde nicht ausräumen und der Führerschein wurde entzogen.

4.3 Schlussbemerkung

Durch intensive Forschungsarbeit hat die Psychodiagnostik im Bereich der Verkehrspsychologie mittlerweile ein Methodenrepertoire entwickelt, das zur Aufklärung verschiedenster Fragestellungen beitragen kann. Dies gilt nicht nur für die Beantwortung klassischer verkehrspsychologischer Fragestellungen im Rahmen der Fahreignungsdiagnostik, sondern für viele Bereiche des motorisierten Verkehrs wie die Entwicklung von Fahrerassistenzsystemen, Verkehrskonflikttechnik, Raum- und Wegegestaltung, Entwicklung von Verkehrsschildern und Expertensystemen zur Aufstellung von Verkehrsschildern.

Die hohen Standards der psychologischen Diagnostik wurden vom Gesetzgeber bereits gewürdigt. So sind bestimmte, am Straßenverkehr teilnehmende Berufsgruppen (Personenbeförderer/Busfahrer) verpflichtet, regelmäßig ihre psychophysische Leistungsfähigkeit nachzuweisen (Untersuchungen nach Anlage 5.2 der FeV).

Mit diesem Buch wird Schritt für Schritt verdeutlicht, welchen wichtigen Beitrag psychologische Erkenntnisse im Rahmen gerichtlicher Fragestellungen für den Bereich der Wahrnehmung von Kleinkollisionen leisten, auch wenn ihnen zurzeit noch wenig Beachtung bei der Aufklärung diesbezüglicher Tatbestände geschenkt wird.

Zudem ist zu erkennen, dass durch die bisher unscharfe Differenzierung der fachlichen Kompetenzbereiche der unterschiedlichen Berufsgruppen Gutachter veranlasst werden können, Aussagen zu Fragen der Wahrnehmung zu treffen, die durch die Zusammenarbeit mit anderen Berufsgruppen unter Berücksichtigung deren Erkenntnisse sicherer beantwortet werden können.

Durch das hier vermittelte Hintergrundwissen werden auch die Grenzen zwischen den einzelnen Berufsgruppen deutlicher, wobei gerade durch die klare Abgrenzung aufgezeigt wird, an welchen Stellen eine Verzahnung des interdisziplinären Zusammenwirkens vorhanden und erforderlich ist. Das Zusammentragen und gemeinsame Bewerten der Ergebnisse erhöht den Grad der Erkenntnisse über das Verkehrsverhalten. Erst durch diese Verzahnung wird ein Höchstmaß an Aufklärung im Einzelfall möglich.

Weiterhin wird klar, dass die Nichtwahrnehmung einer Kleinkollision nicht primär im Zusammenhang mit einer mangelnden Fahreignung gesehen werden kann. Wie aber das Fallbeispiel 2 zeigt, kann eine mangelnde Fahreignung ursächlich für eine unzureichende Wahrnehmung verantwortlich sein.[114]

Letzten Endes aber muss es darum gehen, ungerechtfertigte Verurteilungen zu verhindern und eine höhere Rechtssicherheit zu gewährleisten.

114 Zur Problematik von Unfallflucht und Anordnung eines Fahreignungsgutachtens siehe auch Himmelreich, K./Mahlberg, L. (2011).

5 Typische Kollisionsmuster und Wahrnehmungsparameter

In diesem Abschnitt soll anhand einer kurzen Darstellung von Standard-Leichtkollisionen in tabellarischer Form ein Überblick gegeben werden, inwieweit technische Parameter für die Wahrnehmbarkeit von Relevanz sind. Gleichzeitig bietet die Tabelle eine Übersicht über die sich daraus ergebenden medizinischen Untersuchungsmethoden.

Die Frage der aktuellen Beeinflussung durch Medikamente oder andere berauschende Mittel am Tag der Kollision muss grundsätzlich geklärt werden. Durch die Anamnese und das Berücksichtigen von Fremdbefunden können geistige Erkrankungen erfasst werden. Die körperliche Untersuchung dient der Überprüfung, ob akute oder chronische (organische) Erkrankungen vorlagen. Zudem ist anlass-

Anstoßtypen und Einteilung der Wahrnehmbarkeit

Darstellung des Vorgangs	Art des Geschehens/ Anstoßtyp
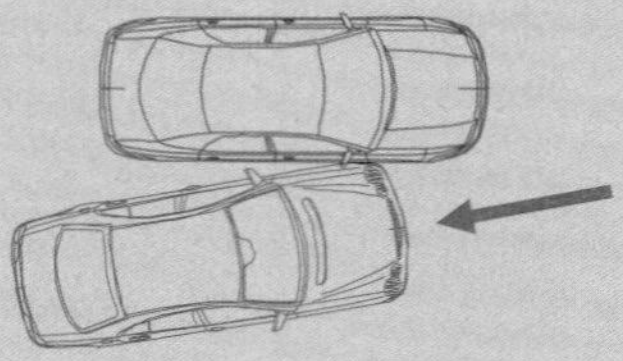	Fahrzeuge stehen nebeneinander, beim Rückwärtsausparken streifende Berührung der Frontecke gegen die Seite des geparkten Fahrzeugs
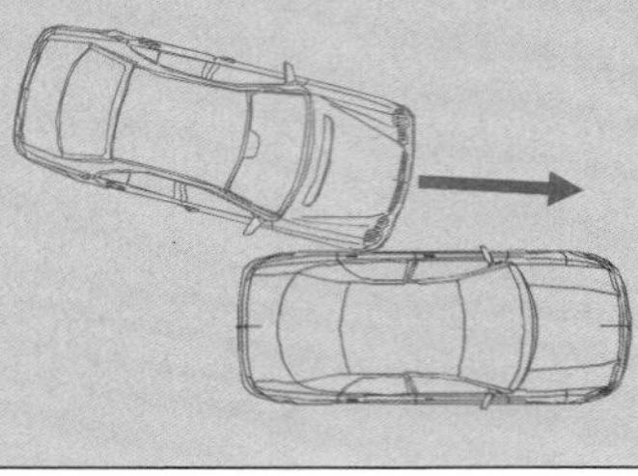	Fahrzeuge stehen nebeneinander, beim Vorwärtseinparken streifende Berührung der Frontecke gegen die Seite des geparkten Fahrzeugs

bezogen ein Test der Hör- und/oder Sehfähigkeit angezeigt. Generell gilt, dass aus psychologischer Sicht jede Beurteilung der Wahrnehmung einer Kleinkollision von einer Vielzahl internaler und externaler Parameter abhängig ist.

Die folgende Tabelle kann insofern nur eine Richtschnur darstellen und keinen Anspruch auf Vollständigkeit erheben, da auch andere Formen von Kleinkollisionen denkbar sind, bei denen sich im Einzelfall sowohl die aufgezeigten technischen Parameter als auch die medizinischen und psychologischen Untersuchungsverfahren verändern.

Auf eine Darstellung von Leichtkollisionen mit Lastkraftwagen wurde aufgrund der Komplexität der Materie hier verzichtet. Ebenso auf Unfälle ohne Berührung (als Verursacher oder Dritter), deren Wahrnehmbarkeit vor allem im Akustischen liegt. Zu solchen Fällen liegen bisher kaum wissenschaftliche Erkenntnisse vor.

Erläuterung der Wahrnehmbarkeit:
-- schlecht/kaum – beeinträchtigt o offen + wahrscheinlich ++ gut

<table>
<tr><th></th><th>Technische Parameter</th><th>Überprüfung medizinischer Parameter</th><th>Psychologische Untersuchungsmethoden</th></tr>
<tr><td rowspan="3"></td><td>visuell: --</td><td>./.</td><td rowspan="6">Bei der Planung der psychologischen Untersuchung werden die Möglichkeiten des gesamten Methodenrepertoires genutzt. Folgende diagnostische Verfahren finden in der Regel Anwendung bei den dargestellten Unfallkonstellationen:
1. Die Aktenanalyse
▪ zur Auftragsprüfung
▪ zum Erfassen von Hintergrundinformationen des Unfallgeschehens
▪ zum Sammeln personenspezifischer Daten des Unfallverursachers
▪ zur ersten Hypothesenbildung.
→</td></tr>
<tr><td>kinästhetisch: – bis +</td><td>organische und/oder sonstige Erkrankungen</td></tr>
<tr><td>akustisch: o</td><td>ggf. Hörfähigkeit</td></tr>
<tr><td rowspan="3"></td><td>visuell: ++</td><td>Sehfähigkeit</td></tr>
<tr><td>kinästhetisch: – bis +</td><td>organische und/oder sonstige Erkrankungen</td></tr>
<tr><td>akustisch: o</td><td>ggf. Hörfähigkeit</td></tr>
</table>

Darstellung des Vorgangs	Art des Geschehens/ Anstoßtyp
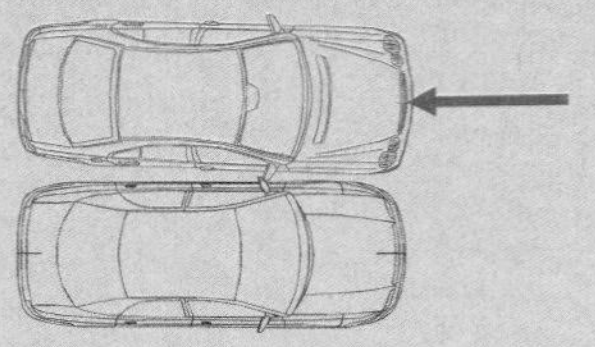	Fahrzeuge stehen nebeneinander, Kontakt der Spiegel beim Einparken oder Rückwärtsausparken
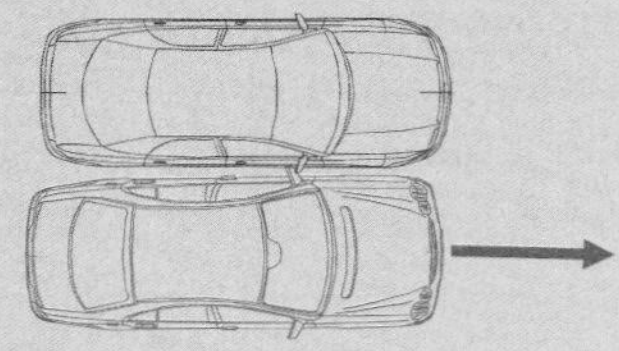	Fahrzeuge stehen nebeneinander, Kontakt der Spiegel beim Einparken oder Vorwärtsausparken
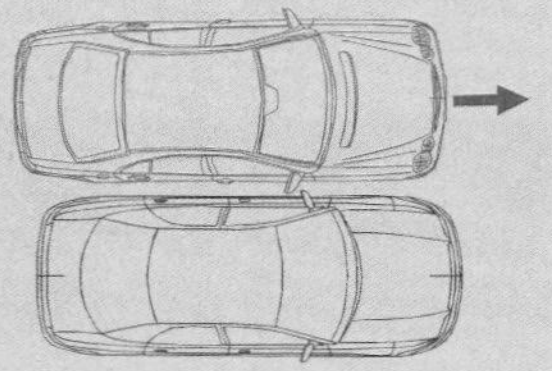	Kontakt der Spiegel beim engen, langsamen Vorbeifahren an geparkten Fahrzeugen
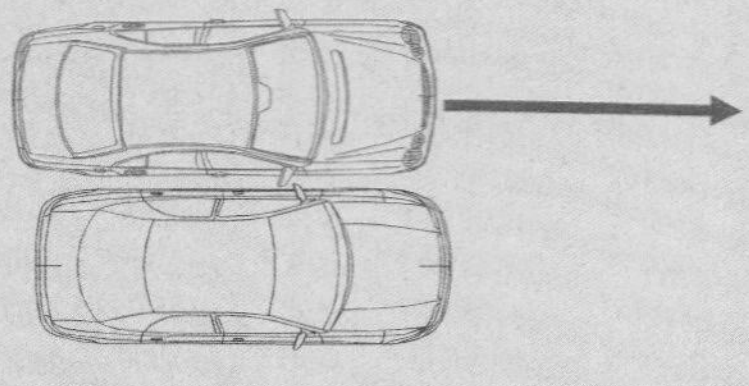	Kontakt der Spiegel beim engen, schnellen Vorbeifahren an geparkten Fahrzeugen
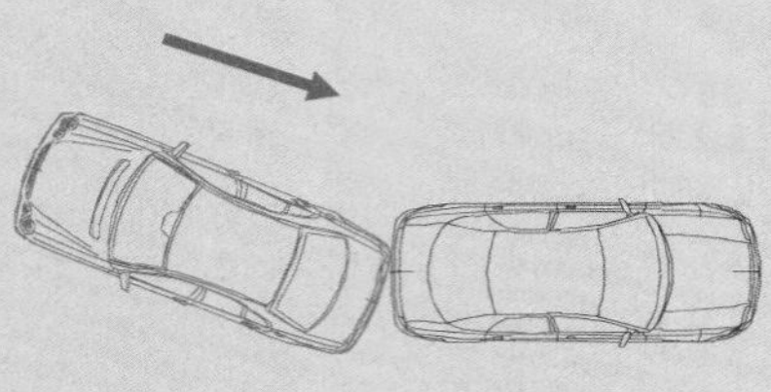	Anstoß mit dem Heck (oder einer Heckecke) gegen ein geparktes Fahrzeug der gegenüberliegenden Reihe beim Rückwärtsausparken

	Technische Parameter	Überprüfung medizinischer Parameter	Psychologische Untersuchungsmethoden
	visuell: ++	Sehfähigkeit	2. Das psychologische Untersuchungsgespräch ■ für Fragen, z.B. nach Gefühlen, Stimmungen, Denkinhalten ■ zur Sammlung und Systematisierung körperlicher Zustände, Verhaltensweisen und Erlebnissen einer Person, subjektiver Erlebniswelten des Untersuchten sowie zur Entwicklung relevanter verkehrsbezogener Verhaltenselemente ■ zur Anregung von Gedächtniseffekten. Durch Abgleich aller Informationsquellen (Aktenlage des Ereignisses, medizinische Befunde, Leistungsbefunde, Fragebogendaten etc.) wird ausreichende Explorationstiefe sichergestellt. 3. Psychophysische Testverfahren zur Messung der ■ visuellen Auffassungsgeschwindigkeit und Flexibilität ■ Konzentrations- und Aufmerksamkeitsleistung ■ Merkfähigkeit ■ visuellen Strukturierungsfähigkeit ■ Stresstoleranz und reaktiven Dauerbelastbarkeit ■ Wahrnehmungs- und Orientierungsleistung im visuellen Bereich ■ Vigilanz ■ diffusen und fokussierten sowie selektiven und verteilten Aufmerksamkeit. →
	kinästhetisch: ––	./.	
	akustisch: +	Hörfähigkeit	
	visuell: ––	./.	
	kinästhetisch: ––	./.	
	akustisch: +	Hörfähigkeit	
	visuell: ++	Sehfähigkeit	
	kinästhetisch: ––	./.	
	akustisch: o	ggf. Hörfähigkeit	
	visuell: ++	Sehfähigkeit	
	kinästhetisch: ––	./.	
	akustisch: ++	Hörfähigkeit	
	visuell: ––	./.	
	kinästhetisch: – bis +	organische und/oder sonstige Erkrankungen	
	akustisch: – bis +	Hörfähigkeit	

Darstellung des Vorgangs	Art des Geschehens/ Anstoßtyp
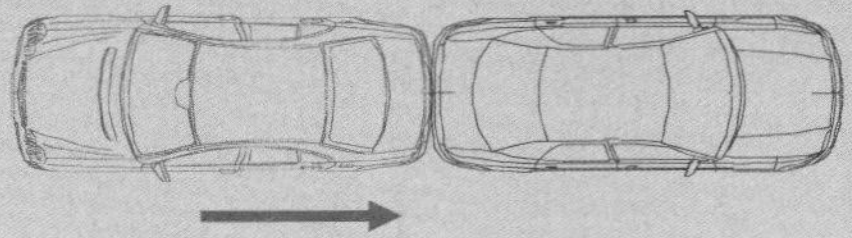	Anstoß mit dem Heck beim Rückwärtseinparken gegen ein Fahrzeug der direkten Gegenreihe
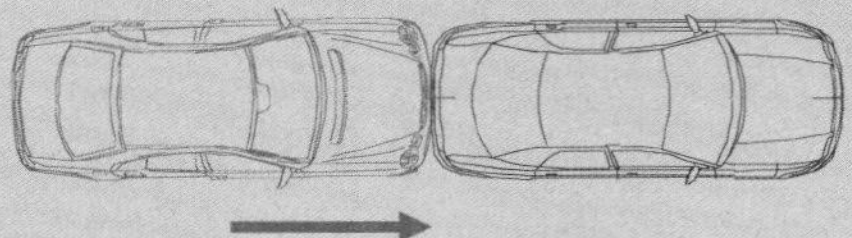	Anstoß mit der Front beim Vorwärtseinparken gegen ein Fahrzeug der direkten Gegenreihe
	Berührung eines anderen Fahrzeugs mit dem Heck beim Wenden im Moment der Bewegungsumkehr
	Berührung eines anderen Fahrzeugs mit der Front beim Wenden im Moment der Bewegungsumkehr
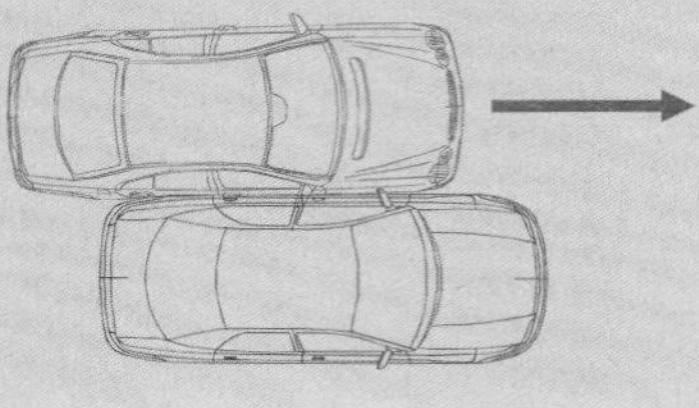	Seitliche Berührung von Fahrzeugen beim Vorbeifahren in gleicher Fahrtrichtung

	Technische Parameter	Überprüfung medizinischer Parameter	Psychologische Untersuchungsmethoden
	visuell: ––	./.	4. Allgemeine Fragebögen ▪ zur Erfragung biografischer und persönlicher Daten, um Rahmenbedingungen kennen zu lernen, die für die Wahrnehmung von Bedeutung sein können, wie z. B. – Fahrerfahrung, – Alter, – überdauernde sowie aktuelle Lebensumstände. Ergeben sich Hinweise auf eine Persönlichkeitsproblematik, so ist der Einsatz entsprechender Persönlichkeitsfragebögen zu überlegen. 5. Persönlichkeitstests ▪ Messen klar umrissener Teilbereiche der Person ▪ Aussage über die Ausprägung einer Eigenschaft ▪ Ermittlung von Einstellungen in Verkehrssituationen ▪ Erfassung allgemeinerer Persönlichkeitsmerkmale. Nur in berechtigten Einzelfällen oder wenn sich aus den bisher eingesetzten Verfahren keine eindeutige Beantwortung der Fragestellung ableiten lässt und begründbare Aussichten bestehen, die Fragestellung zufriedenstellend und zweifelsfrei beantworten zu können, sollten kostenintensivere Verfahren wie
	kinästhetisch: – bis o	organische und/oder sonstige Erkrankungen	
	akustisch: – bis o	Hörfähigkeit	
	visuell: ++	Sehfähigkeit	
	kinästhetisch: – bis o	organische und/oder sonstige Erkrankungen	
	akustisch: – bis o	Hörfähigkeit	
	visuell: ––	./.	
	kinästhetisch: – bis o	organische und/oder sonstige Erkrankungen	
	akustisch: – bis o	Hörfähigkeit	
	visuell: ++	Sehfähigkeit	
	kinästhetisch: – bis o	organische und/oder sonstige Erkrankungen	
	akustisch: – bis o	Hörfähigkeit	
	visuell: ++	Sehfähigkeit	
	kinästhetisch: – bis +	organische und/oder sonstige Erkrankungen	
	akustisch: o bis +	Hörfähigkeit	→

Darstellung des Vorgangs	Art des Geschehens/ Anstoßtyp
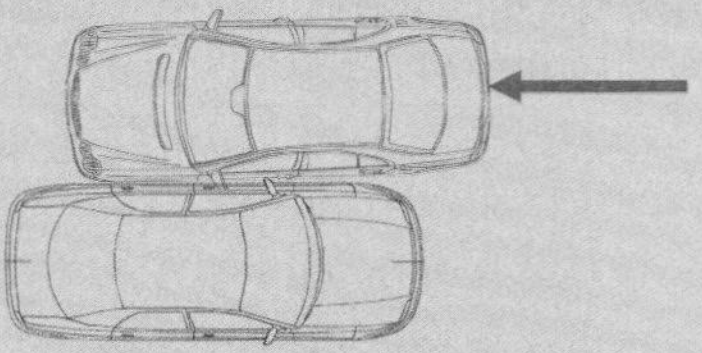	Seitliche Berührung von Fahrzeugen beim Vorbeifahren in entgegengesetzter Fahrtrichtung
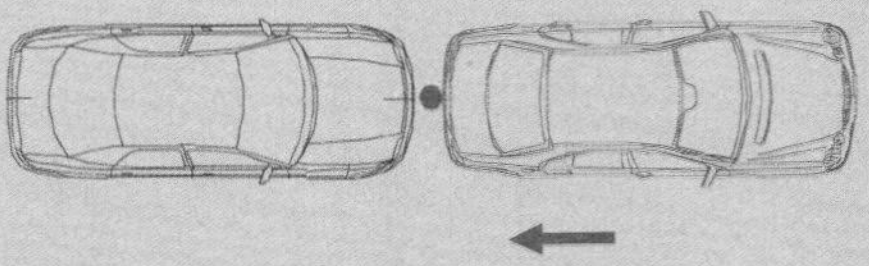	Anstoß mit dem Heck gegen den Hintermann beim Aus- oder Einparken mit Anhängerkupplung am eigenen Fahrzeug
	Anstoß mit der Front gegen den Vordermann beim Ein- oder Ausparken mit Anhängerkupplung am vorderen Fahrzeug
	Vorbeischrammen mit der eigenen Fahrzeugseite an der vorderen oder hinteren Fahrzeugecke eines geparkten Fahrzeugs beim Rückwärtsfahren
	Vorbeischrammen mit der eigenen Fahrzeugseite an der vorderen oder hinteren Fahrzeugecke eines geparkten Fahrzeugs beim Vorwärtsfahren

	Technische Parameter	Überprüfung medizinischer Parameter	Psychologische Untersuchungsmethoden
	visuell: ++	Sehfähigkeit	■ Ortsbegehungen oder ■ Simulationen eingesetzt werden (z. B. bei erheblichen Bodenunebenheiten oder sonstigen äußeren Faktoren, die die Wahrnehmbarkeit eingeschränkt haben können). Dabei kommt wiederum den (Er)Kenntnissen des technischen Sachverständigen beim Simulationsaufbau, z. B. bei der Simulation der Ablenkung bei nicht wahrgenommenen akustischen Signalen, eine besondere Bedeutung zu. Bei Hinweisen auf eine Intelligenzminderung muss abgewogen werden, ob ein ■ Intelligenztestverfahren sinnvoll eingesetzt werden kann. Sowohl bei den psychophysischen Testverfahren wie auch bei Simulationen zur Frage der Aufmerksamkeit ist zu diskutieren, ob und inwieweit eine möglicherweise bestehende medikamentöse Beeinträchtigung zum Kollisionszeitpunkt durch die entsprechende Medikamenteneingabe ebenfalls simuliert wird. Diese Problematik ist aus berufsethischen Gründen in jedem Fall mit dem Betroffenen wie auch dem medizinischen Sachverständigen zu klären.
	kinästhetisch: o bis +	organische und/oder sonstige Erkrankungen	
	akustisch: ++	Hörfähigkeit	
	visuell: --	./.	
	kinästhetisch: o bis +	organische und/oder sonstige Erkrankungen	
	akustisch: – bis o	Hörfähigkeit	
	visuell: ++	Sehfähigkeit	
	kinästhetisch: o bis +	organische und/oder sonstige Erkrankungen	
	akustisch: – bis o	Hörfähigkeit	
	visuell: – bis --	./.	
	kinästhetisch: o bis +	organische und/oder sonstige Erkrankungen	
	akustisch: o bis +	Hörfähigkeit	
	visuell: – bis o	Sehfähigkeit	
	kinästhetisch: o bis +	organische und/oder sonstige Erkrankungen	
	akustisch: o bis +	Hörfähigkeit	

Literaturverzeichnis

Alt, M./Petermann, T. (2006): Aufgaben, Zielsetzungen und Strategien der psychologischen Diagnostik, in: Petermann, F./Eid, M. (2006): Handbuch der psychologischen Diagnostik, Hogreve, Göttingen.

Amelang, M./Schmidt-Atzert, L. (2006): Psychologische Diagnostik und Intervention, 4., vollständig überarbeitete und erweiterte Auflage, Springer-Verlag, Berlin, Heidelberg.

AOK-Institut für Gesundheitsconsulting (Hrsg.) (o. J.): Gesundheit und Fitness, Das Aus- und Weiterbildungssystem für EU-Berufskraftfahrer, Band 1, Degener, Hannover.

Bär, H.: Wer ist Feststellungsberechtigter im Sinne von § 142 Abs. 1 StGB?, DAR 1983, S. 215–217.

BARMER GEK (Hrsg.) (2011): BARMER GEK Arzneimittelreport, Auswertungsergebnisse der BARMER GEK Arzneimitteldaten aus den Jahren 2009 bis 2010, Juni 2011, Schriftenreihe zur Gesundheitsanalyse, Band 8, Asgard-Verlag, St. Augustin.

Barthelmes, W. (1990): Die Exploration als wissenschaftliches Instrument in der Fahreignungsdiagnostik, in: Nickel, W.-R./Utzelmann, H.-D./Weigelt, K. (Hrsg.) (1990): Werte sichern – Neues entwickeln, VdTÜV, Köln.

Berg, M. (2008): Theoriegeleitete Testentwicklung und Konstruktion, in: Schubert, W./Mattern, R./Nickel, W.-R. (Hrsg.): Prüfmethoden der Fahreignungsbegutachtung in der Psychologie, Medizin und im Ingenieurwesen, 3. Gemeinsames Symposium am 18. bis 19. Oktober 2007 in Dresden der DGVP und DGVM, Schriftreihe Fahreignung, Kirschbaum Verlag, Bonn.

Berg, M./Schubert, W. (1999): Das thematische Testsystem „Corporal“ zur Erfassung von Funktionen der Aufmerksamkeit – Innovation für die verkehrspsychologische Diagnostik, in: Zeitschrift für Verkehrssicherheit, 45 (2), S.74–81, TÜV-Verlag, Köln.

Berghaus, G./Brenner-Hartmann, J. (2012): „Fahrsicherheit“ und „Fahreignung“ – Determinanten der Verkehrssicherheit, in: Madea, B./Mußhoff, F./Berghaus, G. (Hrsg.): Verkehrsmedizin – Fahreignung, Fahrsicherheit, Unfallrekonstruktion, 2. Vollständig überarbeitete und erweiterte Auflage, Deutscher Ärzte-Verlag, Köln.

Bigalke, H. W. (2008): Wahrnehmungswechsel mehrdeutiger Bilder in Abhängigkeit vom Präsentationsmodus: Untersuchung visuell evozierter Potentiale, Promotion, veröffentlicht unter: www.freidok.uni-freiburg.de/volltexte/6173/pdf/Dr.Arbeit_29.11.08.pdf

Bleuer, E. (1983): Lehrbuch der Psychiatrie. Neubearbeitung von Manfred Bleuler. Unter Mitwirkung von Julius Angst. 15. Auflage, Springer-Verlag, Berlin, Heidelberg, New York.

Bode, H. J./Meyer-Gramcko, F. (2007): Überforderung des Kraftfahrers, Deutscher Anwaltverlag, Bonn.

Brunnauer, A./Laux, G. (2008 a): Depression, Antidepressiva und Fahrtüchtigkeit, in: Berichte der Bundesanstalt für Straßenwesen: Kongressbericht 2007 der Deutschen Gesellschaft für Verkehrsmedizin e. V., Schriftenreihe „Mensch und Sicherheit", Heft M 195, Wirtschaftsverlag NW, Verlag für neue Wissenschaft GmbH, Bergisch Gladbach.

Brunnauer, G./Laux (2008 b): Psychopharmaka und Verkehrssicherheit, Journal für Neurologie, Neurochirurgie und Psychiatrie; 9 (2), S. 31–34.

Buck, J./Abresch, L./Hupfauer, W./Heisig, R. (2009): Das biomechanische Gutachten zur Aufklärung des Tatbestandes beim unerlaubten Entfernen vom Unfallort, in: DAR 79. Jahrgang, Heft 07/2009, S. 373–380.

Bugelski, B. R./Alampay, D. A. (1961): The Role of Frequency in developing percetual sets. Canadian Journal of Psychology, 15, S. 205–211.

Bundesanstalt für Straßenwesen (Hrsg.) (2010): Begutachtungs-Leitlinien zur Kraftfahrereignung, Berichte der Bundesanstalt für Straßenwesen, „Mensch und Sicherheit", Heft M 115, Wirtschaftsverlag NW, Verlag für neue Wissenschaft GmbH, Bremerhaven.

Bundesministerium für Familie, Senioren, Frauen und Jugend (2012) (Hrsg.): Altern im Wandel – Zentrale Ergebnisse des Deutschen Alterssurveys (DEAS), unter: www.bmfsfj.de

Bundesministerium für Verkehr, Bau und Stadtentwicklung (2011) (Hrsg.): „Verkehrssicherheitsprogramm 2011", Berlin, veröffentlicht unter: www.bmvbs.de

DEKRA Verkehrssicherheitsreport (2011): Fußgänger und Radfahrer, Stuttgart.

DEKRA Verkehrssicherheitsreport (2008): Strategien zur Unfallvermeidung auf den Straßen Europas, Stuttgart.

Demuth, C. (o. J.): Unfallflucht – Gutachten zur Nichtbemerkbarkeit des Unfalls erfordert interdisziplinären Ansatz, veröffentlicht unter: www.cd-anwaltskanzlei.de, gefunden 10.10.11.

Deutsche Hauptstelle für Suchtfragen e. V.: www.dhs.de/date fakten/medikamente.html

Dorn, J. (2008): Forensische Psychologie, GRIN Verlag, Norderstedt.

Dorsch, F./Häcker, H./Stapf, K.H., (Hrsg.) (2009): Psychologisches Wörterbuch, Verlag Hans Huber, Bern.

Egelhaaf, M./Berg, F. A./Zimmermann, K. (2009): Unfallgeschehen älterer Verkehrsteilnehmer, in: Berichte der Bundesanstalt für Straßenwesen: Kongressbericht 2007 der Deutschen Gesellschaft für Verkehrsmedizin e. V., Schriftenreihe „Mensch und Sicherheit", Heft M 195, Wirtschaftsverlag NW, Verlag für neue Wissenschaft GmbH, Bergisch Gladbach.

Fahrerlaubnis-Verordnung – FeV: Verordnung über die Zulassung von Personen zum Straßenverkehr vom 17. Dezember 2010 (BGBl. I S. 1980) in der Fassung des Inkrafttretens vom 1.1.2011.

Falkenstein, M./Poschadel, S. (2008): Altersgerechtes Autofahren, in: Wirtschaftspsychologie III/2008, Themenheft „Alter und Arbeit", S. 62–71.

Falkenstein, M./Sommer, S. M. (2008): Altersbegleitende Veränderungen kognitiver und neuronaler Prozesse mit Bedeutung für das Autofahren, in: Schlag, B. (Hrsg.): Leistungsfähigkeit und Mobilität im Alter, Schriftenreihe „Mobilität und Alter", Bd. 3, S. 113–141, TÜV Media GmbH, Köln.

Fürbeth, V./Nakas, V./Steinacker, T. (2007): Wahrnehmbarkeit von Kleinkollisionen, in: Hugemann, W. (Hrsg.), Unfallrekonstruktion Band 2, autorenteam GbR, Münster.

Goldstein, E. B. (2008): Wahrnehmungspsychologie. Der Grundkurs, 7. Auflage, Springer-Verlag, Berlin, Heidelberg.

Grazer, W. (2009): Informationsaufnahme beim Kraftfahrer, in: Burg, H./Moser, A. (Hrsg.) (2009): Handbuch Verkehrsunfallrekonstruktion, 2. aktualisierte Auflage, Vieweg + Teubner Verlag, Wiesbaden.

Grellner, W./Berghaus G. (2012): Arzneimittel und Fahrsicherheit, in: Madea, B./Mußhoff, F./Berghaus, G. M. (Hrsg.) (2012): Verkehrsmedizin: Fahreignung, Fahrsicherheit, Unfallrekonstruktion, 2. Auflage, Deutscher Ärzte-Verlag, Köln.

Greuel, L./Heubrock, D. (2006): Forensisch-psychologische Diagnostik, in: Petermann, F. & Eid, M. (Hrsg.), Handbuch der psychologischen Diagnostik, Hogrefe, Göttingen.

Greuel, L. (2001): Wirklichkeit – Erinnerung – Aussage, Psychologie-Verlagsunion, Weinheim.

Groeger, John A. (2000): Psychology Press: Understanding Driving – applying cognitive psychology to a complex everyday task, Psychology Press, New York.

Gründer, S. (2010): Gleichgewichtssinn, in: Gekle, M./Wischmeyer, E./Gründer, S. u. a.: Taschenlehrbuch Physiologie, 1. Auflage, Thieme Verlag, Stuttgart.

Gründl, M. (2005): Fehler und Fehlverhalten als Ursache von Verkehrsunfällen und Konsequenzen für das Unfallvermeidungspotenzial und die Gestaltung von Fahrerassistenzsystemen, Inaugural-Dissertation zur Erlangung des Doktorgrades (Dr. phil.) der Universität Regensburg, unter: http://epub.uni-regensburg.de/10345/1/diss_gruendl.pdf

Gudelius, C./Mielke, R. (2008): Fahrtüchtigkeit bei der Alzheimer Erkrankung, in: Schubert, W./Mattern, R./Nickel, W.-R. (Hrsg.): Prüfmethoden der Fahreignungsbegutachtung in der Psychologie, Medizin und im Ingenieurwesen, Symposium am 18. und 19. Oktober 2007 in Dresden der DGVP und DGVM, Schriftenreihe Fahreignung, Kirschbaum Verlag, Bonn.

Häßler, F./Kinze, W./Nedopil, N. (Hrsg.) (2011): Praxishandbuch Forensische Kinder- und Jugendpsychiatrie: Grundlagen, Begutachtung und Behandlung, MWV Medizinisch Wissenschaftliche Verlagsgesellschaft, Berlin.

Handwerker, H. O. (1993): Allgemeine Sinnespsychologie, in: Schmidt, R. F./Schaible, H.-G. (Hrsg.): Neuro- und Sinnespsychologie, Springer-Verlag, Berlin.

Hauner, H. (2012): Diabetesepidemie und Dunkelziffer, in: Deutscher Gesundheitsbericht Diabetes 2012, S. 8–13, diabetesDE (Hrsg.), Kirchheim + Co GmbH, Mainz.

Henninghausen, R. (2008): Fahreignung und Begutachtung des älteren Kraftfahrers im Spiegel der vergangenen 50 Jahre, in: Berichte der Bundesanstalt für Straßenwesen, „Mensch und Sicherheit", Heft M 195, Kongressbericht 2007 der Deutschen Gesellschaft für Verkehrsmedizin e.V., Wirtschafts-Verlag NW, Verlag für neue Wissenschaft GmbH, Bergisch Gladbach.

Himmelreich, K. /Bücken, M./Krumm, C./Nissen, M. (2009): Verkehrsunfallflucht, 5. Auflage, C. F. Müller Verlagsgruppe, ISBN 978-3-8114-4118-7.

Himmelreich, K. (2010): Nichtbemerkbarkeit durch „Ablenkung" im Rahmen der Verkehrsunfallflucht, in: DAR 1/2010, S. 45–48.

Himmelreich, K./Mahlberg, L. (2011): Unfallflucht und Fahreignungsgutachten, in: DAR 5/2011, S. 288–291.

Huguenin, R. D. (1979): Zweite Validierung der psychologischen Gruppenuntersuchung nach „Beck", BfU-Report 2, Schweizerische Beratungsstelle für Unfallverhütung (BfU), unter: http://www.bfu.ch/PDFLib/1288_74.pdf

Karl, J. (2003): Verkehrsunfallflucht – Unfallgeschehen – Aufklärungsquoten – Polizeiarbeit, 41. Deutscher Verkehrsgerichtstag 2003, S. 200 ff.

Kasten, E. (2007): Einführung in die Neuropsychologie, Reinhardt, München.

Kauert, G. (2008): 50 Jahre DGVM – 50 Jahre Drogen/Medikamente im Straßenverkehr: Rückblick und Aussicht der Verkehrstoxikologie, in: Berichte der Bundesanstalt für Straßenwesen, „Mensch und Sicherheit", Heft M 195, Kongressbericht 2007 der Deutschen Gesellschaft für Verkehrsmedizin e. V., Wirtschaftsverlag NW, Verlag für neue Wissenschaft GmbH, Bergisch Gladbach.

Kessler, B. H. (1988): Daten aus dem Interview, in: Jäger, R. S. (Hrsg.): Psychologische Diagnostik – ein Lehrbuch, Psychologie Verlags Union, München.

Kieschke, U. (2008): Anwendungsprofile verkehrspsychologischer Diagnostik, in: Schubert, W./Mattern, R./Nickel, W.-R. (Hrsg.) (2008): Prüfmethoden der Fahreignungsbegutachtung in der Psychologie, Medizin und im Ingenieurwesen, 3. Gemeinsames Symposium am 18. bis 19. Oktober 2007 in Dresden der DGVP und DGVM, Schriftenreihe Fahr¬eignung, Kirschbaum Verlag, Bonn.

Klebelsberg, D. (1982): Verkehrspsychologie, Springer-Verlag, Heidelberg.

Klinkenberg, H./Lippolt, R./Blumenthal, T.: Kein Sich-Entfernen durch Entfernt-Werden, NJW 1982, S. 2359–2360.

Körkel, E. (1973): Unfallneigung im Straßenverkehr – Das persönliche Unfallrisiko unter dem Aspekt empirisch-statistischer Methoden, TÜV Rheinland GmbH, Köln.

Kraftfahrtbundesamt: Geschäftsstatistik des Verkehrszentralregisters, unter: www.kba.de

Kranich, U. (2011): Die Exploration im Kontext verkehrspsychologischer Eignungsdiagnostik, Prämiertes Poster auf dem 7. Gemeinsamen Symposium der DGVP und DGVM in Potsdam 2011.

Kranich, U./Kulka, K./Reschke, K. (2008): Verkehrspsychologie im automobilen Straßenverkehr, Verlag Dr. Kovac, Hamburg.

Krause, J./Krause, K. H. (2005): ADHS im Erwachsenenalter. Die Aufmerksamkeitsdefizit-/Hyperaktivitätsstörung bei Erwachsenen, Schattauer, Stuttgart, New York.

Krüger, H. P./Diehl, M./Gold, R./Hüppe, A./Kohnen, R./Vollrath, M. (1996): Kombinationswirkung von Medikamenten und Alkohol – Literaturübersicht. Berichte der Bundesanstalt für Straßenwesen, „Mensch und Sicherheit“, M 64. Wirtschaftsverlag NW, Verlag für neue Wissenschaft GmbH, Bergisch Gladbach.

Kubitzki, J./Janitzek, T. (2010): Sicherheit von Senioren im Straßenverkehr, in: Faktor Mensch – Zwischen Eignung, Befähigung und Technik, in: Schubert, W./Dittmann, V. (Hrsg.): 5. Gemeinsames Symposium der DGVP und DGVM am 23.–24. Oktober 2009 in Weimar, Schriftenreihe „Fahreignung“, Kirschbaum Verlag, Bonn.

Kunkel, E. (1990): Bericht zur Durchführung eines Trinkversuches, in: Nickel, W.-R./Utzelmann, H.-D./Weigelt, K. (Hrsg.) (1990): Werte sichern – Neues entwickeln, VdTÜV, Köln.

Lamszus, H. (1998): Blickschulung in der Ausbildung von Kraftfahrern – ein unabgeklärtes Aufgabengebiet mit Forschungsbedarf, Zeitschrift für Verkehrssicherheit 44 Nr. 1, S. 2–11, TÜV Media GmbH, Köln.

Löhle, U. (2008): Verkehrsunfallflucht, in: Miltner, E./Mattern, R./ Schubert, W. (Hrsg.),: Unbestimmte Begriffe in der Begutachtung von Fahrtüchtigkeit und Fahreignung, 4. Gemeinsames Symposium am 24.–25. Oktober 2008 in Neu-Ulm, Deutsche Gesellschaft für Verkehrsmedizin e. V. (DGVM) und Deutsche Gesellschaft für Verkehrspsychologie e. V. (DGVP), Schriftenreihe Fahreignung, Kirschbaum Verlag, Bonn.

Lösel, F. (1988): Persönlichkeitsdaten (Tests), in: Jäger, R. S. (Hrsg.): Psychologische Diagnostik, Psychologie Verlags Union, München, Weinheim; zitiert nach: Utzelmann, H. D. (1996): Anmerkungen zur verkehrspsychologischen Exploration als wissenschaftliche Methode, in: Handbuch der verkehrspsychologischen Exploration.

Madea, B. (2007): Praxis Rechtsmedizin, 2. Auflage, Springer Medizin Verlag, Heidelberg.

Maier, B. (2012): Die psychologische Dimension des Diabetes mellitus, in: diabetesDE (Hrsg.), S. 47–53, Deutscher Gesundheitsbericht Diabetes 2012, Kirchheim + Co GmbH, Mainz.

Meyer-Gramcko, F. (1990): Gehörsinn, Gleichgewichtssinn und anderer Sinnesleistungen im Straßenverkehr, in: Verkehrsunfall und Fahrzeugtechnik, 3, S. 73–76.

Melloni, L./Schwiedrzik, C. M./Müller, N./Rodriguez, E./Singer, W. (2011): Expectations change the signatures and timing of electrophysiological correlates of perceptual awareness, in: The Journal of Neuroscience, 26.1.2011, (4), S. 1386–1396.

Mergner, T./Schweigart, G. (2009): Wie die Sinne verschmelzen, in: Gehirn und Geist, Dossier „Rätsel der Wahrnehmung", Nr. 1/2009, S. 68–73, Spektrum der Wissenschaft Verlagsgesellschaft mbH, Heidelberg.

Mix, S./Lämmler, G./Steinhagen-Thiessen, E.: Darf man nach einem Schlaganfall noch Auto fahren?, Forschungsgruppe Geriatrie am Evangelischen Geriatriezentrum Berlin (EGZB), unter: http://www.schlaganfall-selbsthilfe-berlin.de/downloads/fachartikel_autofahren.pdf

Mußhoff, F./Madea, B. (2007): Medikamente, in: Madea, B.: Praxis Rechtsmedizin, Springer Medizin Verlag, Heidelberg.

Pöthig, D. (2011): Neuer (ICF*-kompatibler) Wertekatalog in der Fahreignungsbegutachtung: Biofunktionales vs. Kalendarisches Alter, Vortrag: 7. Gemeinsames Symposium Deutsche Gesellschaft für Verkehrspsychologie e. V. (DGVP) und Deutsche Gesellschaft für Verkehrsmedizin e. V. (DGVM), 9.–10.9.2011, Potsdam sowie Müller, K./ Dittmann, V./ Schubert, W. (Hrsg.): Fehlverhalten als Unfallfaktor – Kriterien und Methoden der Risikobeurteilung, 7. Gemeinsames Symposium der DGVP und DGVM am 9. und 10. September 2011 in Potsdam, Schriftenreihe Fahreignung, Kirschbaum Verlag, Bonn.

Poschadel, S./Falkenstein, M./Pappachan, P./Poll, E./von Hinckeldey, K. W. (2009): Testverfahren zur psychometrischen Leistungsprüfung der Fahreignung, Berichte der Bundesanstalt für Straßenwesen, Unterreihe „Mensch und Sicherheit“, Heft M 203, Wirtschaftsverlag NW, Verlag für neue Wissenschaft GmbH, Bergisch Gladbach.

Reason, J. (1994): Menschliches Versagen: Psychologische Risikofaktoren und moderne Technologien, Spektrum, Heidelberg.

Richter, J./Schlag, B./Weller, G. (2011): Selbstbild und Fremdbild älterer Autofahrer. Zeitschrift für Verkehrssicherheit, 57 Nr. 1, S. 13–20, TÜV-Verlag, Köln.

Robert Koch-Institut (Hrsg.) (2012): Daten und Fakten: Ergebnisse der Studie „Gesundheit in Deutschland aktuell 2010“, Beiträge zur Gesundheitsberichterstattung des Bundes, RKI, Berlin.

Rösler, M./Römer, K. D. (2012): Verkehrsmedizinische Fahreignungsbeurteilung bei psychischen Erkrankungen und psychopharmakologischer Behandlung, in: Madea, B. u. a.: Verkehrsmedizin: Fahreignung, Fahrsicherheit, Unfallrekonstruktion, Deutscher Ärzte-Verlag, Köln.

Schade, F.-D. (2005): Lebt gefährlich, wer im Verkehrszentralregister steht?, Zeitschrift für Verkehrssicherheit, Heft 1, S. 7–13, 2005, TÜV-Verlag, Köln.

Schiff, W./Detwiler, M.L. (1979): Information used in judging impending collision, in: Perception, 8, S. 647–58.

Schmedding, K. (2011): Leichtkollisionen – Wahrnehmbarkeit und Nachweis von PKW-Kollisionen, Vieweg + Teuber Verlag, Wiesbaden.

Schubert, W. (2012): Biographische Entwicklung und Kraftfahreignung, in: Müller, K./Dittmann, V./Schubert, W./Mattern, R.: Fehlverhalten als Unfallfaktor – Kriterien und Methoden der Risikobeurteilung, Tagungsband 7. Gemeinsames Symposium der DGVP und DGVM am 9. und 10. September 2011 in Potsdam, Schriftenreihe Fahreignung, Kirschbaum Verlag, Bonn.

Schubert, W./Berg, M. (2001): Zu einigen methodischen Fragen der Anwendung von psychologischen Testverfahren im Rahmen der Fahreignungsbegutachtung, in: Zeitschrift für Verkehrssicherheit, 47 (1), S. 9–14, TÜV-Verlag, Köln.

Schubert, W./Schneider, W./Eisenmenger, W./Stephan, E. (Hrsg.) (2005): Begutachtungs-Leitlinien zur Kraftfahrereignung – Kommentar, erweiterte und überarbeitete 2. Auflage, Kirschbaum Verlag, Bonn.

Schulze, M. B./Rathmann, W./Giani, G./Joost, H.-G. (2010): Diabetesprävalenz: Verlässliche Schätzungen stehen noch aus, in: Deutsches Ärzteblatt 2010, 107 (36): A 1694-6.

Spitzer, M. (2009): Der denkende Autofahrer und andere Mythen, in: Gehirn & Geist, Dossier Nr. 1/2009, S. 28–32, Spektrum der Wissenschaft Verlagsgesellschaft mbH, Heidelberg.

Strohbeck-Kühner, P./Sabliic, D./Skopp, G./Dettling, A./Mattern, R./Sobanski, E./Alm, B. (2008): ADHS: Medikamentöse Therapie und Fahrtüchtigkeit, in: Berichte der Bundesanstalt für Straßenwesen: Kongressbericht 2007 der Deutschen Gesellschaft für Verkehrsmedizin e. V., Unterreihe „Mensch und Sicherheit“, Heft M 195, Wirtschaftsverlag NW, Verlag für neue Wissenschaft GmbH, Bergisch Gladbach.

Statistisches Bundesamt (Hrsg.) (2011): Verkehrsunfälle, Unfälle von Senioren im Straßenverkehr 2010, Statistisches Bundesamt, Wiesbaden, unter: www.destatis.de

Strohbeck-Kühner, P./Kief, S./Mattern, R. (2008): Bewältigungsstrategien und Fahrverhalten, in: Berichte der Bundesanstalt für Straßenwesen: Kongressbericht 2007 der Deutschen Gesellschaft für Verkehrsmedizin e. V., Schriftenreihe „Mensch und Sicherheit“, Heft M 195, Wirtschaftsverlag NW, Verlag für neue Wissenschaft GmbH, Bergisch Gladbach.

Stroop, J. R. (1935): Studies of interference in serial verbal reactions, in: Journal of Experimental Psychology 18, S. 643–662.

Wagner, T./Kranich, U. (2011): Die verkehrspsychologische Exploration als diagnostische Methode in der Fahreignungsbegutachtung, in: Blutalkohol Vol. 48/2011, S. 1–15.

Wannse, R. (2006): Implizite Maße, in: Petermann, F./Eid, M. (Hrsg.): Handbuch der psychologischen Diagnostik, Hogrefe Verlag, Göttingen.

Weinand, M. (1997): Kompensationsmöglichkeiten bei älteren Kraftfahrern mit Leistungsdefiziten, Berichte der Bundesanstalt für Straßenwesen, Unterreihe „Mensch und Sicherheit", Heft M 77, Wirtschaftsverlag NW, Verlag für neue Wissenschaften GmbH, Bremerhaven.

Wener, H.-D. (2007): Fahrtüchtigkeit, in: Madea, B.: Praxis Rechtsmedizin, 2. Auflage, Springer-Verlag, Heidelberg.

Wetzenstein, E./Enigk, H./Heinbokel, T./Küting, H. J. (1997): Beschreibung von Informations- und Kontrollvorgängen beim Fahren, in: Schulz, U. (Hrsg.): Entscheidungs- und Gestaltungsprozesse in Arbeit und Verkehr, Band 3 – Wahrnehmungs-, Entscheidungs- und Handlungsprozesse beim Führen eines Kraftfahrzeuges, LIT Verlag, Münster.

Wilhelm, B. (2009): Schläfrigkeit am Steuer – Gefahrenpotential und Bestimmbarkeit, in: Miltner, E./Mattern, R./Schubert, W. (Hrsg.): Unbestimmte Begriffe in der Begutachtung von Fahrtüchtigkeit und Fahreignung, 4. Gemeinsames Symposium am 24.–25. Oktober 2008 in Neu-Ulm, Deutsche Gesellschaft für Verkehrsmedizin e. V. (DGVM) und Deutsche Gesellschaft für Verkehrspsychologie e. V. (DGVP), Schriftenreihe Fahreignung, Kirschbaum Verlag, Bonn.

Wilhelm, B. (2008): Prävention einschlafbedingter Verkehrsunfälle mit Pupillographie, in: Schubert, W./Mattern, R./Nickel, W.-R. (Hrsg.): Prüfmethoden der Fahreignungsbegutachtung in der Psychologie, Medizin und im Ingenieurwesen, 3. Gemeinsames Symposium am 18. bis 19. Oktober 2007 in Dresden der DGVP und DGVM, Schriftenreihe Fahreignung, Kirschbaum Verlag, Bonn.

Wolff, H. (1992): Wirklichkeiten und Grenzen der Wahrnehmbarkeit leichter Pkw-Kollisionen, Euro-Tax Autorenreihe, Freienbach.

Zimbardo, P. G./Gerrig, R. J. (1999): Psychologie, 7. Auflage, Springer-Verlag, Berlin, Heidelberg.

Zöller, H. (2007): Wahrnehmungspsychologie, in: Hugemann (Hrsg.): Unfallrekonstruktion, Verlag Autorenteam, Münster.

Weitere Internet-Quellen

- Demuth, C.: www.cd-recht.de
- Himmelreich, K.: www.himmelreich-dr.de
- http://viscog.beckman.illinois.edu/grafs/demos/15.html
- PZ-Nachrichten (2008): http://www.pharmazeutische-zeitung.de

Jörg Ahlgrimm

Geb. 27.8.1949 in Berlin
Studium des Allgemeinen Maschinenbaus,
Fachrichtung Kfz-Technik, an der TU Berlin
Seit 1977 Sachverständiger für Verkehrsunfallanalyse
und tätig in der Unfallforschung
Seit 1988 Gesamtverantwortung für das Fachgebiet
Verkehrsunfallanalyse bei DEKRA

Ulrich Höckendorf

Geb. 2.4.1959 in Essen
Studium der Psychologie an der TU Braunschweig,
nebenbei Psychologisch-Technischer Assistent
in einer verkehrspsychologischen Praxis
1995 bis 2008 Psychologischer Sachverständiger
und Leiter der amtlich anerkannten Begutachtungsstelle
für Fahreignung (BfF) Magdeburg und Halberstadt
2000 Fachpsychologe für Verkehrspsychologie
Seit 2009 Leiter der BfF Moers, Bocholt, Köln, Essen

Dieter W. Roßkopf

Geb. 29.7.1950 in Darmstadt
Studium der Rechtswissenschaft
an den Universitäten Mainz und Frankfurt/Main
Seit 1978 Rechtsanwalt
Fachanwalt für Verkehrsrecht und Fachanwalt
für Versicherungsrecht
Syndikus und Vorstandsvorsitzender des ADAC Württemberg